-기독교관점에서 먹을거리에 관한 소고-

먹을거리와 기독교 II

食·聖 분별

-기독교관점에서 먹을거리에 관한 소고-

먹을거리와 기독교 Ⅱ

食·聖 분별

강상우

매형 임호걸
매형 우원제
처남 이희상
친형 같은 두 매형과 딸아이에게
하나밖에 없는 외숙인 처남에게
이 책을 통해 감사의 마음을 전합니다.

목 차

제2권 食・聖 분별

*용어[單語]는 될 수 있으면 저자나 역자들이 사용한 그대로 통일성 없이 사용하였다. 저자나 역자 나름의 이유가 있다고 생각했기 때문이다. 그리고 여기서 '먹을거리 안전성을 해친다'는 말은 매우 포괄적인 의미로 쓰였는데, 먹을거리로 인해 직·간접적으로 안전성에 위협을 받는 경우를 말한다. 이는 먹을거리[飮食·食糧] 자체에 직접적으로 위해(危害)를 가하는 경우뿐만 아니라 간접적으로 먹을거리를 선물투자나 농산연료 등으로 사용함으로써 기아와 내전[紛爭] 등의 위험에 처하게 하는 경우 등도 포함한다.

제2권

食・聖 분별

04

먹을거리에 대해 성경은
육식과 채식 사이에서 균형 잡기

I. 들어가는 말

1. 두 斷想

본고와 관련해서 두 개의 단상이 있다. 거의 비슷한 시기, 중·고등 학창 시절의 기억이다. 하나는 육식이냐 채식이냐의 문제와 관련되어 있고, 또 다른 하나는 육식 중에서 소 또는 돼지고기를 먹을 것이냐 말 것이냐의 문제와 어느 정도 관계되어 있다고 볼 수 있다. 먼저 앞의 기억은 유명한 신학대학교 교수님께서 그것도 한국에서 최고의 학부를 나오고 외국에서 박사학위를 받으신 교수님께서 인근 지역에 있는 교회의 부흥사경회를 이끌기 위해 오셨는데, 그 유명한 부흥강사를 접대하기가 매우 어려웠었다는 얘기였다. 왜냐하면 그분께서는 외국에서 유학생활을 하시면서 식습관이 선식(鮮食, raw meal)으로 바뀌셨기 때문이다. 당시 부흥강사의 유별난 선식습관 때문에 그 교회의 여전도회의 권사님들과 여자 집사님들이 매우 당황했었던 것이다. 자고로 교회에 오신 손님, 그것도 하나님의 귀한 말씀을 전하러 오신 귀중한 하나님의 사자(?)를 기름진 괴기(肉)로 잘 대접하려고 마음먹었는데 당시에 교회에서 그리 익숙하지도, 좀처럼 들어보지도 못한 부흥강사의 선식 식습관 때문에 어떻게 해야 할지 몰라 매우 애를 먹었기 때문이다. 개인적으로 당시 권사님들과 여자 집사님들의 마음을 이해한다. 왜냐하면 개인적으로 딸을 위해 먹을 것을 손수 요리해서 준비해놓았는데, 그것도 안 먹고 같이 먹기 위해 딸이 올 때까지 기다렸는데 딸은 밖에서 친구들과 그것도 '라면[粉麪]'을 먹고 와서는 배부르다고 할 때 그 기분! 아, 생각만 해도…. 또 다른 하나는 중학교 시절 사회 선생님께서 하신 이야기다. 인도와 파키스탄과의 국경지대에서는 상대방의 종교[神]를 놀리기[刺戟] 위해서 적들의 종교가 터부시하는 동물을 잡아서 죽인 후에 불로 태워서 그 냄새를 상대편으로 날아 들어가게 한다는 내용이었다. 인도[힌두교, 소고기를 안 먹음-거룩하기 때문]에서는 파키스탄 회교도[이슬람교, 돼지고기를 안 먹음-매우 불결해]들이 금기시하는 음식인 돼지를 요란스럽게 잡아 죽인 후에 돼지 냄새가 파키스탄 쪽으로 날아가도록 굽는다는 것이다. 반대로 파키스탄 쪽에서는 인도의 힌두교도들이 신성시하는 암소를 잡아서 요리한다는 내용이었다. 지금까지 학창 시절 중학교 사회 선생님께서 하신 내용의 진의 여부(眞意與否)는 확인할 수 없었으나[지금 그 내용을 기록하면서는 이상하다는 생각이 든다. 어떤 방법으로 냄새를 날릴 수 있는지, 얼마나 가까이서 적들과 대처해서 냄새가 거기까지 갈 수 있다는 것인지, 소고기하고 돼지고기 냄새가 다를까? 왜 그때는 그런 의심이 하나도 안들었는지?][1] 한 가지 확실한

---

1) "1980년에 대중언론에 실리기도 한, 뉴델리 남동쪽의 모라다바드(Moradabad)에서 일어난 사건

점은 당시 사회 선생님께서 우리에게 해주신 이야기의 의중(意中)
은 바로 종교에 따라 음식에 대한 터부(taboo, 禁忌)가 존재한다는
것을 가르쳐주시기 위함임은 틀림없다는 것이다. 부연하자면 사실
학창 시절 우리 사회 선생님의 수업은 그야말로 나에게는 최고의
시간이었다. 내 기억력에 의하면 우리 사회 선생님은 만물박사님
그 자체이셨기 때문이다. 사회 선생님께서 당시 하신 예언 중의 하
나가 바로 [공부 못하면] 남자들 중 일부는 외국인[당시에는 黑人
을 지칭하였다] 신부에게 장가들 수밖에 없다는 것이었다. 그 예언
은 '공부 못하면'이라는 말과 흑인이라는 말을 빼면, [거의] 대부분
적중하였다?

  시간이 지나면서 위의 기억과 관련해서 새롭게 접한 자료들이 있
는데, 이슬람교도들이라고 해서 절대적(絶對的)으로 돼지고기를 먹
지 못하는 것은 아니라는 점이다(理論的으로는 確實하다). 다시 말
해 이슬람교도들의 경전인 『꾸란(Qu'ran)』에서는 예외적 상황에서
는 돼지고기를 먹는 것을 허용하고 있다는 점이다. 즉 어쩔 수 없
이 먹는 경우와 죄를 지을 의도 없이 배고픔 때문에 먹는 경우 등
에 한해서 매우 제한적으로 돼지고기를 먹는 것이 허용되어 있다고
한다(『꾸란』 2: 172-173 참조). "죽은 동물, 피, 돼지고기, 알라께
바쳐지지 않은 것, 목 졸라 죽인 것, 때려죽인 것, 떨어져 죽은 것,

이다. 무슬림들이 라마단의 종료를 알리는 중요한 제전인 이드 알피트르(Id al-Fitr)를 올리고 있
던 기도소에 돼지 한 마리가 들어왔다. 분노한 무슬림들은 힌두교도들이 의도적으로 돼지를 풀
어놓아 기도소를 더럽히려 했다고 생각하고 근처의 힌두교도들을 공격했다. 경찰이 개입하여
발포하고 전투를 벌인 뒤에야 이 사건은 끝났으며, 그 와중에 세 명의 경찰관과 스물네 명의 일
반인이 죽고, 총탄, 돌, 기타 무기에 의해 수백 명이 다쳤다. 힌두교도들도 대부분 돼지를 불결
한 동물로 여긴다는 사실을 생각하면, 이 불행한 모라다바드 사건은 괴이한 사건이다"(Simoons,
2005: 84).

뿔에 찔려 죽은 것, 목숨이 살아 있어 도살할 수 있는 경우를 제외하고 야생동물이 먹는 것, 제물로 희생된 것, 점괘로 잡은 것은 금지된다. (…) 그러나 죄를 지을 의도 없이 극심한 배고픔 때문에 먹는 것은 허용한다. 진정 알라는 관용을 베푸시고 자애로우시다"(『꾸란』 5: 3)(박현도, in 이찬수 외 공저, 2013: 104, 105 재인용; 엄익란, 2011: 35.[2]) 강조 본 연구자; 터키에서 귀화한 장 후세인은 "돼지고기"를 다만 원칙적으로 먹어서는 안 되는 것으로만 다루고 있다. 장 후세인, 2013: 177-190. "할랄[Halal: 허용된 것] & 하람 [Haram: 금지된 것]" 참조).[3]

또 힌두교들이 처음부터 쇠고기를 먹지 않았던 것은 사실이 아니라고 한다. 종교적·정치적인 이유 등 복합적인 이유 때문에 시간적으로 그들이 쇠고기를 먹는 것으로부터 멀어졌을 뿐, 힌두교도들은 쇠고기를 먹었던 것은 인도인들과 역사적으로 매우 밀접하게 연결되어 있다는 점이다. 소를 얻기 위한 목적만으로 전쟁을 했다고 하지 않은가. 지금도 인도의 힌두교들의 일부에서는 쇠고기를 먹고 있다고 한다. 이러한 내용은 D. N. 자(Dwijendra Narayan Jha) 교수가 쓴 『인도 민족주의의 역사 만들기: 성스러운 암소 신화(The Myth of the Holy Cow)』에서 확인할 수 있었다(Jha, 2004). 자(Jha)

---

[2] "그러나 금지된 음식이더라도 기아의 상태에 생명이 위험할 때(『꾸란』 2:173; 16:115; 6:145), 목숨을 구할 때, 또는 무의식중에 먹었을 때(『꾸란』 2:173; 16:115; 6:145)는 허용하는 유연한 입장을 취한다"(엄익란, 2011: 35).; "'하람(금기)'되는 돼지고기도 그것밖에 식료품이 없을 때에는 먹어도 된다"(정수일, 2003: 58).

[3] "일부 중국인들은 이슬람을 믿게 되자, 코란에 따라 좋아하던 돼지고기의 섭취를 포기해야만 했다. 그리하여 '중국계의 무슬림은 두 사람이 여행하면 살이 빠져 여위지만, 혼자서 여행하면 살이 찐다'는 말이 회자될 정도로 그들은 코란의 규정을 철저히 따르지 않았던 모양이다"(남영우, 2018: 513).

교수는 자신의 책에서, 암소숭배, 즉 '암소의 불침해성(inviolability, 신성불가침, 살해할 수 없음)'은 역사적으로 힌두의 정체성(실질적으로 존재하지도 않았던)을 만들기 위한 힌두민족주의자들에 의해 행해진 것이라고 밝히는 내용을 볼 수 있기 때문이다.

"바로 '힌두' 정체성을 만들어내려는 전쟁 차원에서 인도국민당 정부는 역사 교과서를 힌두의 색채로 다시 쓰도록 적극 지원하고 이런 맥락에서 초기 인도에서 널리 시행되던 쇠고기 육식 관습에 대한 전거들을 모두 삭제하고 있다. … 인도 북동부에서 쇠고기는 필수 음식물이며, 가장 남쪽에 위치한 께랄라(Kerala)에서는 힌두 브라만을 제외한 모든 종교의 신도들이 쇠고기를 먹는다. 이른바 불가촉민이라 불리는 하층민(짠달라 candala)들은 인도 전역에서 모두 암소 고기를 먹는다. 이런 예만 보아도 우리는 쇠고기를 먹지 않는 것이 힌두의 정체성을 나타낼 수 없음을 확인할 수 있다"(Jha, 2004: 16-17, "한국어판 특별서문", 15-17 참조).

이처럼 쇠고기를 먹었던 관습은 인도인의 언어에서도 나타난다고 한다. 손님을 의미하는 단어가 고그나(goghna)[4]인데 그 뜻이 바로 '암소를 죽이는 자'라고 한다. 이는 귀한 손님을 대접할 목적으로 암소를 잡았다는 것을 짐작할 수 있으며, 이는 당시 인도에서 쇠고기 육식이 널리 행해졌다는 것을 확인시켜 준다고 한다(김경학·이광수, 2006, 39). 우리나라로 보면 백년손님인 사위는 '씨암탉을 죽

---

4) "암소를 의미하는 용어 가우(gau)는 서로 다른 어형으로 『리그베다』의 그리히야수뜨라에 176번이나 언급되고, 그와 관련된 소는 약 700번 정도 언급된다. 초기 아리야인에게 소는 가장 값이 많이 나가는 재산이었고, 으뜸가는 부의 형태였다. 부자를 고마뜨(gomat)로 족장을 고빠(gopa) 혹은 고빠띠(gopati)라고 불렀다"(Jha, 2004: 44).; 다음도 참조하라. "산스크리트어로 전투라는 뜻인 '가비스티(gavisti)'는 근본적으로 소를 갈망한다는 뜻이다. 도축하거나 처분할 수 있는 젖소와 황소가 더 많다는 것은 그가 더 강력함을 나타냈다. 잔치에서 다른 이들과 나누어 먹기 위해 소를 도축하는 것은 부유함을 보여주었고, '성공'했음을 나타냈다"(Zaraska, 2018: 199).

이는 자'인 셈이다. 참고로 일부에서는 인도의 이슬람교의 수가 약 1억 8천만(약 13%)이 넘는데 인도를 단지 힌두교 국가라고만 할 수 있는가라는 의문을 제기하기도 한다는 점이다. 물론 수적으로는 힌두교(약 81%)보다 월등히 적지만 세계에서 가장 많은 이슬람 인구를 가진 인도네시아(약 2억 2천만)아와 파키스탄(약 2억) 다음으로 세계 3위이기 때문이다.

채식이냐 육식이냐, 식습관의 문제는 오늘날 자주 발견할 수 있는 물음이며, 또한 양자 간의 논쟁의 주제이기도 하다. 식습관에 대한 논쟁은 웰빙(Well-being)에 대한 강조 때문에, 또는 고도 비만(高度肥滿)과 다이어트 열풍 때문에도, 농장식 사육(factory farming)으로 대표되는 현대적 사육방법으로 인한 윤리적 제 문제의 발생으로, 동물 해방, 또는 동물 권리와의 관계에서도, 광우병이나 구제역(口蹄疫) 등의 발생으로, 지구온난화와 환경보호의 문제 등과의 관계에서도 자주 접할 수 있는 주제이기도 하다. 거기에다 먹는 것을 통해서 부를 축적하고자 하는 이들[世界金融資本家들이나 그들에게서 연구 후원금 등을 받고 있는 研究者들, 그들의 광고로부터 수익을 창출하고 있는 言論媒體와 廣告會社 等]에 의해서 자주 채식이냐 육식이냐고 하는 식습관의 문제는 TV와 신문지상에 자주 오르내리고 있는 것이 작금의 현실이다. 이 글은 기독교 관점에서 육식과 채식을 어떻게 바라보아야 하고 또 먹는 것에 대해 어떻게 중심을 잡아야 하는지에 대해서 다루고자 한다.

2. 먼저 본고와 관련해

1) 觀點에 대해서

제목에서처럼 "먹을거리"에 대해서 살펴볼 것이다. 그것도 기독교 관점에서 말이다. 현실에서 다양한 식습관의 형태가 존재한다. 이 글은 성경이 하나님의 말씀임을 전제하고 있기 때문에 성경적 관점에서 식습관의 문제인 육식이냐 채식이냐의 문제에 대해서 살펴보고자 한다. 물론 성경은 구속사(Redemptive history, 救贖史)에 그 중심[目的]이 있기 때문에 육식이냐 채식이냐의 문제에 대해서 구체적으로 답하지 않는다. 그럼에도 불구하고 성경은 바로 다른 여러 영역에 대해서도 그러했던 것처럼 '먹는 것'에 관해서도 기본적인 원칙에 대한 많은 시사점을 여전히 던져주는 것만은 확실하기 때문에 식습관에 관해서도 성경을 통해서 살펴보고자 하는 것이다. 즉 성경은 여러 인물들의 역사적 이야기(Narrative)를 통해, 예수 그리스도의 공생애(public life)를 통해서, 더 나아가 사도(使徒) 바울(Paul) 등의 가르침과 사건 등을 통해서 간접적으로 먹을거리에 대해서 이야기를 해준다는 점이다. 특히 직설법(Indicative)과 명령법(Imperative)을 통한 바울의 가르침 등은 조금이나마 음식에 대한 교훈을 얻을 수 있는데 유용하게 작용할 수 있기 때문이다. 사도 바울이 자신의 서신(書信)을 통해서 당시 고린도교회에서 '먹을거리에 관해(偶像祭物)' 이야기해주고 있는 것을 볼 수 있기 때문이다. 다만 성경이 채식이냐 육식이냐의 여러 문제 등에 대해서 직·간접적으로 말해주고 있는 것을 제외하고는 그 나머지 부족한 부분에 대해서는 성경의 전체적인 가르침을 벗어나지 않는 범위 가운데에서 육식과 채식에 관련된 다른 자료들을 보충적으로 사용하여 채식과 육식에 관한 성경적 가르침을 보완하는 자료로 사용할 것이다. 왜냐하면 성경의 원칙에 반대되지 않는 한 이 모든 것은 하나님의 것이며, 모든 진리 또한 하나님의 진리인 것이 확실하기 때문이다(All truth is God's truth, [이는 홈즈 Arthur F. Holmes의 책 제목이기도 하다]).

2) 解釋에 있어서

본고의 기독교 관점은 글쓴이의 개인의 관점이라는 것을 염두에 두어야 함을 밝힌다. 그래서 a christian perspective라고 해야 할 것이다. 이는 개인적으로 기독교 안에서의 다른 여러 해석의 여지가 있음을 전제로 한 것이다. 이는 또한 글쓴이의 관점에 대해 다른 의견이 있을 경우 항상 재고(再考)해 둘 여지가 있음을 의미한다. 이는 개인적으로 제한된 사고(思考制限)와 정보의 비대칭(情報非對稱) 때문에 더욱더 그럴 수밖에 없는 태생적인 한계가 가져온 현실적인 문제이기도 하다.

3) 題目과 관련해

인간을 채식(주의)과 육식(주의)으로 거칠게 양단(兩斷)하여 구분하는 것은 현실적으로 불가능하다. 왜냐하면 이론적으로 (순수한) 채식주의자[vegan]들은 있을 수 있지만, 순전히 고기만을 먹고 사는 (순수한)육식주의(carnivore, meat eater)는 현실적으로 존재하는 것은 거의 불가능하다고 보기 때문이다. 현실적으로 육식과 채식으로 인간을 나눌 때는 채식주의와 잡식주의(채식+육식)로 나눌 수 있을 뿐이다. 그러므로 본고 제목에서의 육식(주의)은 다양한 유형의 채식(주의)을 배제한 상대적 의미를 지닌 다양한 의미의 육식 중심의 잡식(雜食) 스펙트럼을 의미한다고 봐야 할 것이다(Joy, 2011: 35-37 참조). 물론 채식주의에 다양한 스펙트럼이 존재하는 것처럼 말이다. 앞에서 전술하였듯이, 원칙적으로 채식주의, 육식주의라고 할 때 '주의(主義, ism)'라는 말은 신념(信念)과 관계되는 말이라고 한다. 그렇기 때문에 고기를 먹고 싶지만 어쩔 수 없는 이유 때문에 먹지 못하거나 취향[疾病] 때문에 먹지 못하는 경우와는 거리가 멀다고 한다(최훈, 2012: 52 이하; Joy, 2011: 35). 본고에서는 포괄적으로 일상적으로 우리가 흔히 사용하는 것처럼 채식주의·육식주의라는 말은 신념뿐만 아니라, 취향과 같은 문제 때문에 선택되는 경우도 포함하고자 한다. 식습관에 대해서 일상생활에서 사용되는 그대로 광의의 의미로 사용하고자 한다.

3 研究問題와 그 範圍

다음의 문제에 대해서 다루고자 한다. 연구문제: **"먹을거리에 대해서 聖經은 무엇을 말해주고 있는가?"**다.

연구문제 1: **[성경과 食習慣]**
　　　　　성경은 식습관에 대해 무엇이라고 말하는가? 육식인가, 채식인가?

연구문제 2: **[돼지고기 食用問題]**

　　돼지고기 식용에 대해서 어떻게 이해해야 하는가?

　이를 위해 본고에서는 다음과 같은 내용에 대해 다루고자 한다. Ⅱ. "채식인가, 육식인가의 문제"에서는 (a) 먼저 식습관의 다양한 스펙트럼의 존재에 대해 다루었다. 즉 채식과 육식의 식습관의 형태가 매우 다양한 '모습을' 보이고 있음을 기술할 것이다. 그런 후에는 식습관에 대해서 성경은 무엇이라고 말하는가에 대해 일반적으로 기독교세계관으로 이해되고 있는, 즉 '창조-타락-구속'의 구조(構造, frame) 속에서 성경이 채식에 대해서 말하는지 아니면 육식(잡식)에 대해서 말하는지 식습관에 대해서 살펴보고자 한다. 이 경우 돈 콜버트(Don Colbert)의 견해[冊]를 중심으로 살펴볼 것이다. 특히 비정통기독교 집단[듣기에 좀 뭐할지도 모르지만 기독교와 거리가 먼 基督敎異端]들이 돼지고기 식용을 거부한다는 점에서 돼지고기에 대한 성경적 관점을 다룰 것이다. 그리고 특정 음식에 대한 고집과 식습관에 대한 고집(執着)은 정통기독교와는 거리가 먼 이교의 영향에서 온 경우일 수 있다는 점과 더불어 식습관에 대한 이러한 고집 속에는 채식 식습관을 고수하는 개인들의 영적 우월의식[감](靈的優越意識[感])이 잠재되어 있는 경우도 있다는 점에 대해서 기술할 것이다. "나는 이런 삶을 사는 매우 특별한[매우 靈的인, 神靈한] 사람이야! 알았지"

II. 채식인가, 육식인가 食習慣問題

1. 多樣한 식습관 스펙트럼 存在

채식을 해야 하는가, 아니면 육식을 해야만 하는가? 먹는 것에 대해 다양한 스펙트럼이 존재한다는 것을 식습관과 관련된 이들의 명칭만 봐서도 알 수 있다. 김일방이 채식주의의 유형에 대해서 표로 간략히 소개하고 있는 것을 참조하라(김일방, in 박상언, 2014: 322, 10번 주석; 이광조, 2003: 407-410; 최훈, 2012: 287-306 참조). 일반적으로 채식주의 유형에 표에 나온 유형 말고도 Pollo Vegetarian과 Flexitarian를 포함시키기도 한다. 김일방이 폴로베지터리언과 플렉시테리언을 포함시키지 않은 이유는 아마 논의의 편의를 위한 유형화(範疇化, categorization)를 채택했기 때문이 아닌가 하는 생각이 든다. 폴로베지터리언과 플렉시테리언은 유형으로 묶을 때[追加할 때] 구체적인 부연설명이 필요하기 때문이다. 표에 맞추어서 설명하자면 폴로의 경우 육류에 ○이나 ×가 아닌 △를 표시해야 하는데, 그것으로 끝나지 않고 구체적으로 육류 중에서도 빨간색 육류는 먹지 않지만 가금류인 닭이나 오리 등을 먹는 채식주의자다, 등과 같은 부연설명이 필요하기 때문이다.

2. 聖經에서는

성경은 채식과 육식(잡식) 사이에서 무엇이라고 말하는가? 일부 비(非)정통기독교[異端]에서 주장[5]하는 것처럼 돼지고기는 먹지 말아야 하는 걸까? 아니면 위에서 살펴본 여러 식습관 유형들 중에 특정한 유형으로 살아가길 원하실까? 전체적으로 동의하기는 어렵지만 그러나 여러모로 수긍이 어느 정도는 가는 돈 콜버트(Don Colbert)가 던진 과거의 질문만은 여전히 제한적(制限的)으로 유효하다는 생각이 개인적으로 든다. 개인적으로 콜버트의 답변[對答]에 대해서는 동의하지 않는다. 특히 오늘날 먹을거리를 가지고 시비를 거는 쪽의 일부가 비정통기독교들에 속하는 이들이 많다는 점에서 이에 대한 논의를 다시 한번 해볼 필요가 있다는 생각이 든다. 다음은 과거 콜버트가 자신의 책에서 한 질문이다.

> 우리는 우리의 시간과 재능, 돈을 사용하는 데 있어 예수님의 가르침에 따라 행하고 싶어 한다. 하지만 우리는 예수님처럼 먹기를 원하지 않는 것 같다. 우리는 왜 그렇게 하지 않는가? 우리는 분명 우리 삶의 모든 영역에서 예수님을 따라야 한다. 식습관 역시 마찬가지 아닌가?(Colbert, 2003: 8).

앞에서 개인적으로 콜버트(Colbert)의 질문이 제한적으로 유효하다고 말한 것은 바로, 예수 그리스도를 영접한 그리스도인들은 예수 그리스도를 따르려고 하는 것은 맞지만 식습관이라는 것은 지역과 환경에 따라서 매우 제한적이기 때문에 콜버트의 질문이 제한적으로만 유효하다고 지적한 것이다[차후에 언급하겠지만 이러한 사

---

5) 다음의 기독교 종파들은 예수의 가르침에 따라 돼지고기를 전혀 먹지 않는다고 한다(장 후세인, 2013: 181). 제칠일 안식일 예수 재림교회(Seventh Day Adventists); 하나님의 교회(Church of God); Living Church of God; 네스토리안 교회(Nestorian Church); 러시아 몰로칸교(Russian Molokan); 스튜어턴 바이블 스쿨 스코틀랜드(Stewarton Bible School Scotland); 에티오피아 정교회(Ethiopian Orthodox Tewahedo Church); 메시아닉 주다이즘(Messianic Judasm).

실을 아시고 계셔서 그렇게 하신 것인지 몰라도, 예수 그리스도는 먹는 것에 대해 우리에게 자유함을 주셔서 참 다행스럽다]. 또한 앞서 밝힌 것처럼 콜버트 자신이 던진 질문[自問]에 대한 콜버트의 자신의 대답[自答]에 대해서는 전적으로 동의할 수 없다. 예수님은 2000년 전에 유대 땅, 이스라엘에서 사셨다는 점에서 지리적으로 제한적일 수밖에 없다. 콜버트가 언급하고 있는 올리브기름의 경우 지금은 세계화(世界化, Globalization)가 되어서 우리가 손쉽게 동네 가게에서도 구입해 먹을 수 있는 기름이지만, 불과 30년 전만 해도 우리나라에서 매우 구하기 어려운 기름이었다. 그런데 만약 30년 이전에 살았던 사람들에게 "예수님처럼 올리브기름을 먹으시오. 그러면…"이라고 할 수 없다는 점이다. 그런 점에서 콜버트의 주장과 답변은 매우 제한적일 뿐만 아니라 한계를 지닐 수밖에 없는 것이다. 그렇기 때문에 특정 기간이나 사례들, 예로 들어 예수님의 공생애 기간이라든가, 어떤 특정 지역의 음식문화에 대해서 언급하는 것보다는 성경 전체적인 맥락에서 식습관에 대해서 어떻게 말씀하셨는지 살펴보는 것이 더 중요하게 생각된다. 더 나아가 식습관의 경우도 계시의 점진성(啓示漸進性)과 마찬가지로 신약의 관점에서 구약을 바라보아야만 한다는 점이다. 그리고 성경 전체의 가르침과 조화를 이루어야 한다는 점이다. 그러면 성경은 채식과 육식에 대해서 어떻게 말씀하시는지 살펴보자. 어떤 특정한 식습관의 유형이나 방식에 대해서 말씀하셨는지, 아니면 어떤 특정한 음식에 대한 금기에 대해서 말씀하셨는지에 대해 성경 전체적 맥락에서 살펴보기로 하자. 일반적으로 기독교세계관에서 말하는 '창조(創造)-타락(墮落)-구속(救贖)'의 구조를 통해 식습관을 살펴보면 다음과 같이 바라볼 수 있을 것이다[基督教世界觀構造]. 개인적으로 기독교세계 관의 관점에서 식습관 유형은 [표]로 정리해보았다.

표: 기독교세계관 틀에서의 식습관 유형

기독교세계관의 틀	식습관 유형	
창조	–	채 식
타락	대홍수 이전	채 식
	대홍수 이후	잡 식
구속	원 칙	자유함
	본 연구자	**구속된 잡식**

1) 창조–타락–구속의 기독교세계관 구조 속에서

(1) 창조(創造)

「창세기」를 보면 아담과 하와의 에덴동산에서의 삶을 통해 창조 당시의 인간은 채식을 했다고 보아야 할 것이다(너무 문자주의라고 할지 모르겠지만). 구체적으로 말하자면 씨 맺는 채소와 씨 가진 열매(과일) 등을 식물로 먹었다는 점을 성경 구절을 통해 확인할 수 있기 때문이다.6)・7)・8)・9)

---

6) "성서에서 최초의 인간은 채식주의자였다. … 그러나 하나님께서 육식을 허락하시기 전에도 완전한 채식만을 했다고 보기에는 의심이 되는 부분이 있다. 아벨을 양 치는 자(창 4:2), 야발을 육축을 치는 자의 조상(창 4:20)으로 부르셨는데, 여호와께 제물을 드리거나 털과 가죽을 취하고 고기는 어떻게 했을까? 젖은 취하지 아니했을까? 고기를 먹지 않았던 육축을 치는 자의 식량은 무엇인가? 식량으로 하지 않았다면 육축 치는 것이 생업이 될 수 있는가?"(박홍현・이영남, 2013: 332; 박홍현・이영남, 2013: 334 참조); 유월절과의 관계에서 다음을 참조하라. 출애굽기

하나님은 원래 인간을 채식주의자로 만드셨다. "하나님이 가라사 대 내가 온 지면의 씨 맺는 모든 채소와 씨 가진 열매 맺는 모든 나무를 너희에게 주노니 너희 식물이 되리라"(창 1:29). 아울러 하 나님은 애초에 모든 생명체를 초식동물로 계획하셨다. 이 내용 또 한 창세기에서 찾을 수 있다. "또 땅의 모든 짐승과 공중의 모든 새와 생명이 있어 땅에 기는 모든 것에게는 내가 모든 푸른 풀을 식물로 주노라 하시니 그대로 되니라"(창 1:30)(Colbert, 2003: 26; Kazez, 2011: 31-32 참조).

「창세기」와 관련해서 참고로 급진적 채식주의자들 중에는 인간 이 본질적으로 채식주의자라는 것을 강조하기 위해 성경을 왜곡해 서 사용하는 경우가 과거에도 있었다는 점을 확인할 수 있다. 에덴 동산에서 추방된 선악과(善惡果) 사건을 '채식의 규율을 어기고 육 식을 하였기 때문'이라고 주장하는, 성경 전체의 가르침과는 전혀 맞지 않게 해석하는 이들이 기독교 역사에 등장했었다는 점이다.

12장 8절에 "'고기를 불에 굽고 무교병과 쓴 나물을 함께 먹어라'고 하여 육식+전분식+채식의 균형을 갖추도록 하였으며 현대 서양음식의 기본형과 맥을 같이하고 있다"(박홍현·이영남, 2013: 334).

7) 개인적으로 '씨' 맺는 채소, '씨' 가진 열매에서 '씨'는 매우 중요하다고 생각된다. 왜냐하면 개인 적인 짧은 생각으로 이는 유전자조작(GMO) 식물이 가진 '불임' 종자(terminator 씨앗)에 대해 서 부정적으로 이야기하신 것으로도 해석될 수 있다고 보기 때문이다(NIV seed-bearing plant; fruit with seed).

8) 바르트(Karl Barth)에 따르면, "우리가 채식을 어떻게 생각하는가와 상관없이, 신이 인간과 짐승 에게 허락하신 식단은 채식이다"(Carmill, 1993: 255 #38에서 인용; Patterson, 2014: 40 재인용).

9) C. S. 루이스는 『천국과 지옥의 이혼(The Great Divorce)』에서 천국을 이렇게 상상했다고 한다. "한참 후에 사람들이 우리를 만나러 오고 있었다. … 어떤 사람은 옷을 벗고 있었고 어떤 사람 은 옷을 입고 있었다. 하지만 벗은 이라고 해서 덜 꾸민 듯 보이지 않았으며, 입은 이라고 해서 우람하고 건장한 근육과 광채 나는 매끄러운 피부를 가지지도 않았다"(Lewis, 1946. 29; Carr-Gomm, 2012: 88 재인용). 다음과 같은 천국에 대한 상상도 가능할 것이다. "천국에서 식 사시간이 되었다. 각 식탁에는 거룩한 성도들이 모여 식사를 했다. 어떤 이들은 채식을 했고, 어떤 이들은 음식의 종류를 가리지 않았다. 그러나 그들이 무엇을 먹었던 간에 모두들 매우 건 강하였다. 세상에 살았던 과거와는 비교할 수 없을 정도로…."

물론 이들이 강조하고 싶은 것은 바로 "성경은 절대적인 채식주의다. 고로 우리도 채식주의로 살아야 한다"일 것이다. 즉 "채식을 하지 않았기 때문에 이렇게[죽게] 되었다. 그러니 다시 채식(菜食)으로 돌아서라"고 말하기 위해서 그러한 해석을 하였을 것이다. 그러나 이들의 이러한 주장은 성경 전체를 왜곡한다는 점10)에서 생각보다 심각할 수 있다는 점이다. 성경 전체의 가르침을 무시한 채로 단지 앞에 있는 자신들의 주장[菜食]과 사상[菜食主義]을 정당화하기 위해서 그러한 주장을 하게 된 것 자체가 문제시된다는 것이다.

> 뉴턴(John Frank Newton)은 「창세기」의 아담과 이브의 이야기는 일종의 우화로서, 거기에는 두 종류의 음식이 신비 속에 감춰져 있다고 말한다. 낙원에는 선악을 알게 하는 나무와 생명나무가 있는데, 각기 동물과 채소를 상징한다는 것이다. 선악과를 먹은 치명적인 대가는 '죽음'이다. 뉴턴은 그 우화에서 명확히 드러나지 않은 죽음의 양상을 '질병'과 '조기 사망'으로 해석한다. 최초의 인간들은 자신들의 '해부학적 신체 구조'에 적합한 음식을 먹고, 장수와 건강한 삶을 포기한 채, 해부학적으로 자신들에게 적합하지 않은 동물을 음식으로 택함으로써 그러한 치명적인 형벌을 치르게 되었다는 것이다(박상언, in 박상언, 2014: 212-213; Adams, 2006: 212-214 참조).

이광조의 책의 내용에서도 성경의 내용을 변개(變改·歪曲)해서 예수님께서 채식주의자였다는 것을 주장하고자 하는 이들을 발견할 수가 있다. "'예수는 채식인이었을까?' 미국의 유명한 동물권리 옹호단체인 '동물의 윤리적 대우를 위한 사람들의 모임(PETA: People

---

10) 성경 전체적 가르침을 무시하면 가인과 아벨의 이야기도 성경과 전혀 무관한 다음과 같은 구성도 가능하게 된다. 가인-곡식, 아벨-고기. 하나님은 육식을 선호하신다? 그것도 화식(火食)으로 말이다. 제단에 번제를 드림.-하나님은 화식을 선호하신다. 그러므로 성경 전체 맥락에서 봐야만 한다.

for The Ethical Treatment of Animals; www.peta-onhne.org 참조)'
은 '예수는 채식인이었다. 그를 따르라'고 외치며 기독교인을 대상
으로 햄버거와 스테이크 등을 먹지 말라고 권유하는 운동을 하고
있습니다"(이광조, 2003: 309; 이광조, 2008: 43-44도 참조).[11] 그러
면서 미국의 PETA라는 단체가 예수님께서 채식주의자라는 것을 보
여주는 증거로 내세우는 근거는 황당하게도 '성경 텍스트가 잘못되
었다'고 주장한다는 점이다. PETA는 예수님의 오병이어(五餠二魚)
의 기적에 관한 사본의 기록을 보면 물고기가 없었다는 점을 근거
로 내세워서 성경의 가르침과 거리가 먼 그러한 잘못된 주장을 하

---

[11] 예수님은 채식주의자인가? 예수님 스타일의 식사를 이상적으로 간주하는 이들이 있다. 이에
대해서 유재덕은 다음과 같은 지적을 한다. "예수님처럼 식사를 하면 건강한 삶을 살 수 있다
고 주장한다. 그래서 식탁을 마주할 때마다 '예수님이라면 어떻게 먹을까?'라고 자문하도록 권
한다. '예수님이라면 어떻게 할까?(What would Jesus do?)'의 변형이라고 할 수 있다. … 이상의
다양한 채식주의자와 예수님을 비교해보면 공통점을 찾기가 어렵다. 예수님은 채식을 강조한
적이 없다. 예수님은 1세기 당시의 평범한 사람들과 마찬가지로 식탁의 음식을 가리지 않았다.
생선을 즐겼고 유월절 식사의 대표적인 메뉴인 양고기도 거절하지 않았다. 성경에 구체적인
기록은 없지만 결혼식에서도 고기를 즐겼을 것이다. 예수님은 정결법(코셔)을 배격하거나 음
식을 차별하지는 않았지만, 그렇다고 해서 형식적으로 식탁법을 따르는 것도 내켜 하지 않았
다(마 15:11). 그렇다면 채소는 어떨까? 이미 살펴보았듯이 예수님 시대 사람들의 식단은 채소
와 곡류 일색이었다. 사실 이 메뉴를 건강 식단으로 간주하는 것은 부당하다. 예수님이 활동하
던 갈릴리 지역은 남부의 유다와 달리 늘 가난했다. 지나친 세금에 시달리다 보니 넉넉한 상
차림은 불가능했다. 그래서 주민들은 대개 기르는 채소나 갈릴리 호수에서 잡히는 물고기를
먹었다. 예수님의 일상적인 식탁은 그들처럼 소박했다"(유재덕, 2009: 218-220).; 또 채식주의
자들이 채식주의자로 자주 인용하는 인물이 바로 다니엘이다. 왜냐하면 다니엘과 세 친구는
자신들을 포로로 삼은 바벨론 왕 느부갓네살의 명령을 여기고 채소와 물만 먹겠다고 했기 때
문이다(단 1:12-15). 그리고 이 본문이 꼭 '채소'와 '왕의 음식'을 대조되는 단어로 놓고 있는
것 같기 때문이다. 그렇다면 채식주의자들의 주장처럼 다니엘은 채식주의자였을까? 다니엘이
거부한 것은 음식규례(레 11:2-8)에서 벗어난 음식이었고 이에 대한 자신의 정체성, 즉 하나님
앞에서의 정결함을 지키기 위함이지 육식을 거부한 것은 아니다. 채식주의자처럼 보이게 하는
앞의 본문의 '채소'와 '왕의 음식'은 '채식'과 '육식'의 관계라기보다는 '정한 음식(채소)'과 '부정
한 음식(왕의 음식)'의 관계로 이해해야 하기 때문이다(장운철, 2013: 81-85, "8. 다니엘이 채
식주의자라고? 단 1:12" 참조).; 드니 프리케르(Denis Fricker)는 다음과 같이 적고 있다. "다른
규율은 특정한 음식물을 '깨끗하지 않다'고 규정하여 금하는 것으로, 그런 금기 음식물로 가장
잘 알려진 예는 돼지고기나 피다. 이런 관행은 유대인과 이방인이 한 상에서 음식을 나누던
초기 그리스도교 공동체에서 문제가 되지 않을 수 없었다. 바울은 이 문제에 관해, 유대인 신
자 몇몇이 율법을 어기게 될 것을 우려하여 이방인 신자들과 함께 식사하기를 거부하는 태도
를 전하고 있다(갈 2:11-14). 이방인 신자들을 위해 글을 썼던 마가에게, 사태는 분명한 것이었
다. 그에 따르면 예수는 '모든 음식물을 깨끗하다'(막 7:19)고 선언했기 때문이다"(Fricker,
2007: 127).

고 있는 것이다.

예수는 아람어(당시 이스라엘의 말)로 이야기했고, 성서는 부활 이후
몇 세대가 지난 다음 쓰였으며 예수의 부활 이후 300년 이상이 지나
두 가지 언어의 번역을 거쳤으며, 수많은 필사(손으로 쓴)를 거친 그리
스어 번역판이라는 사실을 기억해두는 것이 도움이 된다. 증거들에 따
르면 부활 이후의 이야기는 아주 뒤늦게 성서에 덧붙여진 것이며, 오병
이어의 기적에 대한 초기의 서술에는 물고기가 원래 들어 있지 않았다.
이 이야기에는 주목할 만한 점이 있다. 첫째로 사도들은 예수에게 어디
서 군중을 먹일 만한 빵을 구할 수 있겠느냐고 물어보았지, 물고기를
잡으러 가자고 제안하지 않았다. 사해가 바로 옆인데도, 그 밖에도 오
병이어의 기적 이야기가 원래는 물고기를 포함하지 않았다는 증거가
있다. 예를 들어 가장 이른 시기에(성서 이전) 기록된 이 이야기에서는
물고기가 포함되어 있지 않고 예수가 오직 빵에 대해서만 언급한다. 그
리스인 필경자에 의해서 그 이야기에 물고기가 덧붙여졌고, 물고기에
해당하는 그리스어 ixous는 분명히 '예수 그리스도 하느님의 아들 구세
주'의 머리글자를 모은 글자다. 지금도 물고기는 기독교의 상징이다.
즉 오병이어의 기적은 기독교가 싹트는 것을 예측한 상징이지 동물을
먹는 것과는 아무 상관이 없음을 알 수 있다(이광조, 2003: 311; 이광
조, 2008 참조).

PETA의 이러한 주장은 문제가 매우 심각하다. 왜냐하면 오병이
어에 대한 그들의 해석을 통해서 그들의 의도[主張]대로 일시적으
로 예수님을 물고기[魚類・生鮮]도 먹지 않는 순수(純粹)한 채식주
의자(vegan)로 만들 수는 있었겠지만, 성경이 절대적인 하나님의
말씀이라는 것에 대한 강한 도전을 가져올 수도 있기 때문이다. 혹
시 "다른 곳도 잘못된 것 아니야?"라는 생각을 줄 수 있기 때문이
다. 이러한 이유 때문에 성경을 이해할 때는 부분적으로 이해하기
보다는 성경 전체적 맥락에서 성경을 바라보는 태도가 매우 필요한

것이다. 사실 성경을 읽어본 사람이라면 예수님께서 다른 곳에서 생선을 잡수시는 내용이 나온다는 것을 알 수 있을 것이다. 누가복음 24장 42-43절을 보면 구운 생선을 잡수시는 장면이 나온다. "이에 구운 생선 한 토막을 드리니 받으사 그 앞에서 잡수시더라(They gave him a piece of broiled fish … ate it in their presence, NIV Luke 24:42-43)." 십자가에 달리시기 전에 마가의 다락방에서 제자들과 함께 최후의 만찬(The Last Supper)으로 유월절 음식(막 14:16 참조. So they prepared the Passover, NIV. and they made ready the passover. KJV. Mark 14:16)을 드셨다는 점이다.

(2) 타락(墮落)

인간은 타락과 동시에 곧바로 채식에서 육식으로 바뀐 것이 아니었다. 이광조의 지적처럼 타락 이후에 곧바로 고기를 허용하셨다는 기사가 성경에 나오지 않기 때문이다. "하느님의 규칙을 어겨 에덴동산에서 쫓겨난 아담과 하와조차도 그들이 음식으로 부여받은 고기가 아닌 밭의 채소입니다. 이처럼 성경은 몇 번이나 인간이 원래는 식물을 먹었다는 사실을 밝히고 있습니다"(이광조, 2003: 306; 창 3:18 참조). 성경에서의 육식은 타락 이후, 에덴동산에서 추방된 후가 아니라, 더 구체적으로 말해서 노아의 대홍수 이후에 하나님께서는 인간들에게 육식을 허용하셨다는 것이다(창 9:1-4). 물론 레위기 11장에 나온 먹을 음식과 먹어서는 안 될 음식에 대해서는 그 범위가 너무 넓기 때문에 논외(論外)로 하기로 한다. 다만 레위기 11장의 경우에도 분명한 것은 당시 이스라엘에 육식이 허용되었다는 점만큼은 변함이 없는 부분이다("모든 산 동물은 너희의 먹을 것이 될지라 채소같이 내가 이것을 다 너희에게 주노라"[창 9:3]; "Everything that lives and moves will be food for you. Just as I gave you the green plants, I now give you everything" NIV. Genesis 9:3. 일부 비정통기독교에서 돼지고기를 먹는 것에 대한 금기에 대해서는 차후에 기술하기로 하겠다). 그러므로 타락 후 곧바로 육식을 허용한 것이 아니라 대홍수 이후(大洪水以後)의 인간의 식습관은 채식에서 잡식12)으로 바뀌었다고 할 수 있을 것이다. 다만 당시에도 채식과 육식(잡식) 사이에 다양한 스펙트럼이 존재할 수 있었다는 점은 확실할 것이다. 당시에도 자의에서든 타의에 의해서든 채식이나 육식이나 모든 것이 가능했을 것이다. 다만 채식이냐 어느 정도의 육식이냐의 정도의 차이는 처한 환경에서 개인적인 취향과 사회적 지위 또는 경제적 부의 소유 여부에 따라서 존재는 했을 것이라고 생각해볼 수는 있을 것이다. 당시에도 신분이 높은 사람이나 부(富)가 많은 사람은 그렇지 못한 사람보다 육식을 할 수 있는 기회가 더 많았을 것이다. 소유하고 있는 부의 많음이나 신분의 높음에 따라서 '채식<육식의 구조'를 보였을 것이다. 시간적으로 봤을 때에도 현재에 가까울수록 '채식<육식의 구조'를 보였을 것이다. 물론 그 당시에도 자신의 종교적 신념이라든가 아니면, 사상적, 생태환경에 따라서 채식주의를 고집하는 사람들과 집단이 존재하였을 것이라는 점을 충분히 짐작할 수 있다. 한국의 채식주의자 중에

---

12) 마이클 폴란은 펜실베이니아의 심리학자인 로진(Paul Rozin) 박사가 쓴 개념인 '잡식 딜레마 (The Omnivore's Dilemmas)'라는 단어를 사용하여 다음과 같이 기술한다. "무엇을 먹을까 하는 문제는 모든 잡식동물을 괴롭혀왔다. 자연이 제공하는 모든 것을 먹을 수 있을 때는, 무엇을 먹을까 결정하는 일이 필연적으로 불안을 일으킨다. 눈앞에 놓여 있는 먹을거리가 병을 일으키거나 목숨을 앗아갈 가능성이 있을 때는 특히 더 그렇다. 이것이 바로 잡식동물의 딜레마다"(Pollan, 2008: 17).

는 "인간은 채식동물이다"라고 주장하는 사람도 있다. 그 대표적인 인물이 바로 앞에서 인용했던 푸른생명한국채식연합 서울대표인 이광조다. 그는 미국 존스홉킨스 대학의 인류학 교수인 앨런 워커의 연구에 근거해서 인간이 초식동물이라고 주장한다(이광조, 2003: 46. 45-51 참조; Robbins, 2014: 413; "인간의 창자와 육식동물의 창자를 비교한 그림" 참조).[13] 다만 빙하기와 같은 급격한 환경변화, 즉 열악한 환경으로 인해서 인간은 어쩔 수 없이 육식을 하게 되었다고 주장한다(이광조, 2003: 52). 진화론자들은 인간이 육식을 소유한 잡식이라는 점에 대해 얘기한다. 이화여자대학의 최재천 교수는 제인 구달(Jane Goodall)의 위대한 발견의 업적 중의 하나가 바로 침팬지가 뜻밖으로 육식을 좋아한다는 것이라고 말한다(최재천, in Wrangham, 2011: 8). 진화론자의 관점에서 보면 인간은 유인원(類人猿, ape), 즉 원숭이(monkey)가 아닌 영장류(靈長類, primate)에서 진화되었는데, 이 영장류 종(種) 중의 하나인 침팬지를 잘 관찰해보니 일반적인 생각과 다르게 고기도 먹더라는 얘기다. 그래서 결과적으로 두말할 것 없이 인간은 육식성(잡식성) 존재라는 것이다.[14] 랭엄(Richard Wrangham) 교수의 경우도 진화에 대한 자료를 보았을 때도 인간이 육식적 존재라는 것을 말해주고 있다고 주장한다. 심지어 랭엄은 '육식(肉食)'으로 인해 인간이 직립원인이 가능하게 되었다고까지 주장한다. "인류의 기원은 다음의 질문과 직접 연결된다.

---

13) 반면에 『채식의 배신』의 저자인 리어 키스(Lierre Keith)는 "인간과 개, 양의 기관 및 기능 비교(Walter L. Voegtlin의 The Stone Age Diet를 인용함)"를 통해서 인간이 육식동물임을 강조한다(Keith, 2013: 236-245 참조).; 개인적으로 인간이 잡식(동물)이기 때문에 연구자들이 어떤 마인드(관점)를 가지고 또 어떤 자료를 가지고 서로 비교하느냐에 따라 채식동물과 가까운 것으로도 또는 육식동물과에 가까운 결과로도 나타날 수 있다는 생각이 든다.

14) "세네갈의 정글에 사는 침팬지 무리는 자신의 이빨을 사용하여 막대기를 깎아 만든 창으로 영장류과의 작고 귀여운 갈라고원숭이를 사냥한다"(Zaraska, 2018: 46).

'오스트랄로피테쿠스로부터 직립원인이 튀어나오게 만든 힘은 무엇인가?' 인류학자들에게 1950년대 이래 가장 널리 받아들여지는 견해에 따르면, 직립원인으로의 진화를 촉발한 힘으로 추정되는 것은 단 하나 '육식'이다"(Wrangham, 2011: 18).[15]

잡식과 관련해서 또 하나의 재미있는 주장은 채식주의자의 경우에는 진화의 관점에서는 인간이 육식(잡식)적 존재라는 것은 인정하지만, 본래부터 인간이라는 존재는 거의 육식을 하지 않는 채식(주의)에 가까운 존재(그들의 말로 표현하면 '열매를 먹는 동물[프루저보어(frugivore, 果食獸)]')라는 점을 강조하고 싶어 한다는 점이다.[16] 그래서 이들은 "그래, 인간 잡식 맞아. 그런데 하나 알아줘

---

15) 나쓰이 마코토(Natsui Makoto, 夏井 睦)는 다음과 같은 생각을 하고 있다. "사람의 경우는 어떨까? 우리는 고기와 생선도 먹고 야채나 나무 열매도 먹는 잡식포유류인데 소화관의 구조만 봐서는 원래는 육식이었던 것으로 추정할 수밖에 없다. 식물을 주로 먹는 포유류는 모든 소화관의 일부가 현저하게 커지는 공통점을 갖고 있는데 인간의 소화관에는 그러한 변화가 보이지 않기 때문이다. 인체의 소화관을 살펴보면 위와 직장, 맹장 모두 확대된 부분이 없어 일반적으로 말하면 완전한 베지테리언(채식주의자) 생활에는 적합하지 않은 소화관 구조라 할 수 있다. … 앞에서도 언급했듯이 인류의 소화관 구조는 육식동물과 유사하고 초식동물의 소화관과는 전혀 다르며 초식영장류인 고릴라와도 다르다. 적어도 소화관 구조만 봐서는 초기 인류는 육식동물이었거나 혹은 육식을 주식으로 하는 잡식으로 보는 것이 타당할 것이다. … 밀의 관개농업이 시작된 땅에서는 인류가 증가했고 증가한 인구를 먹여 살리기 위해 경지는 더 확대됐다. 1만 년 전 500-1,000만 명이었던 세계 인구는 예수 탄생을 기점으로 1억 명을 돌파했고 산업혁명 무렵에는 10억 명을 넘어섰다. 관개농업은 세계 각지로 퍼져 인구 증가는 더욱 가속화됐다. 밀의 관개농업이 확립돼 대량의 밀을 안정적으로 수확할 수 있게 되자 인류의 식은 크게 변화했다. 이는 '육식 중심의 잡식'에서 '탄수화물 중심의 잡식'으로의 변하였다(Natsui, 2014: 150, 241, 250).; "약 1만 년 전, 제4빙하기(후기구석기 시대) 말기의 것으로 추정되는 유명한 비렌돌프의 비너스나 로셀의 비너스 등의 조각상에서 볼 수 있는 비만의 나부상(裸婦像)은 당시 육식 위주의 식생활로 인해 체형이 지방질 과다였음을 반영한다"(후쿠다, 2011: 10-11). 후쿠다 카즈히코(福田和彦) (n.d), 『섹슈얼리티 性문화사: 세계의 숨겨진 성문화 이야기』, 임명수 역 (2011), 서울: 어문학사 참조.

16) 채식에 대해 부정적인 시각을 지닌 리어 키스(Lierre Keith)는 거의 같은 데이터를 근거로 하지만 채식보다는 육식(잡식)을 강조하고 싶어 한다. 그래서 다음과 같이 기술한다. "우리의 직접 조상들은 나무 위에서 살았다. 그런데 그 나무가 사라지기 시작했다. 인류가 살아남은 것은 2가지 유리한 유전자 덕이었다. 손가락과 마주 보게 난 엄지, 그리고 육·채식을 가리지 않는 소화 능력이다. 우리는 도구를 사용하고, 다양한 종류의 음식을 먹는 본능과 소화력을 갖췄다"(Keith, 2013: 236).

야 할 것이 있는데 인간은 거의 채식주의에 가까운 잡식일 뿐이야. 이제 알았지? 육식보다 채식의 비율이 월등하다는 걸 꼭 잊지 마라. 그런데 지금 인간들 봐, 육식 비율이 너무 높다니까?"라고 말하고 싶어 한다는 점이다. 이는 콜버트가 주장하고자 하는 것과도 일면 같이하는 부분이기도 하다. "원숭이나 고릴라, 침팬지와 같은 영장류들도 잡식성이다. 그것들은 과일과 채소를 주식으로 하고, 이따금 작은 동물과 알, 도마뱀 등을 잡아먹는다. 고릴라는 전체 섭취 열량의 단 1%만을 육류를 통해 얻고 있다. 오랑우탄도 육류를 통해 얻는 열량이 2%밖에 되지 않는다. 하지만 인간만이 전체 섭취 열량의 50%를 육류를 통해 얻고 있다. 이 점에 있어서만큼은 우리가 원숭이로부터 배울 필요가 있다"고 기록한 것 또한 같은 맥락의 전개인 것으로 이해할 수 있다(Colbert, 2003: 29). 자신을 채식주의자가 아닌 단순 채식을 하는 사람으로 소개하고 있는 김우열도 자신이 쓴 책, 『채식의 유혹: 육식의 족쇄를 풀어라!』에서 구달(Jane Goodall)과 콘클린-브리튼(Nancy L. Conklin-Brittain)의 연구결과를 비교 정리한 후 영장류 대표 주자인 침팬지의 먹을거리 종류와 양을 표로 보이고 있다. 김우열도 표를 통해서 말하고자 한 것은(김우열, 2012: 269 표 참조), 침팬지도 고기하고 곤충도 먹은 것 보니 잡식이네라고 섣불리 말하지 말고, 침팬지가 먹는 것의 대부분이 무엇인지를 바라보라는 것이다. "인간이 영장류들, 그중에서도 침팬지와 여러모로 가장 흡사하다는 점이다. 침팬지는 예전에는 초식동물로 분류되다가, 제인 구달 등의 침팬지 연구가들의 연구결과가 나온 뒤로는 잡식동물로 분류하는 사람도 많다. '뭐야, 그럼 인간도 잡식동물 맞잖아!' 성급하게 결론 내리기 전에 먼저 침팬지가 뭘 얼마나 먹는지부터 한번 보자"(김우열, 2012: 268).

(3) 구속(救贖)

그렇다면 구속의 날에는 어떻게 될까? 개인적인 상상력일지 모르지만, 앞의 표에서 기록했듯이, 육식이냐 채식이냐 식습관을 떠나 먹는 것에 대해서 자유함을 누리게 될 것이라는 점이다. 무엇을 먹을까 무엇을 마실까 염려하지 말라는 예수님의 당부의 말씀처럼, 구속의 날에 확실한 것은 무엇을 먹을까에 대해서도 고민하지 않아도 된다는 점일 것이다("하나님의 나라는 먹는 것과 마시는 것이 아니요 오직 성령 안에 있는 의와 평강과 희락이라"[롬 14:17]; "For the kingdom of God is not a matter of eating and drinking, but of righteousness, peace and joy in the Holy Spirit." NIV. Romans 14:17). 확실히 먹는 것에 관해서만큼은 자유함을 누리게 될 것이라는 생각을 해본다. 다만 구체적으로 육식이냐 채식이냐의 식습관의 문제는 여러 가지로 상상할 수 있는 여지를 남겨놓았을 따름이다. 물론 이 경우에도 성경 전체의 가르침과 조화를 이룬 상태에서 성령의 인도하심 안에서[聖靈의 照明]의 거룩한 자유로운 상상력(想像力)은 어느 정도는 필요할 것이라고 본다. 왜냐하면 바울이 지적하였던 것처럼 지금은 얼굴을 서로 맞대고 볼 수 있는 때가 아니라, 거울(당시에는 청동거울)을 보는 것처럼 희미하기 때문이다(고전 13:12 참조).

그렇다면 작금의 상황이 "이미 그러나 아직(Already but not yet)" 사이의 긴장의 시기이기 때문에 임시적으로 잡식이 허용될 뿐이지,

구원이 완성되는 날[榮化/聖化完成段階]에는 육식은 허용되지 않고, 채식주의로 돌아갈까? 아니면 그 후에도 육식과 채식이 공존하는 삶을 살게 될까? 아니면 천국에서 하나님의 영원히 찬양하는 삶이 매우 중요하고 그것이 전부이기 때문에 천국에서 무엇을 먹고 마신다는 것은 상상할 수 없는 일[不必要한]인 것일까? 출애굽 당시 광야에서의 '만나' 사건을 생각해보면, 장차 하나님나라에서의 삶이란 육식과는 거리가 먼 것 같다는 생각이 들기도 한다.[17] 주기도문에 나오는 '일용할 양식(daily bread)'의 모태가 되는 사건이 광야에서의 '만나(Manna)' 사건이라고도 한다. 시편 78편에도 만나의 이야기가 나오는 것을 볼 수 있다(시 78:24-25). 거기서 나온 만나(manna, 시 78:24)는 같은 구절(시 78:24 하)에는 '하늘의 양식'으로 재설명해 준다('grain of heaven' NIV, 'corn of heaven' KJV. Psalms 78:25). 다음 절인 25절에서는 "권세 있는 자의 떡(시 78:25, '힘센 자의 떡' 개정개역)"으로 구체적으로 설명되었는데 이 구절을 NIV 성경에서는 the bread of angels로 옮겨놓고 있는가 하면, KJV 성경에서는 angels food로 옮기고 있는 것을 볼 수 있다(Allen, 2007: 89 참조). 그렇다면 다음과 같은 이해도 가능할지도 모른다. "만나=하늘의 양식=천사들이 먹는 빵(천사들 음식)[Manna=grain of heaven(corn of heaven)=the bread of angels(angels food)]" 만나가 천사들의 음식이라면, 그렇다면 하나님 나라에서는 우리도 천사들처

---

17) 만나에 대해서 이런 견해를 받아들일 경우, 만나를 먹는 것은 채식인가 육식인가? "아라비아에서는 풀을 먹는 곤충을 만(man)이라 불렀다고 한다[성서와함께, 1993: 230]. 그리고 시나이 반도의 건조지대에는 자라는 위성류(渭城柳) 나무에 기생하는 깍지벌레의 달콤한 분비물을 '만 에시마(man essiam)' 또는 하늘에서 내려온 만나라고 칭했다고 한다[Anderson, 1983: 99]. 이를 절구에 빻아 냄비에 구워 빵을 만들어 먹었다(민 11:7-8)"(허호익, 2014: 487 재인용). 성서와함께 (1993), 『어서가거라』, 서울: 성서와함께. Anderson, B. W. (1983). 『구약성서의 이해 I』, 왜관: 분도출판사 참조.

럼 만나와 같은 음식을 먹는다는 것일까? 그런 식으로 생각해보면 육식이 아닌 채식 더 좁혀서 말하면 곡물식(穀物食, grain 또는 corn)이 될지도 모르겠다. 아니면 더 상상력을 발휘하여 오늘날 만들어지고 있는 특정 빵에서 볼 수 있는 것처럼 빵 속에 베이컨이나 햄을 넣는 경우가 있는 것처럼 잡식일 수도(?). 예수님께서 최후의 만찬 때에 빵(떡)을 사용하신 빵만을 바라보게 된다면 더더욱 곡물 식인 것처럼 보일 수도 있을 것이다. 다음 설명은 하나님 나라에서의 채식을 더욱 강화해주는 느낌이 강하게 들도록 한다. 이사야서에서는 장차 하나님나라의 평화에 대해서 이야기하는 것을 볼 수 있다(사 11장 참조). 특히 이사야서에 이런 구절이 나온다. "사자가 소처럼 풀을 먹을 것이며(사 11:7, "the lion will eat straw like the ox" NIV, eat straw KJV Isaiah 11:7)", 문자적으로 보면 육식의 대명사인 동물의 왕 사자(獅子)도 소처럼 풀을 먹는다고 한다(eat straw).[18] 바울 사도도 로마서에서 "모든 피조물의 탄식"과 더불어 전 우주적 구원의 비전에 대해 말하는 것을 볼 수 있다(롬 8:18-25). 더 나아가서는 인간은 물론 생태계의 모든 피조물의 비전에 대해서 말하는 것을 볼 수 있다(엡 1:10 참조).[19] 그런가 하면 부활하신 예수님께서는 빵과 생선을 제자들에게 먹으라고 권하신다. "빵과 생선은 성경에 언급된 예수의 사후 출현[死後出現, 十字架上에서 죽으시고 復活] 장면에서 등장하는 아침식사다. 갈릴리 호수에서 밤새 고

---

18) 이와는 반대로 여호와께서 다음과 같은 것으로 연회를 베푸신다고 한다. "만군의 여호와께서 … 기름진 것과 … 골수가 가득한 기름진 것과…"(사 a25:6; feast of rich food … the best of meats, NIV, … a feast of fat things … of fat things full of marrow, KJV. Isaiah 25:6).

19) "15세기의 랍비이자 정치가요, 『성경』 주석가인 이삭 아브라바넬에 의하면, 아담과 이브는 채식주의자였고, 메시아가 도래할 때 우리 모두는 채식주의자가 될 것이다"(Solomon, 1999: 128).

기잡이를 하고 돌아온 제자들은 불가에서 생선을 굽고 있는 예수를 본다. 요한복음에는 이 장면이 다음과 같이 묘사되어 있다. "예수께서 그들에게 '와서 아침을 먹으라'고 말씀하셨다"(Anderson, 2016: 178: 요 21:12, "Come and breakfast. … took the bread and give it to them, and did the same with the fish" NIV. John 21:12-13).

'이미 그러나 아직'의 긴장관계에 있는 현실에서 미래의 완성된 하나님나라에서의 생활은 구체적으로 무엇이라고 딱 잘라서 말할 수 없지만 그럼에도 불구하고 개인적인 의견을 굳이 제시해보라고 하면 이미 앞의 [표]에서 밝힌 것처럼 '구속된 잡식(救贖된 雜食)' 정도가 아닐까 하는 생각을 매우 조심스럽게 해본다.20) 이러한 생각을 개인적으로 하게 된 데는 다음과 같은 이유에서다. 천년왕국에

---

20) 다음을 참조하라. "장차 우리가 그리스도의 심판대 앞에 서면 금과 은과 보석만 하나님의 심판의 불을 건디고 영원히 남게 되는데(고전 3:12-15), 그때 금과 은 같은 운동 행위들도 영원히 남을 것이다. 스파이크만은 요한계시록 21장 24-26절을 언급하면서 '만국의 보화가 새 예루살렘에 들어갈 것이며, 그 보화들 중에는 … 선하고 건전하고 건강한 여가 활동도 있다'라고 바로 말했는데, 거기에 우리는 선하고 건전하고 건강한 스포츠도 덧붙이고 싶다"(Goheen and Bartholomew, 2011: 324).; 먹는 것하고는 거리가 먼 내용이지만 2003년 작고하기 전까지 미국 유일의 한센병 환자 요양소를 줄곧 이끌었던 의료선교사이자 동시에 외과의사였던 고(故) 폴 브랜드(Paul Brand) 박사의 생전 필립 얀시(Philip Yancey)와 함께 한 다음과 같은 대화의 내용에 대해서 생각해볼 필요가 있을 것 같다. "개인적으로는 타락 이전에도 육체의 죽음이 존재했다고 믿습니다. 인생이란 순환 고리의 특성상 죽음은 필수적입니다. 박테리아가 죽지 않으면 흙이 생기지 않습니다. 벌레가 죽지 않으면 개똥지빠귀는 살 수가 없습니다. 호랑이 이빨은 식물을 먹기에는 몹시 부적합하게 생겼습니다. 채식주의자라 할지라도 창조질서에 따라 식물의 죽음을 발판으로 생명을 이어갑니다. 독수리는 주검이 없으면 살아갈 길이 없습니다. 죽음 그 자체는 나쁜 게 아닙니다"(Yance, 2012: 57). "하늘나라는 영적인 세계입니다. 영적인 모습이 완전히 구현되었을 때 어떤 형태를 띠게 될지는 잘 그려지지 않습니다. 어린이는 아이의 몸 그대로 부활하게 될까요? 아흔다섯 살까지 사셨던 제 어머니, 그러니 브랜드를 생각해봅니다. 인도의 여러 가지 악조건을 무릅쓰고 무려 70년 동안 선교사로 섬기느라 갖은 고생을 다 하셨습니다. 위생상태가 좋지 않은 환경에서 살며 풍토병과 영양부족에 시달리기를 수십년씩 계속하다 보니, 온몸이 굽고 뒤틀렸습니다. 스스로 몹시 추하다고 생각해서 집 안에 거울을 두시지 않을 정도였습니다. 하지만 나귀를 타고 시골 마을에 들어서면, 어머니를 아는 이들은 더할 나위 없이 아름다운 사랑의 전달자로 우러러보았습니다. 아마 이와 아주 흡사한 이유로 하늘나라에선 신체적인 외모는 큰 의미가 없으리라고 말할 수 있을 것 같습니다(Yancey, 2012: 60).; "주님은 우리가 무엇을 먹는지에는 관심이 없다"(마틴 루터)(Civitello, 2011: 238).

대한 관점에 있어서 무천년설(Amillennialism)이 개인적으로 다른 전천년설이나 후천년설에 비해 좀 더 설득력 있다고 보기 때문이다 [이는 解釋의 可否問題가 아니라 選擇問題라는 것을 기억하라]. 무천년설은 천년왕국의 시기는 상징적 의미를 지닌 것으로 구체적으로 시기가 정해지지 않았다고 보는 입장이다. 그렇기 때문에 이론적으로 무천년주의자들은 항상 임박한 예수 그리스도의 재림을 기다리면서도 하루하루 현실에 주어진 삶을 성실히 살아가야만 한다. 예수님의 재림을 고대하면서 살아야 하는 삶의 영역은 예외 없이 삶의 모든 영역이 다 포함된다. 신앙생활의 영역뿐만 아니라, 그 밖의 삶의 전 영역에서의 거룩함이 필요하다. 음식 영역의 문제들도 여기에 포함되어야 할 삶의 영역 중의 하나다. 그래서 요리법, 요리장식법(decoration), 요리연구법 등도 예외 없이 포함되지 않을까 하는 생각이 든다. 또 다른 이유로는 장차 올 하나님나라는 "에덴동산(庭園, the Garden of Eden)"이 아니라, "거룩한 성, 새 예루살렘(都城, the Holy City, the new Jerusalem)"이라는 점과 더불어서 그 "새 예루살렘"이 하늘에서 이 땅으로 내려온다는 것이다(coming down out of heaven). 장차 올 새 예루살렘은 '다른 세계'가 아니라, 지금 우리가 살고 있는 '이' 곳에 이루어질 '새로운 세계[都市]'21)라는 점

---

21) 신동식 목사의 설명을 참조하라. "베드로후서 3장 10-13절에서도 하늘이 풀어지고 땅이 불에 녹아질 대변동 이후에 의가 거할 새 하늘과 새 땅이 생길 것이라는 개념을 보게 된다. 레온 모리스는 '새롭다'라는 단어가 네오스(neos, νεος)가 아니라 카이로스(kairos, καιρος)로 쓰였으며 이것은 단순히 '신선하다(fresh)'는 의미가 아니라 질적으로 새로운 것을 의미한다고 하였다. 즉 이 땅의 구조가 불에 타 모두 정화되었다는 것이다. 죄의 모든 허물과 온갖 악의 상처, 그리고 죽음의 흔적도 사라졌다. 그러므로 이 세계는 다른 세계가 아닌 '새로운 세계'라는 것이다. 똑같은 하늘과 땅이지만 잡초도 없고 가시나 엉겅퀴가 없어지고 다시 영화롭고 새롭게 된다는 것이다. 자연계가 원상태로 회복되며 모든 잠재적인 가능성과 잠자듯 묻혀 있는 것들이 완전하게 실현된다는 것이다. … 갱신의 증거는 로마서 8장에 나타난 바울의 주장에 근거를 둔다. 여기서 나타난 바울의 요점은 장차 종말에 현재의 창조세계가 전혀 새로운 다른 세계가 되는 것이 아니라 모든 부패에서 자유케 될 것이라는 점이다. 그것은 새 땅과 신자들의 부활한 육체들을 비교해서 설명해볼 때 명백해진다. 부활한 육체는 다른 육체가 아닌 바로 현 상태의

이다. "또 내가 보매 거룩한 성 새 예루살렘이 하나님께로부터 하늘에서 내려오니"(계 21:2. "the Holy City, the new Jerusalem, coming down out of heaven from God" NIV, Revelation 21:2). 신약학자 톰 라이트(Nicholas Thomas Wright)는 이를 다음과 같이 쉽게 설명한다. "새로운 세상은 단순히 이전 세상의 대체가 아니라 변형이 될 것이다"(Wright, 2009: 257. 강조 본 연구자).

> 우리가 천국으로 가는 것이 아니라 천국이 이 땅으로 내려온다. 실제로 교회 자체가, 천국의 예루살렘이 이 땅으로 내려온다. 이러한 관점은 온갖 종류의 영지주의, 즉 이 세상이 하나님으로부터 분리되는 것, 육체와 영혼이 분리되는 것, 하늘과 땅이 분리되는 것을 최종적 목표로 보는 모든 세계관들을 궁극적으로 거절한다. 이것은 하나님 나라가 임하고 하나님의 뜻이 하늘에서와 같이 땅에서도 이루어지기를 기도하는 주기도문에 대한 최종적 응답이다(Wright, 2009: 177).

또 구약학자인 크리스토퍼 J. H. 라이트(Christopher J. H. Wright)는 요한계시록[계 21:24-27]을 근거로 다음과 같은 내용을 언급한 것을 볼 수 있다. "새 창조에 있는 하나님의 도시는 많은 나라로부터 온 사람들의 구출된 영혼들로만 가득하지 않을 것이다. 그것은 인간 문명을 통해 축적된 문화적 풍성함으로도 가득 차 있을 것이다"(Wright, 2013: 317-318). 이러한 이유들 때문에 우리는 하나님나라가 이 땅에 임하기 전에 우리의 음식과 식습관에 관련된 모든 것에 대해서도 예외 없이 최선을 다하는 삶을 살아야만 한다는 생각을 해본다. "이미 그러나 아직(Already but not yet)" 사이에

우리이기 때문이다. 물론 부활에 이를 때의 모습은 현재의 모습과는 다르겠지만 연속성이 있는 것이다"(신동식, 2014: 211-212).

살고 있는 우리가 세상에서 이룩한 선한 모든 것이 장차 하나님 나라에서 유효하기 때문에 더욱더 그런 생각을 해본 것이다. 다시 말해 오늘날 잡식의 식습관도 시간의 연속성 안에서 하나님 나라의 생활과 긴밀한 관계(톰 라이트의 말처럼 "대체[代替]가 아니라 변형[變形]")에 놓일 수 있게 될 수 있다고 개인적으로 생각하기 때문이다. 다만 이러한 것들은 본 연구자의 개인적인 상상력에 기인한 것이라는 점을 다시 한번 밝힌다. 오해는 절대 금물임을 기억하시라!

2) 돼지고기

돼지고기와 관련된 문제들에 대해서 구체적으로 살펴보도록 하자. 오늘날 정통그리스도인들은 구약성경의 「레위기」 11장의 규율에 따라서 돼지고기를 먹는 것을 재고(再考)해야만 할 필요성이 있는가에 대한 문제다. 구약의 레위기의 규정에 의하면 돼지는 부정(不淨)한 동물이다. 그래서 섭취를 금지하고 있다. "돼지는 굽이 갈라져 쪽발이로되 새김질을 못하므로 너희에게 부정하니"(And the pig, thought it has a split hoof completely divided, does not chew the cud; it is unclean for you, NIV. swine … unclean unto you. KJV. Leviticus 11:7)라고 말씀하신다. 비정통기독교(非正統基督敎)에 해당한 이들 중에는 구약의 율법 준수를 강조한다. 일종의 율법회귀현상(律法・舊約回歸現象)이라고 볼 수 있다. 이들이 율법을 강조하는 구약으로 회귀하고자 하는 성향은 예수 그리스도의 신성의 부인[否認]과도 밀접한 관계가 있다는 점을 인지할 필요가 있다. 즉 예수님의 메시아 되심을 부정하기 때문에 구원자 되신 예수 그리스도를 통한 타력구원이 아닌 율법과 같은 규율의 준수와 같은 자력구원에 힘쓸 수밖에 없는 것이다[이들에게는 인간 예수만 있는 것이다. 이들에게는 구세주 되는 예수 그리스도가 없기 때문에 '救世主迎接=救援條件'이 아닌 '律法遵守=救援條件'이 되고 마는 것이다]. 비정통기독교 집단들의 구약성경에 대한 강조의 연장선상에 있는 것 중의 하나가 바로 돼지고기를 먹지 않는다는 것이다(舊約飲食規制法遵守. 또 다른 대표적인 것이 바로 安息日遵守다). 비정통기독교는 예수 그리스도의 메시아 되심에 대해서 부정하기 때문에 구약의 율법의 준수를 강조하는 구약으로의 회귀현상이 존재하는 것이다. '그들의 논리로 볼 때에는' 그럴 수밖에 없다. 이 때문에 구약의 율법이 규정하고 있는 돼지[豚肉] 식용에 대해 금기시하는 규정을 엄격하게 준수하게 되는[될 수밖에 없는] 것이다. 그런데 분별력이 떨어진 일부 정통기독교인들 중에는 비정통기독교의 돼지고기에 대한 가르침에 대한 구약으로의 회귀현상에 대해서 옳고 그름[可否·是非]를 분별하지 못하고 단순히 율법[하나님의 말씀]의 준수라는 명목하에서 그러한 가르침을 따라야 한다고 생각하는 경우가 많다는 것이다[聖經全體脈絡理解不足. '하나님의 말씀이니까 거기에 순종하는 것이 안 하는 것보다 좋지 않느냐'는 식으로 좋은 것이 좋다는 식의 행동을 하는 것이다]. 지방(脂肪)이 콜레스테롤 수치를 높여 비만과 각종 성인병의 원인이 된다는 사실을 알기 때문에 성인병 예방 차원에서 돼지고기 기름을 멀리해야 한다는 건강 상식과 구약의 돼지고기 식용 금지 규정이 강하게 결합할 경우에는 더욱 그 속에 들어 있는 진의(眞意)를 분별하지 못하고 그러므로 돼지고기를 절대로 먹어서는 안 된다는 주장에 쉽게 동조하고 마는 것이다. 구약의 이스라엘[오늘날 猶太敎人]처럼 말이다. 비정통기독교인들은 돼지고기와 같은 음식에 대한 구약의 율법을 준수하는 것으로 끝나지 않는다. 거기서 더 나아가 일반 율법도 아닌 모세가 하나님으로부터 직접 받은 십계명에 '안식일을 지켜라'라는 계명도 지켜야만 한다고까지 나가게 되는 것이다.

성경이 하나님 말씀이지요. 지켜야 돼요? 안 지켜야 돼요? 「레위기」도 하나님의 말씀이지요. 지켜야 돼요? 안 지켜도 돼요? 하나님의 말씀인 레위기에 돼지고기 먹으면 안 된다고 규정되어 있지요? 하나님 말씀을 지켜야 돼요? 말아야 돼요? 왜 레위기에 돼지고기를 먹지 말라고 하셨을까요? 돼지고기에 지방이 많지요? 지방을 많이 먹으면 어떻게 돼요? 비만뿐만 아니라 각종 성인병에 걸릴 확률이 많아요? 동맥경화나 뇌경색 같은 것도 바로 이 지방 때문이에요?

우리가 모르기 때문에 그렇지 하나님께서 그렇게 하신 것에는 다 이유가 있어요? 율법에 안식일을 거룩하게 지키라고 해요, 주일을 거룩하게 지키라고 해요? 주일을 거룩하게 지키라고 써 있는 것 봤어요? 안식일을 거룩히 지키라고 하는 것은 어디에 나와요? 십계명에 나오지요? 일반 율법도 아닌 모세가 시내 산에서 하나님으로부터 직접 받은 율법인 십계명에 나와요? 주일을 거룩히 지키라는 말은 없는데, 안식일을 거룩히 지키라는 말은 십계명에 나온다는 거예요? 그럼 누가 맞아요? 안식일을 지키는 것이 맞아요? 주일을 지키는 것이 맞아요? 그래서 우리는 안식일을 지키는 거예요. 그리고 돼지고기도 안 먹는 것이고요. 알겠어요. 누가 하나님 말씀을 더 잘 지키고 있는 거지요? 그렇게 되는 것이다. 그렇게 하면 예수 그리스도는 절대로 보이지 않는다. 구원자는 사라지게 되고 만다는 것이다[개인적으로 돼지고기와 관련된 사건 전개를 구성해보았다].

앞에서 비정통기독교인들이 자신들의 교리('돼지고기 식육 금지')를 주장하기 위해 거기에 덧붙인 것이 지방[豚脂·기름]의 위험성이었다. '율법의 돼지고기 식육 금지+지방 위험성'을 묶으면 약발

이 생각보다 더 잘 먹힌다는 것을 인지한 것이다. 이러한 상황은 무엇을 의미하는가 하는 것이다. 일반인들이 건강에 관심이 상당히 크다는 것이다. 건강하게만 된다면 다른 종교적 가르침에 쉽게 노출될 수 있는 사회적 분위기라는 얘기다. 음식 건강과 관련해서 부상하고 있는 이슬람의 할랄[Halal]이나 유대교의 코셔[Kosher], 불교의 사찰음식(寺刹飮食)도 기독교인들에게 얼마든지 그러한 기능을 할 수 있다는 것이다. 그렇기 때문에 분별력이 더욱 필요한 것이다. 신앙이 훼손당하지 않는 가운데 이들 음식이 가진 장점만을 흡수할 수 있다면 유익할 수도 있다. 참고로 여성들이 쉽게 접하는 요가(Yoga)에 대해서도 고민해볼 필요가 있다. 지금 본 연구자는 요가를 절대로 해서는 안 된다고 말하는 것이 아니라 무엇인지 알고 또 믿음 생활에 방해받지 않는 가운데 하라는 것이다. 여러 번 말한 것같이 모든 진리는 하나님의 진리다. 모든 것은 하나님의 것이다. 그것이 얼마나 왜곡되었는지의 차이일 뿐이다. 그래서 그 왜곡에 대해서 알아야 한다는 것이다. 물론 왜곡의 정도는 질적인 왜곡도 있고 양적인 왜곡도 있을 것이다. 질적인 왜곡[敎理的歪曲]일 경우에는 더욱더 주의해서 접근해야 할 것이다. 그것이 참 지혜다.

돼지고기 지방 속에 들어 있는 콜레스테롤이 우리의 몸에서 많은 문제를 낳는다는 것은 잘 알려진 상식이다. 지방을 먹지 않게 하는 방법은 무엇일까? 종교를 가진 사람들에게 자신들이 믿는 절대자의 말씀에 돼지고기를 먹지 말라고 되어 있다고 말하는 것[텍스트를 통해 보여주는 것]이 강력한 힘을 발휘할 수 있다는 것을 알고 있는 것이다. 그래서 돼지고기 식육 금지 규정을 찾게 되는 것이다.

그런 상황에서는 '돼지고기 식육 금지'만 보이게 되고 다른 것들은 눈에 보이지 않게 되는 것이다. 한마디로 극단적 전거주의(典據主義, proof-texting)로 치닫게 되는 것이다. 일종의 신학적 환원주의에 빠지게 되는 것이다. 앞에 언급했던 돈 콜버트에게서도 이러한 경향을 찾아볼 수 있다. 그는 "예수님이 드셨던 육류와 관련해 우리가 확실히 알고 있는 사항은 다음과 같다"고 하면서 다음의 것들을 열거한다.

· 예수님은 돼지고기를 비롯해 부정한 동물의 고기는 드시지 않았다.
· 예수님은 동물의 기름을 드시지 않았다.
· 예수님은 도살된 동물의 피는 드시지 않았다.
· 예수님은 육류를 이따금 드셨다(Colbert, 2003: 80).

상식적으로 콜버트의 주장에 대해서 생각해보자(첫 번째 예수님의 '돼지고기' 식육문제에 대해서는 후술하기로 하고 이에 대한 판단은 그 때에 가서 하겠다). 세 번째와 네 번째는 이해가 쉽게 간다. 육류를 전혀 안 드셨다고 주장하지 않기 때문에 네 번째는 이해가 된다. 세 번째도 이해된다. 피에 관한 유대인 음식 규정이 있기 때문에 도축업자들이나 고기 공급자들이 그 규정에 충실하였다면 소비자의 위치에서 쉽게 지켜질 수 있는 부분이기 때문이다. 두 번째의 경우는 어떤가? 여기서 제일 난해한 부분이다. 유대 음식규정에 기름을 빼는 규정이 있는가 하는 생각을 지울 수가 없다. 고기를 삶으면 기름이 다 빠지던가? 그렇다면 왜 콜버트는 이렇게 무리한 주장을 하고 있는가? 이러한 주장을 통해서 콜버트가 하고자 하는 말이 무엇인지 이해할 필요가 있다는 것이다. 앞서 말했던 것처럼 아마도 콜버트는 "지방량(脂肪量)을 줄여라. 지방의 섭취를 최소화하라"는 메시지를 전하고 싶었을 것이다. 일반적으로 문제시되고 있는 돼지고기 기름을 줄이라는 메시지를 전하고 싶었을 것이다. 더 구체적으로 "돼지 지방량을 줄여라"라고 말이다. 왜냐하면 지방의 섭취량이 현대인들에게 많은 것이 사실이고 비만으로 인해 각종 질병들이 발생하는 경우가 많기 때문이다. 콜버트의 의중은 어느 정도 이해 가지만, 그렇다고 해도 "예수님은 동물의 기름을 드시지 않았다"는 주장은 현실적으로 불가능하다는 점이다. 콜버트의 이러한 주장은 다만 "구약의 규율에 비추어서 아마도 예수님께서는 그랬을 것이다[律法遵守次元]"라고 단순하게 추측한 데서 온 이해에 불과하다는 점이다.

"예수님은 돼지고기를 비롯해 부정한 동물의 고기는 드시지 않았다." 돼지고기와 관련된 콜버트가 말한 첫 번째 문장의 진술로 가보자. 예수 그리스도는 공생애 동안 율법의 규정에 따라 돼지고기와 같은 부정한 음식을 먹지 않으셨을까? 콜버트가 주장한 것처럼 "예수님은 구약의 율법의 규례에 따라서 부정한 동물인(레위기 규범에 따라) 돼지고기를 드시지 않았을 것이다"라는 이해도 얼마든지 가능하다. 이와는 반대로, "죄로부터의 자유함을 주신 분께서 음식으로부터의 자유함을 주시는 것을 유보(留保)하시지 않았을 거다"라고 말하는 이들의 주장에도 얼마든지 이해 가는 대목이다. 예수님께서 하층민들과 식사를 함께 하실 때를 생각해보자. 사회적으로 아래 계층의 사람들과 식사를 한다고 생각해보자. 그곳에는 무슨 음식이 있었을까? 예수님이 하층민들로부터 접대를 받는다고 생각해보자. 아마도 거의 먹기 어려울 수준의 음식들이 차려졌을 것이다. 그 자리에 계신 예수님께서 그것을 보시고 부정한 음식이니 먹어서는 안 된다고 훈육하시면서 그들이 정성껏 대접한 음식들을 거부하셨을까? 아니면 당시에 부정한 음식이라고 했던 음식들을 가려서 먹었을까? 그것도 아니라면 예수님께서 최하층민(最下層民)들과의 함께 하는 식사에서 아무런 거리낌 없이 모든 종류를 다 드셨을까 하는 것이다.[22] 성공회 장애인센터 원장인 박태식은 당시에 하층민들이 부정한 음식을 먹을 수밖에 없는 현실을 예로 들어, 당시 예수님께서 하층민들과 함께 식사를 하면서 부정한 음식을 먹을 수밖에 없었다고 상상한다(박태식, in 이찬수 외, 2013: 97-98). 충분히 이해되는 상상이다. 그러면서 박태식 신부는 다음과 같이 글을 맺고 있다. "…음식물에 대한 예수님의 분명한 입장은 마르코복음 7장 15절에 나옵니다. '사람 밖에서 사람 안으로 들어가 그를 더럽힐 수 있는 것이란 없습니다. 도리어 사람에게서 나오는 것이 사람을 더럽힙니다.' 무엇을 먹는가는 중요하지 않고 먹고 나서 하는 행동이 문제입니다"(박태식, in 이찬수 외, 2013: 98). 참고로 불교의 붓다는 춘다[淳陀]가 공양한 상한 돼지고기[일부는 버섯요리로 해석]를 알고도 먹었다는 것 아닌가? 그로 인해 자신이 입적(入寂, parinirvana)에 들어간다는 것을 알면서도 말이다(최종석, 2017: 9-10).[23]

---

22) 돼지는 희생 제물로 흔히 쓰였으며, 돼지나 돼지 새끼는 고대의 제물용 동물 중에서 가장 값이 싸기도 했다(Nilsson, 1940: 24; Simoons, 2005: 52 재인용).; 헤커(H. M. Hecker)가 "돼지는 가난한 계층의 주민들이 더 흔하게 먹는 음식이었다"라는 잠정적인 주장을 한 것은 이와 같은 증거[돼지 가격이 상대적으로 쌈] 때문이다(Hecker, 1982: 62; Simoons, 2005: 122 재인용).; "실제로 모든 문화에서 고기 요리는 가부장과 최연장자, 상류층 사람들이 특권을 누리는 음식에 속했다. … 당시에 농부들은 어쩌다가 한 번 가금류나 소금에 절인 고기를 먹을 수 있을 뿐이었다"(Müller, 2007: 159).

여기서 주의해야 할 점은 레위기 11장의 연장선에서의 돼지고기에 대한 부정적 생각은 성경의 다른 곳에 나오는 돼지에 대한 일반적인 해석에도 영향을 미친다는 점이다. 레위기 율법에서 돼지는 부정한 것으로 나왔기 때문에 돼지에 대해서 천편일률적으로 부정적으로 해석하는 우를 범할 수 있다는 것이다([돼지=불결과 부정한 동물(레 11장)] 고정적 해석 ⇨ [(문맥 등에 관계없이) 어디서나 돼지=불결과 부정한 동물]). 물론 성경이 말하는 돼지의 기본적인 속성은 부정한 동물인 것은 사실이다(마 6:7 '진주를 돼지 앞에서 던지지 말라' 벧후 2:22, '돼지가 씻었다가 더러운 구덩이에 도로 누웠다' 등). 그렇다 해서 돼지에 대한 모든 부분을 부정과 불결로만 해석할 수 없는 것이다. 거라사인(Cerasenes) 지방에서의 돼지 매몰사건(埋沒事件, 막 5장)을 해석함에 있어서 "돼지=부정한 동물=매몰 당연시됨"이라는 우를 범할 수 있기 때문이다. 콜버트의 글을 보면 돼지가 부정하다는 생각은 자연스럽게 거라사인 지방의 돼지의 몰살사건의 정당성으로 이어지는 것을 볼 수 있다. 즉 구약의 율법에 따라 돼지가 부정하기 때문에 당연히 예수님께서 귀신들을 돼지 속으로 들어가게 하시고 돼지들을 몰살당하게 하신 것이라고 주장하고 있기 때문이다.

---

23) "'불교와 그리스도교의 평화'에서 주목할 점은 붓다의 입멸 원인에 대하여 독버섯인가, 썩은 돼지고기인가에 쏠려 있는 전통적 관심에서 벗어나, 왜 붓다는 춘다의 공양을 통해 자신이 입멸할 것을 이미 알면서도 그 음식을 거부하지 않았느냐 하는 것이다. 왜일까? 춘다의 덕을 빼앗지 않고 무아의 실천을 보이기 위해서다. 무아는 '모든 존재를 사랑하기 위한 전제 조건'이라는 것이 필자의 생각이다. 자신과 자신을 둘러싸고 있는 모든 존재 사이의 벽을 허물고 그들과 관계를 회복하는 것을 무아의 실천이라고 보았다. 부처는 춘다의 공양을 받아들이면서 스스로 무아의 실천을 보여주고 있다. 무아는 곧 위대한 사랑의 실천이다"(최종석, 2017: 9-10; "불교와 그리스도교의 평화." 110-134. 참조).

마가복음 5장에 보면 거라사인 지방에 살던 귀신 들린 사람의 이야기가 나온다. 이 사람을 만난 예수님이 "네 이름이 무엇이냐?"고 물으시자 귀신은 그 남자의 입을 통해 "내 이름은 군대니 우리가 많음이니이다" 하고 대답한다. 그때 마침 산기슭에는 방목하는 돼지 떼가 있었다. 그 남자에 씌어 있던 귀신은 "우리를 돼지에게로 보내어 들어가게 하소서"(막 5:12) 하고 예수님께 간청한다. 예수님이 허락하시자 그들은 돼지 속으로 들어간다. 귀신이 들어간 돼지들은 산언덕을 달려 내려가 모두 물에 빠져 죽는다. **돼지가 깨끗한 짐승이었더라면 예수님은 절대 귀신이 그 속으로 들어가도록 허락하지 않으셨을 것이다.** 귀신을 그 속으로 들어가게 함으로써 예수님은 부정한 대상을 부정한 대상답게 처리하셨던 것이다. 또한 이 지역에서는 로마 신들을 위한 의식이 매일 치러졌다. 소는 '상위의 신'들을 위해 바쳐졌고, 돼지는 '하위의 신'들을 위해 바쳐졌다(Colbert, 2003: 81-82. 강조 본 연구자).

콜버트의 주장처럼 돼지가 깨끗한 짐승이었다면 귀신들[군대, Region, many, '돼지의 큰 떼']이 돼지 속으로 들어간다고 했을 때 예수님께서 절대적으로 허락하시지 않았을까? 거라사인 지방에서의 돼지 몰살사건에 대한 이러한 해석에는 문제가 있다고 개인적으로 생각한다. 거라사인 지방의 돼지 몰살사건은 구약의 율법과 당시에 사회에 만연되어 있던 '돼지는 부정하다'는 생각과는 전혀 다른 이유에서 일어났던 일이라고 보기 때문이다. 차후에 순차적으로 이에 대한 이유를 언급하겠다. 만약 '돼지=부정=몰살 당연', 그런 식으로 해석된다면 오늘날 동물보호론자들의 눈에는 예수님은 단지 동물학대자로만 비쳐질 뿐만 아니라, 이러한 가르침을 따르는 기독교는 안티들에게 비난의 빌미를 제공하게 될 것이다(Attfield, 1997: 82 참조).24) 거라사인 지방에서 돼지 매몰사건의 중심에 예수님이

---

24) "예수는 동물 살상과 식물 훼손을 금지하는 것이 미신의 절정이라는 것을 보여준다. 우리 인

계셨기 때문에, 그것도 돼지 한두 마리가 매몰된 것이 아니기 때문에 해석하는 데 신중함이 필요하다는 것이다. 세상 사람들은 알지도 못하는 '돼지=부정한 동물=몰살'이라는 해석과 거리 두기가 어느 정도 필요한 부분이라고 생각된다. 그렇다면 마가복음 5장에 나온 "거라사인 지방"에서의 이천 마리의 돼지 떼의 몰살사건에 대해서 어떻게 이해해야 할 것인가. 앞서 "구약의 율법=불결한 동물 돼지=당연한 몰살"이라는 단순한 도식으로 이해하는 것에 대해 지양(止揚)해야 한다고 지적했다. 왜냐하면 "불결한 돼지=몰살"이라는 도식적 논리는 돼지는 부정하기 때문에 죽었다는 해석의 여지를 남겨줘서 예수님과 기독교를 비판하는 자들에게 동물학대자의 이미지를 고착화함으로써 예수님과 기독교를 비난[批判]하는 근거로 지속적으로 사용될 수 있기 때문이다. "2,000마리 돼지 몰살=예수와 기독교=동물학대자." 개인적으로 이 사건의 주요한 요점은 다음의 것이라는 생각을 해본다. 예수님께서 귀신 들린 자를 매우 사랑하셨다. 세상 사람들은 소외된 그를 쳐다보지 않았을지 몰라도 예수님에게 귀신 들린 그 한 영혼(靈魂)은 존재 그 자체로 매우 귀중한 생명이었던 것이다. 그래서 예수님은 그에게 자유함을 주시기 위해 그곳을 지나가던 돼지 떼 속으로 군대 귀신[region, 돼지의 큰 떼]을 들어가게 하시고 돼지 떼를 몰살시킨 것이다. 돼지가 부정한 동물이기 때문에 귀신을 돼지 속에 들어가게 허락하신 것이 아니다. 만약 그곳에 돼지가 아닌 다른 동물들이 지나간다고 하더라도 예수

간과 짐승, 나무는 어떤 공통된 권리가 없다고 판단하여, 예수는 악마를 한 떼의 돼지 무리 속으로 보냈고, 저주로써 열매를 맺지 못한 나무를 시들어버리게 했기 때문이다"(Passmore, 1975: 36; Attfield, 1997: 82 재인용).

님은 그렇게 하셨을 것이다. 왜냐하면 귀신에 매여 있는 그 한 영혼을 진실로 진실로 사랑하셨기 때문이다. 그곳에 유대인들이 정하다고 하는 소 떼(牛)들이 지나갔더라도 예수님은 그렇게 하셨을 것이다. 왜? 대답은 똑같다. 한 영혼이 귀하기 때문이다. 돼지가 부정한 동물이어서가 아니고, 소가 정결해서가 아니라 한 영혼에 대한 관심으로 인해 그러한 결과를 낳게 된 것이다.

만약 거라사인의 돼지 몰살사건을 더 확장해서 해석한다면 어떨까? 돼지가 당시 이방신전의 신들에게 제사를 드리는 제물로 쓰이기 위해 사육되었다는 사실을 알고 있다. 예수님의 축귀(逐鬼) 능력은 예수님이 행하셨던 이적과 기사처럼 예수님의 하나님 되심을 보여주는 하나님의 사건임을 알고 있다. 그렇다면 다음과 같이 이해할 수 있지 않겠는가? "[우상 제물로 쓰인 돼지 ⇨ 몰살]⟺(逐鬼役事)⟺예수님의 하나님 되심⟺(治癒役事)⟺[귀한 한 영혼의 자유함]." 가리사인 지방에서의 사건은 축사와 치유를 통한 예수 그리스도의 하나님 되심을 드러내는 사건이었다고 말이다.

3) 식습관에 숨어 있는 靈的 優越意識

음식에 관한 규율에 대해서 지나치게 강조하는 이들에게서 심심찮게 볼 수 있는 점은 바로 그러한 규제된 삶의 준수를 통해 자신들의 영적 우월의식(靈的優越意識)을 살며시 드러내고자 한다는 점이다. 이것이 문제가 되는 부분이기도 하다.25) 마치 신약의 고린도교회의 방

---

25) "하지만 영양상의 이유 때문이 아니라, 영적(靈的)인 이유로 '과일주의자'가 되려는 사람들이

언과 같은 은사(恩賜)의 남용에서처럼 말이다. 아니 고린도교회까지 갈 것 없이 오늘날에도 자주 볼 수 있는 방언이나 금식 같은 영적 은사들을 지닌 이들에게서 흔하게 볼 수 있는 것처럼 음식규제를 준수하는 이들의 일부에서도 영적 우월의식에 사로잡혀 있는 것을 심심찮게 볼 수 있다는 점이다. 그들은 그러한 행위를 통해서 "우리[나]는 너희와 달라", "나는 너희들보다는 더 영적 존재야"라고 말하고 싶은 것이다.26) 오늘날 일부 극단적 채식주의자들에게서도 식습관으로 인한 이러한 우월성을 느낄 수 있다고 한다. 아니 이 사회와 이 사회의 구성원들이 육식주의에 비해서 채식주의를 더 도덕적이라든가 더 존엄한 존재라고 인정해주는 분위기 속에서 생활하고 있다(Allen, 2007: 305). 그렇기 때문에 음식규제를 통해 자신의 영적 우월의식을 드러내고자 하는 이들이 존재한다. 이는 마치 과거 독신생활이 결혼생활

___

전혀 없는 건 아니다"(Robbins, 2014: 299).; "2004년 이탈리아 연구진은 '오소렉시아 너보사 (Orthorexia Nervosa)', 즉 건강식품 강박증에 관한 진단 기준을 세시했다. 그늘은 건강식품 강박증 환자가 '먹는 행위에서 정체성과 영성을 추구하는 성향을 보인다고 했다. … 강박 증세를 보이는 이들의 먹는 행위는 '다른 사람의 생활 방식, 식습관보다 자신이 우월하다고 느끼도록 한다'"(Poole, 2015: 31 재인용).; 참고로 마틴 가드너가 『과학의 이름으로 행해지는 변덕과 궤변(Fad & Fallacies in the Name of Science)』에서 이름 붙인 "푸드 패디즘(Food Faddism)"이다. 이는 "먹을거리가 건강과 병에 미치는 영향을 과대평가하는 것을 의미한다.; 김미숙은 자이나교의 경우도 물질성을 띤 카르마(karma, 業)로 인해 영혼이 오염되는데 몸으로 유입되는 음식과 긴밀한 관련이 있는 것으로 보았다라고 한다. 참조하라. 김미숙 (2017). "인도 종교의 음식 문화와 심신 수행의 기제-자이나교의 단식(斷食)수행 의례와 심신 정화", 『철학·사상·문화』, 25, 102-120.; 토니 밀리건(Tony Milligan)의 다음의 진술도 참조하라. "수도회는 육식을 거부했다. 육식이 우리의 인간성과 관련된다는 그림을 믿었기 때문이다. 그들은 우리의 인간성을 추악한 것으로 보았다. 그들이 채식을 하는 것은 일종의 포기로, 채식을 매개로 인간의 욕망과 수도원 밖의 속계(俗界)를 포기하려 했다. 그들은 속계의 육식이 쾌락이나 육신에 대한 찬양과 밀접하게 연결되어 있다고 생각했다. 이와 유사한 다른 역사적 사례들도 찾아볼 수 있다. 수도원 채식주의는 포르피리오스(Porphyrios, 232-305경) 같은 신플라톤주의자들의 초기 채식주의에 그 뿌리를 두고 있었다"(Milligan, 2019: 35).

26) (안식일교의 관련 저서인) 『경건의 연습』에는 "고기를 즐겨 자주 먹으면 동물적인 본성은 강해지고 영적인 본성은 약해진다. 고기를 계속 먹으면 하나님이 인간과 교통하시기 위해서 장치해놓은 그 영적인 센서가 자꾸 둔해진다는 것입니다'라며 육식을 금지하는 이유를 밝히고 있다. 안식교 홈페이지에는 '인간을 위해 하나님께서 정하신 본래의 음식물에는 육식이 포함되지 않았다', '신약은 정하고 부정한 육식의 구분을 철폐하지 않았다'고 주장했다"(현대종교편집국 엮음, 2019: 304).

보다 우월한 것으로 인정했던 것과 유사하게, 채식을 육식보다 우월하다는 점을 인정하는 분위기가 사회와 사회구성원들 사이에 어느 정도 퍼져 있는 것도 사실이다. 음식을 규제한다는 것은 결단코 쉬운 일이 아니라는 걸 경험해서 안다. 과거 성욕을 절제하여 독신으로 산다는 것이 그렇게 쉬운 일이 아니라는 것을 경험을 통해서 아는 것처럼 육식을 거부하고 채식으로 살아간다는 것이 말처럼 쉽지 않다는 것을 직·간접적으로 경험을 통해서 알고 있기 때문에 그런 평가를 해주고 있는 것이다. 극단적 채식주의자들의 자기 우월성은 개인적인 기질[영적 미성숙]에서 기인한 것도 있지만, 개인적으로 볼 때 채식주의의 우월성은 타(他)종교의 영향에 기인한 경우도 있다는 생각이 든다[自力宗敎가 지닌 靈的雰圍氣]. 특히 힌두교적인 사고(음식에 관한 브라만 계급들의 思考) 등에서나 볼 수 있는 채식주의자들의 우월성에 잠재되어 있다는 느낌이 든다. 인도인들은 식습관을 기준으로 하여 계급을 나눈다. 식습관이 채식에 가까우면 가까울수록 그는 높은 계급(카스트, caste)에 속하며 사회적으로 사람들로부터 존경받는 경향이 있다고 한다(좀처럼 잘 이해되지 않는 부분일 것이다).[27]·[28]·[29] 프레데릭 J. 시문스(Frederick J. Simoons)는 인도인들이 채식주

---

[27] 음식은 사람들의 신분을 나타내는 증표가 되기도 한다. 어떤 음식을 먹느냐가 신분을 과시하는 도구가 되기도 하는 것이다(김종덕, 2009: 18).; 장재우 교수는 우리나라 백정과 일본 백정(에타 穢多), 그리고 인도 백정(차마르 Camar)이 대우받지 못한 이유는 바로 쌀을 주식으로 하는 아시아 문화권에 속하였기 때문이라고 한다(장재우, 2011: 41-43).

[28] 힌두 사회에서 "'음식에 대한 규칙은 사회적 경계와 구별을 표시하고 유지하는 데 지극히 중요하다. 카스트는 그 정결함을 기준으로 등급이 매겨지는, 이는 다른 카스트와 나눠 먹어도 되는 음식과 안 되는 음식의 종류에 반영된다. … 날음식은 모든 카스트 사이에서 전달될 수 있지만 익힌 음식은 그럴 수 없다. 해당 카스트의 정결에 영향을 끼칠 수기 때문이다.' … 일례로 채식은 가장 높고 '가장 정결한' 카스트에 적합한 반면, '육식과 음주는 덜 정결한 지위와 연관된다. 일부 불가촉 카스트들을 가장 명백하게 구분 짓는 요소는 육식이다"(Fernandez-Armesto, 2018: 23).

[29] "도덕적으로 우월하다는 느낌이 채식주의자들 사이에서 흔히 발견되는 위험인 것만은 분명한

의에 등급을 매기는 습관을 당시의 만화의 내용을 인용하여 잘 설명
해주고 있다. 길지만 인용해보기로 하자.

인도의 채식주의자들은 식습관을 기준으로 하여 사람들의 등급을 매기
는데, 이러한 방식을 가장 잘 묘사한 만화를 꼽으라고 한다면, 몇십 년
전에 그려진 것이기는 하지만, 고드볼(Godbole)이 출간한 것을 능가할
것은 거의 없다[Godbole, 1936: 72-73]. 이 만화에는 '그들이 인간적인
이상형으로 상승하는 과정'이라는 제목이 붙어 있으며, 파도가 밑동에
와서 부딪히는 등대의 모습이 그려져 있다. 등대의 바깥 면에는 등대
둥치를 감아 오르면서 꼭대기까지 이어지는 나선형 계단이 있는데, 그
계단을 올라가는 사람들이 예닐곱 명 보인다. 제일 낮은 단계에는 소위
야만인들이 있는데, 이들은 날것들이든 요리된 것이든 상관없이 먹어
치우는 족속이다. 거기에서 약간 위로 유럽인, 미국인, 중국인 등 인간
이외의 모든 동물 고기를 먹는 족속을 대표하는 사람이 한 명 있다. 조
금 더 올라가면 고기는 먹되 돼지고기는 피하는 사람, 또 쇠고기는 먹
지 않는 사람, 고기는 먹지 않지만 생선과 달걀을 먹는 사람이 각각 한
명씩 있다. 한 단계 더 올라가면 고기나 생선을 먹지 않지만 달걀은 먹
는 유럽의 채식주의자가 있다. 이는 채식주의가 준수되는 엄격성을 기
준으로 한 도덕적 위계질서이다. 최고의 목표, 최고의 도덕적 수준을
불살생 원리의 가장 완벽한 실천이다. 따라서 이 등대의 맨 꼭대기는
모든 종류의 고기와 생선, 달걀을 먹지 않는 자이나교도들과 힌두교들
같은 철저히 채식주의자들과 모든 생명을 신성하게 여기는 박애주의자
들이 차지한다. 등대의 꼭대기에는 "나도 살고 남도 살려라(Live and
let live)"라는 봉화가 빛을 발하고 있다(Simoons, 2005: 19-20).

인도에서는 육식을 하면 채식을 하는 사람에 비해 상대적으로
낮은 계급의 사람으로 취급당한다는 것이다. 7세기 중국의 승려
현장(玄奬, 『서유기』에 나오는 삼장법사)이 인도를 방문하면서 "황
소, 당나귀, 코끼리, 말, 돼지, 개, 여우, 늑대, 사자, 원숭이를 비롯

사실이다. 꼭 그러지 않을 수 있는데도 말이다!"(Harvey, 2010: 300).

한 유인원의 고기를 먹는 것은 금지되어 있으니 그것을 먹는 자는 불가촉천민인 빠리아(pariah)가 된다"고 지적한 것도 비슷한 내용이다(Jha, 2004: 85-86 재인용). 고기를 먹으면 가장 낮은 카스트도 아닌 카스트 밖의 계층인 불가촉천민(Untouchables, 달리트, Dalit)으로 취급된다는 것이다. "인간 사회에서도 카스트 계급을 결정하는 데 대개 육류를 먹는지 거부하는지의 여부가 연관된다. 가장 엄격한 채식주의자는 사제인 브라만(Brahman)이지만, 그 외의 다른 카스트 구성원들도 이들이 지키는 채식주의를 모델로 삼는다"(Simoons, 2005: 21). 오늘날에도 상위 카스트들의 식습관[飮食規制]을 모방하여 자신들의 사회적 지위 향상을 도모하고자 하는 현상이 인도의 낮은 카스트 계급 사이에 만연해 있는데 이를 가리켜 산스크리뜨화(sanskritization)라고 한다. '산스크리뜨화'라는 단어는 인도인들의 생활 속에 식습관이 얼마나 강력한 영향력을 행사하고 있는지를 잘 보여주는 단어다. 인도의 식습관과 관련해서 김경학과 이광수 교수는 자신들의 인도 현지 답사경험담(踏査經驗談)에서 다음과 같은 사례를 소개하고 있는 것을 볼 수 있다. "조사지 [촌락 짠드와르]에서 필자가 머물고 있었던 주겐다르 싱 바겔 (Jugendar Singh Baghel)의 형제들은 주겐다르를 제외하고 엄격하게 채식을 하고 술을 마시지 않는다. 이들뿐 아니라 많은 바겔들이 채식과 금주로 식생활을 변경하고 있다. 사실은 필자를 위해 '치킨 마살라'라는 닭고기 음식을 놓고 마시는 작은 술자리에 주겐다르가 합류하여 함께 했지만 이를 비밀로 하여 주기를 요청하였다"(김경학·이광수, 2006: 186).[30]

---

30) 사회학자 매킨 매리어트(Mckin Marriott)가 자신의 연구 논문(1968년)에서 소개한 식습관과

Ⅲ 나가며

1 要約: 인간의 식습관에서는 다양한 스펙트럼이 존재한다. 성경은 어느 특정한 식습관에 대해서 직접적으로 이야기하고 있지 않다. 다만 창조 때는 채식을 대홍수 이후로 인간이 육식[雜食, 肉食許容]을 하게 되었다는 것과 더불어, 다가오는 하나님 나라에서는 다른 것은 몰라도 "오늘은 무엇을 먹을까" 하는 근심으로부터 자유함을 누리게 될 것이라고 짐작할 수 있을 뿐이다. 식습관의 문제는 "이미와 아직 사이"에 사는 그리스도인들에게 말 그대로 말씀 가운데에서 상상력을 발휘할 수 있는 문제에 해당할 따름일 뿐이다. 하나님 나라가 완성되어야 정확하게 알 수 있는 부분이다. 그때에 가서는 '야, 그렇구나' 하면서 고개를 끄덕이게 될 것이다. 오늘날 특정한 식습관에 대해 고집하거나 돼지고기 식용에 대해서 반대하는 견해에 대해서는 단지 신약의 관점에서 구약의 율법을 바라보아야 할 것이며, 예수 그리스도가 우리에게 주신 구속(救贖)에는 음식에 대한 구속도 포함되어 있다는 점에서 음식에 관한 규율로부터 자유함을 누릴 필요가 있겠다. 특히 어떤 특정 식습관을 주장하는 이들의 경우 그들 속에는 영적 우월의식이 일부 잠재되어 있다는 점과 더불어서 이러한 주장은 기독교보다는 다른 타종교(특히 뉴에이지나 힌두교 또는 비정통기독교)의 종교적 신념에 영향을 받은 주장일 가능성이 많다는 점도 숙지해야 할 필요가 있겠다. 그렇기 때문에 더더욱 그리스도인으로서 먹는 것에서 자유함을 누리는 것은 매우 중요한 부분이다. 물론 예수님이 주신 자유함 속에는 절제와 겸손이

카스트제도와 관계되어서 발생한 사건(Marriott, 1968; Allen, 2007: 119 재인용). 참고

필요한 것은 두말할 것 없다. 개인적으로 건강상(고지혈증이나 혈압이나 다른 질병상의 문제 등)의 이유에서나, 육식에 비해서 채식이 더 환경보호에 유익하다고 생각하는 점에서 스스로 채식주의로 살아가는 것은 개인의 자유로운 선택의 문제로 존중해줘야 할 필요가 있다. 혹시 그러한 삶을 한 개인이 실천하고 있다고 하더라도 그러한 실천으로 많은 유익을 누리고 있다손 치더라도, 다른 지체들에게 권면(勸勉)이 아닌 강요[強要, 무언의 압력]를 해서는 안 될 것이다. 일반 성도들과 다른 식습관(금식도 포함)으로 인해서 시시때때로 자라나는 영적 우월의식[自慢心]에 대해서 본인 스스로 경계해야만 할 것이다. 왜냐하면 진정한 성도는 채식주의자든, 육식주의자든 상관없이 하나님의 교회[공동체]에 덕을 세우는(健德, edification) 지체들이기 때문이다.

2 끝으로, 詩 한 편 감상하며: 스위트(Leonard Sweet) 교수는 어떤 음식을 먹을까 고민하는 사람을 만날 때 무명작가의 다음의 시를 들려주었다고 한다. 이 시 감상을 끝으로 글을 마무리하고자 한다. 이 세상에서 하나님의 은혜가 아닌 것이 없다.[31]

---

31) 인디아의 16세기 여성 성자 바이(Meera Bai)는 다음과 같이 말했다(Bhaskarananda, 2016: 90).
과일과 뿌리를 먹음으로써 신을 보는 것이 가능하다면, 왜 원숭이와 박쥐는 신을 보지 못하는 걸까.
신성한 물에 씻음으로써 신을 아는 것이 가능하다면, 왜 물고기는 신을 알지 못하는 걸까.
야채와 잎사귀를 먹음으로써 신을 찾는 것이 가능하다면, 왜 사슴과 양들은 신을 찾지 못하는 걸까.
아내와 인연을 끊음으로써 인간이 신을 보는 것이 가능하다면, 왜 거세된 남자는 신을 보지 못하는 걸까.

므두셀라는 그릇에 담겨 있는 음식은 그냥 먹었다.
요즘 사람들이 말하듯이 칼로리를 재가며 먹지는 않았다.
왜냐하면 그건 그냥 음식이니까.
그는 저녁 식탁에 앉았을 때 고민하지 않았다.
파이나 구운 고기를 그냥 맛있게 먹을 뿐, 몸에 좋은 처방인가,
비타민이 부족하지 않은가 생각하느라 고민하지 않았다.
그는 즐겁게 음식을 씹어 먹었다.
두려움이나 병에 대해서는 생각하지 않으면서 신선한 과일이지만 무언
가 자기 건강을 해치지 않을까 염려하지 않았다.
그 결과 그는 900년도 넘게 살았다(Sweet, 1999: 172-173).

05

음식규제와 종교
유대교, 이슬람교 그리고 기독교 등을 중심으로

I. 들어가는 말

다음은 세계화와 더불어 노동력의 국제적 이동으로 종교 음식과 관련해서 이 나라에서 발생한 문제가 기사화된 것이다.

[사우디아라비아 출신 이슬람교도인] A 씨는 "한국 식당에서는 돼지고기가 많이 나와서 이슬람교도들은 열심히 일하고도 밥을 많이 먹을 수 없어 힘들다"고 했다. 이어 "공장 사장님, 사모님은 돼지고기를 주면서 '다 먹어, 괜찮아'라고만 했다"며 "평소에는 김치와 맨밥만 먹었고, 달걀이라도 나와야 그나마 밥을 많이 먹었다"고 털어놨다.
네팔에서 온 이주노동자 B 씨는 반대 경우다. 쇠고기 반찬만 나오면 난처해지기 짝이 없다. 소를 못 먹는 힌두교 신자이지만, 나물에도 쇠고기 기름이 들어 있는 경우가 허다하기 때문이다. 요즘에는 이런 문제를 없애기 위해 이주노동자 스스로 음식을 준비할 수 있게 해주는 곳도 있지만, 따로 먹다 보니 동료들과는 서먹해지기 일쑤다. 이주노동자대책협의회 관계자는 "이슬람교도의 경우 회식할 때 다 돼지고기를 먹는데 혼자 쇠고기를 먹느라 눈치를 보기도 한다"며 "닭고기나 오리고기 같은 경우 무난하게 먹을 수 있다"고 귀띔했다(김민재, "'제육볶음만 주면 어쩌란 거?' 속 타는 이주노동자들", <노컷뉴스>, (2013.06.15.); http://v.media. daum.net/v/20130615060306607?f=o³²)).

종교에 따라 다양한 음식규제가 존재한다. 이주노동자의 경우에
도 자신들이 믿는 종교에 따라 음식에 대한 규제가 존재함에도 불
구하고, 이들 종교가 지니는 음식규제에 대해서 한국인 고용주와
동료들의 작은 배려(配慮)와 인지(認知)의 부족(그것이 고의적이든
아니든, 작위든 부작위든 관계없이) 등으로 인해 앞의 기사와 같은
사례들이 발생한 것이다.

1. 研究問題

본 연구는 **"宗敎와 飮食規制의 관련성"**에 대해서 살펴보고자 한
다. 이를 위해서 구체적으로 연구문제를 다음과 같이 설정해보았다.

연구문제 1: **[飮食規制의 事例]**

각 종교가 지니고 있는 음식규제에는 어떤 것이 있는가?

연구문제 2: **[飮食規制와 宗敎]**

1-1. 음식에 관한 규제는 종교의 성격과 어떤 관계가 있는가?

1-2. 음식에 관한 규정이 동물권(動物權) 등에 도움을 주는가?

2. 研究範圍

본 연구문제를 위해 본 연구는 다음과 같은 범위를 다루고자 한

---

32) 박성진, "프랑스서 이슬람 금기 돼지고기 학교 급식 논란", <연합뉴스>, (2015.03.18.); 최훈 교
수도 비슷한 지적을 한다(2012: 48 참조).; 국가인권위원회는 무슬림들을 돼지고기제품 생산관
리에 배치한 것이 차별이라는 진정을 받아들여 외국인노동자의 업무변경을 결정하였다(이정
순, 2012: 225).

다. 종교에서의 음식에 대한 규정, 특히 육식에 대한 금지 규정을 중심으로 각각의 종교들은 어떤 규정을 두고 있는지에 대해서 기술하고자 한다. 이슬람교의 할랄(Halal and Haram, Islamic dietary laws)과, 유대교의 코셔(Kosher and Trife, Jewish dietary laws)에 대해서, 힌두교의 경우 암소를 왜 신성시하게 되었는지 그 이유를 중심으로 살펴볼 것이다. 불교의 음식에 대한 규제, 그리고 이슬람교와 유대교에서 왜 돼지의 식육을 금지하게 되었는지에 대해서 살펴보게 될 것이다. 본 연구자의 종교인 기독교의 경우 다른 종교와는 다르게 음식에 대한 규제로부터의 자유함이 존재함에 대해서 기술할 것이다. 두 번째로 (a) 음식에 대한 종교의 규정이 종교의 성격(자력종교 또는 타력종교)과 어떤 관계가 있는지에 대해서 기술할 것이다(Schäfer, 2016: 156-182 참조).[33] 그리고 (b) 더 나아가서 종교의 가르침이 동물의 권리 등에 대해 어떤 역할을 할 수 있는지에 관해서 다루게 될 것이다.

3 研究觀點

본 연구의 관점은 먼저 극히 개인적임을 밝힌다. 본 연구자는 기독교인이지만 단지 매우 개인적인 견해[私見]에 불과하다는 점을 다시 한번 강조해서 밝히고 싶다. 이는 오해(誤解)의 소지가 없도록 하기 위함이다. 연구자가 볼 때 기독교를 제외한 이들 종교에 음식에 대한 규제가 존재하고 있거나, 아니면 오늘날 자칭(自稱) 그리스

---

33) 풍크슈미트(Kai Funkschmidt)는 "음식을 통한 자기구원"이라는 생각을 했다(Schäfer, 2016: 164).; 특히 Schäfer의 책 "chapter 6. 대체종교가 된 영양이론들"(Schäfer, 2016: 156-182 참조).

도인(정통기독교의 관점에서 볼 때 전혀 기독교인이 아닌 이들에 불과함에도 불구하고)이라고 하면서 구약의 음식에 대한 규례의 준수를 강하게 요구하는 이들('舊約[律法]으로의 回歸'를 꿈꾸는 역설적으로 기독교와 거리가 먼 自稱 基督敎人)을 포함한 종교인[信仰人]들의 특징에서 알 수 있는 것은 이들 종교와 그러한 성향의 종교인들에게는 메시아(Messiah, 삶의 全領域에서의 規制의 解放者이신 하나님)가 존재하지 않거나, 아니면 메시아가 아직 재림(到來)하지 않음³⁴)으로 인해서 나타나는 결과로 이해할 수 있는 부분이라는 점이다. 자신들을 구원으로 인도할 메시아가 존재하지 않음으로써 스스로 구원과 신성에 이를 수 있는 방편을 찾게 되는데, 그중의 하나가 바로 음식에 대한 규제인 것이다. 음식에 대한 규제를 구원이나 신성에 이르는 방편으로 스스로 규정하고 이를 철저하게 준수하고자 피나는 노력을 하고 있다는 점이다.³⁵) 심하게 말해 이들 종교가 자력종교(自力宗敎, 스스로의 노력으로 구원을 얻고자 하거나 스스로 신성에 도달하려고 하는)의 성격을 가짐으로써 스스로 구원의 경지에 이를 수 있는 방편의 하나로써 음식에 대한 규제의 준수를 강조하게 된 것이다.³⁶) 물론 각 종교마다 그 정도와 방법의 차이가 있겠

---

34) 아흐마드파 무슬림에서 기독교로 개종한 쿠레쉬(Nabeel Qureshi)는 다음과 같이 말한다. "다른 다수 견해는 예수의 승천에 주목한다. 코란은 '하나님께서 그를 오르게 하셨'다고 가르치기에 무슬림은 예수의 승천과 궁극적 재림을 믿는다[4: 158]. 따라서 그리스도인처럼 대부분의 무슬림도 메시아의 도래를 기다리고 있다"(Qureshi, 2017: 140).

35) "유대교와 기독교, 이슬람교는 서양의 유일신 전통들 중에서 유대교는 예수가 메시아였다는 입장을 인정하지 않으며, 기독교는 그것을 인정하고 예수가 하느님이기도 하다고 말하며, 이슬람교는 예수가 메시아였고 심지어 재림할 것이라고 인정하면서 예수가 하느님이라는 입장을 인정하지 않는다"(Morreal & Sonn, 2015: 18).

36) 다음을 참조하라. 간디가 영국에 유학 중일 때, "런던 채식주의자 협회"의 회장이자 대기업가인 아널드 F. 힐스(Arnold F. Hills, 1857-1927)는 『The Vegetarian』 첫 호의 사설[The Vegetarian, 1. (January 7, 1888). 1]에서 "채식주의는 영양학적 식사법의 개혁이라는 물리적 의미가 아니라 육체적, 정신적, 도덕적, 영적으로 이상적 삶을 추구하는 데 가장 기본적이고 필요조건이며 나아가 신에 복종하고 진정한 구원에 이르는 길이라고 주장했다"고 한다(이정

지만 말이다. 이는 메시아이신 예수 그리스도의 초림(初臨)을 경험한 정통기독교의 경우 타력종교(他力宗敎)의 성격을 지니기 때문에 음식규제에 대해서 상대적으로 매우 자유로울 수밖에 없다. 그러므로 기독교인이라고 스스로 말하는 이들 중 일부에서 '기독교', '예수님', '구원', '성령'이라는 단어를 립-서비스(lip service) 하면서도 구약의 음식규제를 강조하는 이들은 실질적으로는 메시아의 초림과 예수의 그리스도 되심에 대해서 부정적이기 때문에 그런 모습을 보인다고 할 수 있다. 다시 말해 예수 그리스도의 메시아로서의 그의 초림을 믿지 않을 뿐만 아니라, 더 나아가서는 이들 스스로 이신칭의(以信稱義·以信得救)의 교리를 부인하는 행위로밖에 볼 수 없다는 점이다. 그렇기 때문에 이러한 삶을 살아가는 이들은 정통기독교와는 거리가 먼 이교도(實質的異敎徒)의 삶을 살아가고 있는 것에 불과하다는 점을 인지할 필요가 있겠다. 강력한 음식규제에 대한 삶은 한마디로 스스로 정통기독교인이 아님을 보이는 삶의 모습이라는 것이다.

Ⅱ. 宗敎와 飮食

1. 종교와 飮食規制

종교별로 종교 특유의 음식에 대한 규제가 있는 것을 알 수 있다. 종교별로 허용되는 음식과 금지되는 음식들이 존재하는데 [표]

호, 2013: 44, 강조 연구자).

를 통해서 이를 확인할 수 있다.

표: 종교의 허용음식과 금지음식

종교	돼지고기	쇠고기	양고기	닭고기	생선
기독교*	O	O	O	O	O
이슬람교	X	Halal	Halal	Halal	Halal**
힌두교	X	X	O	O	O
유대교	X	Kosher	Kosher	Kosher	Kosher**
불 교	X	X	X	X	X
안식일교	X	X	X	O	O

* 항목(기독교)은 추가하였고, 반면에 논의의 편의를 위해 래스터페리안과 시크교도는 삭제하였다.
** 인용 전의 책에는 이슬람교 유대교에서의 생선이 먹는 것(O)으로 나왔으나, 개인적으로 볼 때, 이슬람교와 유대교에서 생선은 일반적으로 Halal과 Kosher이기 때문에 바꾸었다.

자료: 김종덕, 2012: 75 재인용. 본 연구자가 일부 삭제, 추가 또는 강조

종교에 따라서는 육(肉)고기 중 일부에 대해서 먹지 못하는 경우가 있다. 이슬람교와 유대교에서의 돼지고기와 힌두교에서의 소고기가 여기에 해당된다고 일반적으로 알려져 있다(인도에서 일어난 세포이[Sepoy]반란의 경우도 돼지와 소의 기름과 관련되었다).[37]

---

37) "세포이들은 대부분 힌두교거나 무슬림이었다. 힌두교도에게 소는 신성했으니 총알에 소기름을 바르는 것은 신성모독이라고 느껴졌다. 무슬림에게 돼지는 종교적으로 더러운 짐승이었으니 총알에 돼지기름을 바르는 것은 혐오감을 일으키는 일이었다"(Ansary, 2011: 381; Pomeranz and Topik, 2003: 338 참조).

그뿐만 아니라, 먹을 수 있는 육고기의 경우에도 복잡하게 자신들의 종교가 지정해준 도살방식으로 도축(屠畜)되었을 때에만 먹을 수 있도록 규정되어 있다.

이슬람교의 경우 음식 금기사항(飮食禁忌事項)을 자비할(Dhabihal)이라고 하는데 이는 이슬람에게 먹을 수 있는 것과 먹을 수 없는 것을 구별하도록(http://islamic-practices.suite101.com/article-cfm/ritual_slaughter_in_islam_dhabihah) 해준다. 먼저 '할랄(Halal, الحلال)'은 '신이 허락한 좋은 것(lawful)' 또는 '허용되는 것(permissible)'이라는 문자적인 뜻에서 알 수 있는 것처럼 먹을 수 있는 음식을 가리킨다.[38] 이슬람에서 할랄 식품이 되기 위해서는 3무(三無)를 충족시켜야 한다. 즉 독이 없고 정신을 혼미하게 하지 않아야 하며 위험하지 않아야 한다. 허용되는 할랄과 대조되는 것으로 먹어서는 안 되는 '하람(Haram)'도 있다. 하람은 그 단어의 뜻에서 알 수 있듯이 '금지되는 것(prohibited)'이며 '불법적인 것 (unlawful)'이기 때문에 먹는 것이 금지되어 있다. 특히 먹도록 허용된 육고기의 경우에도 이슬람식 도축의 방식(할랄屠畜法, 자비하 Zabihah 또는 Dhabiha. 할랄도축법의 가장 큰 특징은 '신의 이름으로 신은 위대하시다[비쓰밀라흐 알리후 아크바르]'라고 말하며 경동맥을 한칼에 끊는 방식이다)을 엄격히 충족시켜야만 할랄 식품이 될 수 있다고 한다(장 후세인, 2014: "하디스 15. 모든 일을 가장 좋은 방법으로 해결하기."

---

38) "2012년 토마토 금기에 대한 해프닝이 있었다. Popular Egyptian Islamic Association이라 불리는 이슬람교의 한 극보수주의 단체가 페이스북을 통해 토마토를 금기식품으로 발표했다. 토마토를 횡단면으로 절반 자르면 십자가 모양을 드러내는데, 이는 토마토가 기독교를 칭송한다는 것이다. 그러기에 토마토를 먹어서는 안 된다는 논리였다"(김정희, 2017: 68).

59-61 참조).

유대교의 경우, 유대교의 음식 금기사항을 카쉬루트(Kashrut, 음식물규정)라고 하는데, 이 규정에 적합한 음식물을 코셔(Kosher)라고 부른다. 이와 반대로 먹는 것은 물론이고 가까이하는 것조차 용납되지 않는 것을 트라이프(Trife)라고 한다. 코셔는 말 그대로 '적당한, 먹기에 합당한(fit or allowed to be eaten)' 음식물을 뜻한다. 특히 먹도록 허용된 육고기의 경우는 유대 율법에 합당한 도축법인 셰치타(Shechita, 또는 shehitah. kosher slaughter, 코셔屠畜法)의 가장 큰 특징 중의 하나는 동물은 신의 창조물 중 하나이기 때문에 도살할 때에는 되도록 고통을 주지 않아야 하므로 거꾸로 동물을 매달아 아주 날카로운 칼로 단숨에 경동맥을 끊는다는 점이다. 사라진 제사장을 대신해서 셰치타(Shechita)를 담당하는 이를 쇼헷(shochet)이라고 한다. 코셔가 되기 위해서는 셰치타를 엄격하게 준수해야만 한다.[39] 참고로 논의를 전개하는 과정에서 오늘날 종교들

---

[39] 유대계 학자인 로이스 버먼에 의하면, 소헷(shochet)은 규정된 도축의식, 즉 셰히타를 범하지 않도록 다섯 가지 사항들을 조심해야 했다. 조금 길기는 하지만 그 내용을 잠시 살펴보면 다음과 같다(유재덕, 2009: 151-152). 먼저 쇼헷은 도축하는 시간이 지연되지 않도록 주의를 기울여야 한다. 도축 대상이 되는 동물의 경정맥(목정맥)을 자를 때는 망설임 없이 정확한 지점에 칼을 사용할 수 있어야 한다. 의식적으로든, 아니면 무의식적으로든 도축 시간을 지연시켜서 얻은 고기는 먹을 수 없는 트라이프가 된다. 둘째, 도축을 할 때는 과도한 힘을 가해서는 안 된다. 경정맥은 물론이고 식도와 기도까지 깔끔하게 잘라야 한다. 하지만 척수 부분을 건드려서 동물에게 불필요한 고통을 주는 것은 유대인들의 정결법을 어기는 행위가 된다. 동물을 모욕하고 고통을 안겨주는 행위이기 때문이다. 셋째, 시야를 확보해야 한다. 쇼헷은 도축하는 과정에서 자신이 무엇을 하고 있는지 충분히 파악할 수 있어야 한다. 때문에 언제든지 도축을 할 때는 작업장의 조명을 밝게 하고 허술한 옷차림을 해서는 안 된다. 넷째, 오차를 줄여야 한다. 쇼헷은 동물의 식도에 있는 분비선과 연골성돌기의 구조에 관해서 자세히 공부해야 한다. 정확한 절단선을 맞추지 못하면 정상적인 도축이 될 수 없고, 고기는 먹을 수 없게 된다. 다섯째, 도축을 마친 뒤에는 반드시 동물의 식도와 기도의 절단 상태를 확인해야 한다. 그때 주변의 근육이 찢어지거나 제대로 잘리지 않으면 먹을 수 없는 고기가 된다. 쇼헷은 실수를 범하지 않도록 칼을 예리하게 갈아두어야 한다. 그리고 정기적으로 랍비에게 칼과 도구를 점검받아야 한다.: 식법과 관련하여 유대학에서는 정한 짐승들의 도살법 규정들이 있어 특수 훈련받은 전문가들이 짐승 각 부위에 어떠한 결함도 없는 짐승을 고통을 최소화시키는 방식으로 도살했다. 그 후에는 짐승의 피를

에 관한 음식규제에 대해 우리가 알고 있는 것과 다른 경우들[異見]도 있기 때문에 이에 대해서도 짬짬이 기술하고자 한다.

2. 힌두교: 神聖한 암소

먼저 힌두교의 음식규제 중에서 일반적으로 규제되고 있는 육고기는 바로 쇠고기다. 일반적으로 알려지길 힌두인들은 암소를 신성시한다. 그래서 먹지 않는다고 한다. 돼지가 불결해서 먹지 않는 이슬람이나 유대교와는 달리, 힌두교도들은 역설적이게도 소[牛]라는 동물이 너무나도 신성하기 때문에 먹지 않으며, 또 먹어서도 안 되는 것이다. 인도인들은 오늘날에도 여전히 "암소는 우리들의 어머니다!(Go hamari mata hai!)"라고 외친다고 한다(Simoons, 2005: 158).[40]

1) 과거엔 먹을 수 있었던 소[牛]

소고기에 관련해서 일부 학자들의 연구들과 이들이 기술한 내용들을 통해서 알 수 있는 점은 원래 인도에서 암소는 신성시하지

금하는 성서의 금지 명령에 따라(레 7:26-27, 17:10-14) 고기의 피를 빼는 과정(koshering)이 있었다. 고기와 뼈를 냉수에 30분간 담근 후 구멍 뚫린 널빤지 위에 놓고 소금을 뿌렸다. 1시간 후 냉수에 2-3번 씻었다(사정에 따라 15-30분으로 단축 가능함)(이종근, 2004: 386 재인용). 이종근 (2004), 『히브리 법사상』, 서울: 삼육대학교출판부 참조.

40) "…인도 의회에서도 폭력 사태가 벌어졌는데, 대체 무슨 이유였을까요? 국회의원들이 서로 삿대질을 하고, 주먹을 휘두릅니다. 어제(8일) 인도 카슈미르 의회에서 몸싸움이 벌어졌는데요, 전날 밤 무슬림인 한 야당 의원이 만찬 자리에 쇠고기를 내놓은 데 대해 힌두교 여당이 발끈한 겁니다. 힌두교에서는 소가 곧 신이어서 쇠고기가 금지되어 있습니다. 야당 의원들은 종교에서 돼지고기를 금지하면 돼지고기 먹는 사람을 때려야 하냐며 여당 의원들을 비난했습니다"("'소고기 먹으라고?' 인도 국회서 한바탕 난투극", <SBS>, [2015.10.09.]).

않았다는 점이다(Jha, 2004; Simoons, 2005; Ambedkar, 1948: 116-121; Brown, 1957: 30-35, 39; 김경학·이광수, 2006; Harris, 2010, 2011). 이는 과거 인도인들은 쇠고기를 먹었다는 사실을 보여주는 것이라고 한다. 역사적으로 인도에서 신성한 암소가 되기 이전에는 소는 먹을 수 있었던 하나의 음식이었다는 것이다. D. N. 자(Dwijendra N. Jha) 교수는 다음과 같은 예를 들면서 인도의 역사를 살펴보면 소고기를 먹었다는 사실이 확인 가능하다고 한다.[41] "『리그베다』는 여러 신들 가운데 특히 적의 요새를 파괴하는 엄청난 무기를 가지고 있는 거구의 인드라에게 바치는 공물로 황소 고기요리를 자주 언급하고 있다. 『리그베다』의 어느 한 구절에서 인드라는 '사람들이 나에게 열다섯하고도 스무 마리의 황소를 잡아 요리해 바쳤다'고 말하고 있다. 또 다른 구절에서도 인드라는 황소 고기를 먹은 것으로 알려져 있는데 그것은 한 마리 혹은 100마리 혹은 300마리 혹은 1,000마리의 물소였고, 아그니가 구운 것으로 알려져 있다"(Jha, 2004: 46-48). "후자에서는 존경하는 손님을 위해 암소를 한 번 이상 도살하였다. 빠니니(Panini)가 손님을 의미하는 단어로 고그나(goghna)를 사용한 것도 이러한 맥락에서이다"(V. S. Agrawala, 1963: 100; Jha, 2004: 56 재인용; 김경학·이광수, 2006: 39 참조).

---

41) "2001년 힌두 민족주의 정당 바라티야 자나타 당이 집권하고 있을 때는, 드위젠드라 나라얀 자의 『신성한 소: 인도 식사 전통에서의 쇠고기』의 출간을 두고 대규모 민중 소요가 일어났다. 델리 대학교의 역사학 교수인 저자는 이 책에서 초기 인도인들은 쇠고기를 먹었으며, 이 풍습은 무슬림들이 들여온 것이 아니라고 주장했다"(Lauden, 2015: 507).

"『따잇띠리야 브라흐마나』에서는 암소를 희생제물로 삼는 것을 밝히고 있는데, 여기에서 암소는 '바로 음식이다(atho annam vai gauh)'라고 전혀 애매하지 않게 나타나 있다. 그리고 100마리의 황소로 희생제를 치른 아가스띠야(Agastya)를 칭송한다"(K. T. Achaya, 1999: 145; Jha, 2004: 52 재인용).

시문스(Frederick J. Simoons)는 자신의 책, 『이 고기는 먹지 말라?: 육식 터부의 문화사(Eat Not This Flesh: Food avoidances from prehistory to the present)』에서도 W. 로먼 브라운(W. Norman Brown)의 글의 인용을 통해서 쟈(D. N. Jha) 교수가 앞에서 언급한 내용과 비슷한 결론을 내리고 있는 것을 확인할 수 있다. 과거 인도의 경우 소를 오늘처럼 신성시하지 않았다는 것이다(Brown, 1957: 30-35, 39; Simoons, 2005: 155 재인용). 인류학자 마빈 해리스(Marvin Harris)도 옴 프라카슈(Om Prakash)의 연구보고서를 통해 당시 소고기 식용이 브라만들 사이에서도 이루어졌음을 밝히고 있다. 한마디로 소는 제물로 사용되었는데, 소가 제물로 사용되었다는 사실 자체가 바로 소고기를 음식으로 식용하였다는 증거라는 것이다. "옴 프라카슈(Om Prakash)는 그의 권위 있는 연구보고서 『고대 인도에서의 음식과 음료(Food and Drinks in Ancient India)』에서 초기 베다시대의 사정을 아래와 같이 요약하고 있다. '불은 황소와 새끼를 낳지 못하는 암소를 잡아먹는 자이다. 제사에 고기를 제물로 바치는 것은 성직자들이 그것을 먹을 것이라는 뜻이 내포되어 있다. 염소 또한 불 속에 던져 조상들에게 바친다. 결혼식 때 새끼를 낳지 못하는 암소를 잡는데 이는 음식으로 먹기 위해서임이 명백하다. 도살장에 관해서도 기술되어 있다. 말, 숫양, 새끼를 배지 못하는 암소, 물소의 고기도 음식으로 조리되었다. 아마 새들의 고기도 역시 먹었을 것이다.' … 고대 인도인의 식생활 연구의 권위자인 프라카슈에 의하면 350년에 이르기까지 여러 가지 동물의 고기가 죽은 사람을 추모하는 재분배 제사인 '스라다스(sraddhas)'에서 브라만들에게 제공되었다. '쿠르마 프라나(Kurma Purana)는 스라다스 잔치에서 고기 한 점을 먹지 않는 사람은 죽어도 다시 짐승으로 거듭 태어난다고 말하기까지 했다'라는 구절이 사정을 잘 전해준다"(Harris, 1995: 229, 234).[42]

2) 먹지 못하게 된 신성한 암소

그렇다면 왜 힌두교는 자신들의 과거의 방식과는 전혀 다르게 후대에 이르러 쇠고기를 식용으로 사용하지 않게 되었는가 하는 점이다. 어떤 이유로 과거엔 먹을 수 있는 단지 음식물이었던 소가 이제는 먹지 못하는 신성한 소가 된 것일까?[43]

(1) 政治的 이유

먼저 정치적인 이유를 생각해볼 수 있다. 인도인들은 정치적인 이유 때문에 암소를 신성(神聖)시하게 되었다. 단일화(單一化)된 힌두교 공동체인 힌두뜨와(Hindutva)[44]를 만들기 위한 구심점으로 삼기

---

42) "흥미롭게도 힌두교 역사 초기에는 동물 희생제를 끝내고 고기를 나눠 먹었다. 사제인 브라만 계급의 종교적 의무는 소를 보호하는 것이 아니라 소를 도살하는 것이었다"(김정의, 2017: 78-79).

43) 우유 전문가답게 벨튼(Hannah Velten)은 "인도의 힌두교에서 소를 숭상하는 주된 이유도 우유 때문이다. 즉 인간에게 생명의 우유를 제공하기 때문에 소를 숭배하는 것이다"(Velten, 2012: 61).

44) Hindutva(힌두가 갖는 문화적, 인종적, 종교적 일체성으로서의 '힌두성[性]'). 실제 역사에서는 이런 실체가 존재하지 않았으나 일부 극우 민족주의자들이 힌두뜨와를 주장한 이래로 이것은

위해서 과거에 존재하지도 않았던 암소에 대해 신성을 부여하였고 쇠고기를 먹는 것을 금지하게 되었다는 것이 자(D. N. Jha) 교수의 주장이다. "암소 여신도 존재하지 않았고, 암소를 모신 사원도 존재한 적이 없다[A. L. Basham, 1996: 319]. 뭐라 말하든지 간에 이 동물에 대한 숭배는 실제로 존재하지 않았던 것이다. 다만, 근대에 들어와 힌두뜨와 세력들에 의해 만들어진 단일적 '힌두교'의 특성 가운데 하나일 뿐이다"(Jha, 2004: 171). 일부에서는 쇠고기를 먹는 것이 이슬람교에서 온 것이라고 조장함으로써 마치 이슬람교도들이 쇠고기를 먹는 풍습을 가지고 온 이방인[外來人]인 것처럼 하는데, 이 또한 사실과 맞지 않는 정치적인 기술에 지나지 않는다는 지적이다. 사실과 다른 이러한 주장은 이슬람과 힌두교 사이의 대립을 조장하는 정치적 역할을 하게 된다는 것이다. "실제로 존재하지도 않은 '단일교적' 힌두교의 보호자임을 자처하는 자들은 '쇠고기 육식은 무슬림들이 처음 가지고 온 것으로 그들은 인도의 외부에서 들어온 외래인'이라고 주장하고 있다"(Jha, 2004: 32-34). 그러한 주장에도 불구하고, 일부 이슬람교도를 보면 불결한 돼지를 피하듯이 암소와 접촉하는 것을 피하고 있는 경우가 있으며, 암소가 주는 부산물인 우유, 똥 등에 대해서도 강한 거부반응을 보이는 경우도 있다는 것을 생각할 때 이들의 주장은 말도 안 되는 정치적으로 종교 간의 대립을 조장하기 위한 헛소리[政治的工作]라는 것을 알 수 있다. "파키스탄의 다르디스탄(Dardistan)에 사는 쉰(Shin)파 무슬림들은 다른 무슬림들이 돼지를 대하듯 암소와 접촉하는 것을 회피한다.

무슬림, 기독교도 등 타종교와의 차별을 만들면서 힌두 공동체주의를 세우는 이론적 틀이 되었다(Jha, 2004: 20 역주).

그래서 그들은 암소가 주는 우유는 마시지도 않고, 암소의 똥을 말려 연료로 사용하는 것도 하지 않으며, 쇠고기를 음식으로 먹는 것을 거부하고 있다"(Jha, 2004: 32). 과거 인도가 영국의 지배를 받을 당시 간디 등 암소 보호[암소神聖化]를 정치적 전략으로 사용했다는 점을 지적한 다른 연구자들의 주장을 자(Jha) 교수는 기술하고 있다. 즉 간디(Mohandas Karamchand Gandhi)가 대영제국, 무슬림, 또는 자신이 친히 '신의 자녀'라는 의미로 '하리잔(Harijan, people of God)'이라고 불렸던 불가촉천민(Dalit, outcaste)들의 주장을 무마시키기 위해서 암소 보호운동을 이용하였다는 것이다[달리트의 지위를 놓고, 암베르카르 박사(Dr. Bhimrao Ramji Amberdkar)와 간디와의 대립은 강상우, 2014 참조]. 인도에서의 암소의 신성화는 이처럼 인도민족주의자들의 정치적 무기에 불과하다는 것이다.[45]마빈 해리스 [Harris, 1966: 58, 60]는 암소 보호를 "간디가 영제국과 무슬림에 대한 대항운동 때 사용한 주요 정치적 무기였다"고 제기하였다. 이에 대하여 엔 케이 보스(N. K. Bose)는 "암소 보호는 간디가 불가촉성 철폐를 주장한 것과 같은 '건설적 프로그램'의 일부"라고 하였다(Jha, 2004: 193, 서설 1번 주).

(2) 經濟的 이유

음식이었던 소가 신성한 암소로 변한 데에는 경제적 이유가 있다. 캐서린 그랜트(Catherine Grant)는 힌두교에서의 소를 신성시하는 것의 이면에는 바로 경제적인 면이 자리 잡고 있다는 점을 지적

---

45) "'암소 보호'는 영국 통치기에 접어들면서 물레와 함께 반영(反英) 투쟁의 상징으로 급성장하였다"고 지적한다(김경학·이광수, 2006: 62).

한다. 인도에서 소는 특히 농사와 밀접하게 연관되어 있다. 소가 없으면 농사가 실질적으로 불가능하다는 지적이다. 그뿐만 아니라 소로부터 많은 부산물을 얻을 수 있다는 것이다. "힌두교도들이 소를 숭배하는 이유는 소가 인도 전역에 분포한 소규모 자급농업에 필수적이기 때문이다. 소는 우유와 노동력을 제공할 뿐 아니라 배설물은 비료와 연료가 된다. 힌두교도들은 자신들의 필요를 충족시켜 주는 소를 고맙게 여겨 이에 대한 보답에서 소를 극진하게 대한다"(Grant, 2012: 46). 해리스가 강조하고 있는 부분도 소의 숭배로 인해서, 즉 소에 대한 신성함을 상징적으로 부여함으로써 가뭄이나 기아 때에 소를 도살하지 않음으로 인해서 장기적인 경제적 이익을 발생시킬 수 있다는 점을 지적한다. 기아 때에 눈앞의 굶주림의 현실을 피하기 위해서 소를 잡아먹게 되면 이후에 인도라는 환경에서 농사를 지을 때에 논갈이(쟁기질)가 거의 불가능해지고, 그렇게 되면, 장기적으로 노동력의 부족이라는 더 열악한 환경에 처하게 되는 것이 눈에 보이듯 뻔하기 때문에 이러한 사태를 방지하기 위한 경제적인 목적으로 소를 신성시했다는 것이다(Harris, 2011: 30 참조).

그렇다면 다음과 같은 질문도 할 수 있을 것이다. 소의 힘을 사용해서 농사를 짓는 것은 트랙터와 같은 농기계가 만들어지기 이전의 일이라고 말이다. 트랙터가 만들어진 오늘날에도 그러한 주장이 가능하냐는 것이다. 이에 대해서 인도와 같은 소규모의 농지와 소작농이 있는 환경에서는 트랙터보다는 소를 통한 쟁기질이 더 효율적일 수 있다고 한다(정혜경·오세영·김미혜·안호진, 2013: 67). 그뿐만 아니라, 소의 부산물이 경제적으로 매우 가치 있을 뿐만 아니라, 유용하다는 지적이다. 소에서 나오는 오물인 똥과 오줌은 유용하게 사용된다. 소의 오줌은 약으로도 사용된다. 소똥은 수거한 후 짚단을 잘게 썰고 물과 반죽한 후 덩어리로 만들어서 연료로 사용한다. 비록 널리 성공하지는 못했지만, 인도에서는 소똥을 탱크 안에 저장한 후 거기서 생성된 가스를 연료로도 사용하기도 한다. 소똥을 반죽으로 만들어 마당에 깔면 우리의 방 장판과 같이 매끈하고 촉감이 좋다고 한다. 그리고 성스러운 암소는 생명력의 근원인 우유를 제공해준다(김경학·이광수, 2006에 나온 사진 설명 글 참조 인용). 암소의 우유로 만든 것으로는 요거트의 일종인 다히(dahi), 그리고 정제된 버터인 기(ghee)가 있다. 특히 우유를 정제해서 만든 버터는 사람들을 정화하는 데도 유용하게 사용된다고 한다(Jha, 2004: 149). 소똥은 때로는 하위계급의 부수입이 되기도 한다는 지적이다. "도시의 청소부인 하층 카스트(sweeper castes: 수채와 변소 등을 청소하는 인도의 하층민-역주)들은 거리를 방황하는 암소들이 배설한 소똥을 거두는 독점권이 부여되어 있어, 거둬들인 소똥을 가정주부에게 팔아 생계를 꾸려나간다"고 한다(Harris, 2011: 28).

(3) 宗敎的 이유

종교적인 이유로 힌두교에서는 쇠고기를 먹지 않는다. 먼저 역사적으로 불교와의 경쟁관계에서 우위를 차지하기 위해서 브라만들은 소를 제물로 드리는 것을 포기하였다고 한다. 또 힌두교의 교리인 윤회의 관점에서도 암소를 죽일 경우 윤회의 단계를 처음부터 시작해야 하기 때문에 소를 먹는 것을 포기했다고 한다.

i) 佛教와 競爭關係: 기원전 6세기 붓다가 활동하던 시기에 북부 인도에서 재산 중 가장 으뜸가는 것은 소였다고 한다. 전쟁의 원인 도 바로 그 소를 확보하기 위한 목적이었다고 한다. 당시 왕들은 더 많은 전쟁에서 더 많은 소를 획득하기 위해서 더 많은 수의 소 를 희생제로 사용하였다. 그런데 그 당시 문명의 전환이 발생하게 되는데, 그것은 바로 유목 중심에서 농사에 기반을 둔 새로운 문명 이 발생하게 된 것이다. 새로 발생한 농경문화에서 소는 매우 필수 적인 요소가 되었다. 그렇기 때문에 소를 희생(犧牲) 제물로 드리는 브라만에 대해 많은 불만들이 농부들로부터 터져 나왔다. 다시 말 해 소를 희생하면서까지 드리는 종교적 제사가 그렇게 가치가 있느 냐 하는 불만이었다. 특히 소의 희생 제사를 부인하는 불교는 브라 만교의 종교제사의 가치에 도전하였고, 이에 대해 농업의 필수적 요소인 소를 잃었거나 잃을 수 있는 처지의 농민들도 바로 브라만 의 소 희생을 통한 힌두교 제사제도에 강하게 저항하면서 자연스레 불교의 편에 선 것이다. 그제야 문제의 심각성을 인지한 브라만들 은 소의 희생 제사를 스스로 포기하게 되었다는 것이다. 브라만은 쇠고기의 달콤한 맛을 포기하고 스스로 채식주의자의 길에 들어서 게 되었다고 한다.46) · 47)

---

46) "『숫따니빠따』에 따르면 어떤 늙은 부자 브라만이 제따와나(Jetavana, 기원정사)에 머물던 붓 다를 예방하여 그들이 행하던 희생제가 전대부터 이어져온 전통과 들어맞는지 물어본다. 이에 대해 붓다는 그렇지 않다고 대답하면서 소가 희생제에서 도살되어서는 안 된다고 주장한다. 붓다는 그 이유를 『숫따니빠따』의 「브라흐마나담미까숫따」(Brahmanadhammikasutta, 브라만의 삶에 대한 경)에서 다음과 같이 설명한다. '소는 우리 부모나 다른 친척들과 같이 우리에게 가 장 소중한 친구입니다. 소는 우리에게 유제품을 주기도 하지요. 소는 음식을 제공하고, 힘을 주고, 훌륭한 용모를 주며, 건강까지 줍니다. 소에게 이러한 이익이 있음을 알기 때문에 소를 죽이지 않은 겁니다'[『숫따니빠따』의 「브라흐마나담미까숫따」(Brahmanadhammikasutta). 17] 이 이야기를 듣고 그 브라만은 암소 죽이는 일을 그만두었다고 전해진다. 실제로 붓다의 제사 반대를 토대로 한 불살생의 여파는 매우 심각하여 나중에 힌두교도 이를 적극 받아들이게 되 었다"(이광수, 2013: 155-156).

본격적으로 시작된 농경은 잉여 생산을 가져왔다. 이것이 교환 경제로 이어지면서 전쟁에서의 전리품 획득과 제사에서의 공물 수합을 분배하던 전 시대 경제는 이제 농업 경제로 대체되었다. 그에 따라 새로운 생산 수단의 중심인 소는 희생되어 없어지면 안 되는 존재가 되었다. 그러면서 제사의 존재 가치에 대한 사상적 도전이 심각하게 일어났다. 그것이 우빠니샤드 운동을 비롯한 여러 종파가 발생한 배경이다. 제사라는 전통을 거부한 새로운 시대의 사상가들은 의례와 관습, 그리고 집단 대신 개인의 지혜를 주장하였다(이광수, 2013: 78-79).

힌두교 브라만들이 쇠고기 섭취에 대한 포기와 더불어 오늘날 그들이 어떻게 채식주의자로 돌아서게 되었는지, 또 암소를 숭배하게 되었는지에 대해서 당시 힌두교와 불교 사이의 경쟁에서 그 해답을 찾고자 하는 대표적인 사람으로는 인도의 불가촉천민인 달리트의 지도자로 후에 힌두교에서 불교로 개종한 빔라오 R. 암베드카르 (Bhimrao Ramji Ambedkar, 1893-1956) 박사에게서도 찾아볼 수 있다. "불가촉천민의 옹호자인 암베드카르는 이런 노선의 생각을 따른다. 그는 쇠고기 식용의 거부가 수백 년간에 걸친 불교도와의 장기간의 투쟁 과정에서 브라만들이 고안해낸 책략에서 유래한다고 주장했다. 그 당시 불교는 소를 제물로 바치는 행위는 브라마니즘에 대한 가장 대표적인 비판자였으며, 소를 제물로 바치는 행위는 브라만 종교의 핵심적인 부분이었다. 암베드카르의 주장에 의하면 브라만들은 소의 희생공양을 포기함으로써 대중의 마음을 사로잡으려는 경쟁에서 유리한 고지를 점할 수 있었고, 이에 그치지 않고 불교도보다 한 걸음 더 나아가 결국 채식주의자가 되었다"고 한다

---

47) 농경정착이라는 새로운 경제환경과 불교의 발생으로 인해 '성우(聖牛) ⇨ 비폭력사상 ⇨ 채식주의'라는 등식이 성립되었다는 김경학·이광수 (1996), "소복합(cow complex)을 통한 인도 사회·문화의 이해", 「국제지역연구」, 5(3), 145-196 참조.

(Ambedkar, 1948: 116-121; Simoons, 2005: 199 재인용). 시문스도 거의 같은 맥락으로 다음과 같이 적고 있는 것을 볼 수 있다. "힌두교도의 쇠고기 거부를 설명하기 위해 제출되어 온 일련의 설명들에 대해 논의하면서, 이러한 거부가 브라만과 불교도 간의 경쟁에 그 뿌리가 있다는 견해를 각별히 부각시킨다. 실제로 하나의 주장은 소를 제물로 삼고 쇠고기를 먹는 관행을 불교도가 비난하자 브라만이 자신들의 도덕적, 정치적 신뢰성을 드높이기 위해 이를 포기했다고 단언한다. 게다가 시문스는 그런 움직임이 인도 문화에서 오랫동안 소를 신성시해온 것에 의해 촉진되었을 것이라고 시사한다"(Beardsworth and Keil, 2010: 353).

ii) 힌두교 敎理: 힌두교 교리에서 암소에 대해 가르칠 때에 소를 신성한 동물로 가르치고 있다는 점이다. 소는 인간과 매우 가까우며, 힌두교의 많은 신들이 바로 신성한 소와 실질적으로 함께한다는 점이다. "흰 소를 타고 다니는 신은 힌두교 신에서 가장 상위를 차지하고 있는 시바(Shiva)이다. 인도인들의 재래종 소에 대한 사랑을 종교적으로 느낄 수 있는 부분이다"(정혜경・오세영・김미혜・안호진, 2013: 68).

> 힌두교는 모든 존재가 열방을 향한 다양한 단계에 있는 영혼이라고 보고 있다. 악마로부터 소에 이르려면 86번의 윤회를 거쳐야 하는데, 한 번 더 윤회하면 인간이 된다. 따라서 암소를 죽인 사람의 영혼은 가장 낮은 단계로 미끄러져 이 모든 과정을 다시 시작해야 한다. 게다가 힌두교 신학자에 따르면 암소에는 3억 3,000만의 신이 깃들어 있다고 한다(정한진, 2012: 19).[48]

힌두 경전에서는 '다른 동물의 고기는 내 아들의 살과 같다'고 강조하면서 모든 동물이 신의 일부라고 말한다(Grant, 2012: 45 재인용).

인도의 경우 과거에 소를 먹었음에도 불구하고, 왜 오늘날 그들은 소를 먹지 않는 것일까? 그들이 소를 먹지 않는 것이 단순히 정치적인 이유에서일까? 경제적인 이유 때문에서일까? 교리적으로 소를 먹지 않도록 규정하고 있기 때문일까? 위의 모든 것이 복합적으로 문화라는 이름으로 작동하였을 것이다. 그중의 하나로 산스크리뜨화(sanskritization)의 경향에 주목하고자 한다. 일종의 '브라만 흉내 내기'가 인도 사회에 깊숙하게 퍼져 있었기 때문이라고 본다. 상위 카스트인 브라만의 식습관을 모방하여 자신들의 사회적 지위 향상을 도모하고자 하기 때문에 소고기를 먹지 않는 관행이 강하게 유지되고 있지 않은가 하는 생각을 해본다. 물론 이들이 브라만을 따라 하는 데에는 채식이 영적으로 우월하다는 믿음도 작동하였을 것이지만 말이다. 브라만 따라 하기는 자신들에게 우월한 감정을 부여하였을 것이다(인도라는 나라에서는 직·간접적으로 사회적 분위기가 그들에게 우월한 감정을 갖도록 만들어주었을지도 모른다). 다른 사람들과 비교했을 때 이 우월감은 영적(종교적) 우월의식으로 나가게 되고(이것은 최종적으로 음식규제를 통해서 스스로 영적인 구원으로 나가고자 하는 의지에 기인한 것이 아닌가 하는 생각을 해보게 된다)49) 그러한 과정이 순환적으로 작동해 다시 브라만

---

48) "힌두교 신지학(神智學)에서는, 한 영혼이 마귀에서 소로 승격되려면, 86번이나 환생을 해야 하지만 소와 인간 사이에는 넘어야 할 간격이 단 하나밖에 없다고 한다. 고로 당신의 접시에 올라온 스테이크는 당신의 갓 태어난 아이의 영혼이 머물던 곳인지도 모른다는 얘기다"(Allen, 2007: 278-279).

의 음식규정을 따라 하고 그래서 소고기를 먹지 않는 관행이 유지되고 있는 것이 아닌가 하는 생각을 개인적으로 해본다[飮食規制實踐⇒社會的補償(循環的過程)].

3) 이슬람·유대교: 不潔한 돼지

이슬람과 유대교는 돼지에 대해서 매우 불결한 동물로 생각한다.[50] 앞에서 힌두교에서는 신성해서 소의 식용을 금지하였다면 이와는 정반대로 이슬람과 유대교에서는 불결하다는 이유만으로 돼지의 식용을 금지한다. 힌두교에서는 소가 너무나도 신성하기 때문에 먹을 수 없지만, 이슬람과 유대교에서 돼지는 매우 불결한 동물이기에 먹을 수 없는 규제음식이 된 것이다.[51]

(1) 돼지의 다른 面貌

영양학적으로 돼지고기가 다른 육고기에 비해 매우 탁월하다고 한다. 먹는 사료의 양에 비해 단백질 공급 등에서 매우 탁월하다는 것이 학자들의 지적이다. "동물성 단백질 공급원으로서 돼지의 가

---

49) 기독교인 마리 시아는 1956년에 하와이에서 쓴 책을 통해 많은 미국인들에게 중국 요리를 소개하고 불교의 요리 철학을 설명했다. 그녀는 이렇게 말했다. "중국인들은 육식을 인간의 동물적 본성과 연결 짓고 채식이 보다 영적인 것이라고 믿는다. 새해의 첫 식사는 완전히 채식으로 하는 것이 그들의 통례다" 이런 음식을 루오한자이(羅漢菜)라고 한다. 영어로는 승려의 기쁨, 붓다의 기쁨, 붓다의 성찬이라는 뜻으로 풀이한다(Lauden, 2015: 202).

50) 이슬람의 경전인 꾸란은 권수의 구별이 없이 총 114장으로 이루어졌다. 장(章)이라는 말은 아랍어로 '수라'라고 하는데, 성경처럼 1장 2장 같은 숫자로 불리지 않으면 각 수라마다 고유한 이름이 있다고 한다. 돼지고기 금지에 대한 계율은 2번째 수라인 "바까라"에 처음으로 명시되어 있다고 한다(임태규, 2016: 31-32).

51) "텔아비브 북쪽에 있는 네타냐 시의회는 2007년에 돼지고기 판매 금지법을 전격적으로 통과시켜서 돼지고기에 관대한 러시아 출신 유대인들에게 상당한 반발을 사기도 했는데, 언론이 돼지고기 전쟁(pork war)이라고 부를 만큼 격렬했다"(유재덕, 2009: 209).

치는 따라올 것이 없다. 같은 양의 사료를 먹였을 때 돼지는 9kg의 고기를 생산하고 소는 3kg의 고기를 생산한다. 칼로리 면에서도 소의 3배, 닭의 2배이다. 영양학적 가치로 본다면 어떤 육류도 쫓아 올 수 없다는 뜻이다. 속된 말이지만 이슬람 사회의 농담에는 '이슬람교도 2명과 돼지고기가 있으면 배곯아 죽고, 1명이 있으면 배 터져 죽는다'라는 말이 있을 정도로 이슬람교인들도 돼지고기 맛을 인정하는 편이다"(정혜경·오세영·김미혜·안호진, 2013: 72).[52] 멜라니 조이(Melanie Joy)는 자신의 책, 『우리는 왜 개는 사랑하고 돼지는 먹고 소는 신을까(Why we love dogs, eat pigs, and wear cows)』에서 돼지에 대한 사람들의 오해를 해소하기 위해 자신의 책 속에 다음의 내용을 포함시키고 있다. 생각보다 꽤나 지능이 높다는 것이다(Joy, 2011: 29-33 참조). 한마디로 돼지의 입장이 되어서 돼지의 그런 행동을 이해한다면 매우 합리적인 것으로 매우 높은 지능의 동물의 행동이라는 것이다. 돼지를 다른 반려동물처럼 키우는 데 아무런 어려움이 없다는 얘기다. "나는 처음으로 돼지와 직접 대면했을 때, 돼지가 개와 비슷해서 크게 놀랐다"(Gillepsie, 2019: 14).

(2) 不淨해서 먹을 수 없게 되어버린 돼지

왜 돼지에 대해서 불결하다고 이슬람[53])과 유대교는 금한 것일까?

---

52) "중동은 돼지사육에 적합한 지역이 아니다. 그러나 돼지고기는 아주 맛이 있는 고기로 귀하게 여겨지고 있다. 사람들은 돼지고기를 먹고 싶은 유혹에 시달린다"(Harris, 2011: 52).

53) 이슬람교도들이라고 해서 절대적(絶對的)으로 돼지고기를 먹지 못하는 것은 아니라는 점이다 (이는 理論的으로는 確實하다). 다시 말해 이슬람교도들의 경전인 『꾸란(Qu'ran)』에 예외적(어쩔 수 없이 먹는 경우와 죄를 지을 의도 없이 배고픔 때문에 먹는 경우에 한하여)으로 돼지고기를 먹는 것이 허용되어 있다는 점이다. "믿는 자들이여, 너희가 진정 알라를 숭배한다면 알라께서 주신 좋은 것을 먹고 감사하라. 죽은 동물, 피, 돼지고기, 알라께 바쳐지지 않은 것은

중동지역에서 왜 돼지고기의 식용이 종교적으로 금지되고 있는가. 일반적으로 연구자들은 다양한 이유를 들어서 설명한다. 대표적인 예가 "불결한 돼지"(旋毛蟲病, trichinosis, Moses Maimonides, 1135-1204. 중세의 랍비이자 의학자), 중동이라는 지역의 돼지사육에 "부적합한 환경"(Carlerton Stevens Coon과 Marvin Harris), "신성화와 구별 지음"(Mary Douglas) 등을 예로 들어서 설명하고 있는 것을 볼 수 있다(Harris, 2011: 48; Douglas, 1997: 288-289).[54]

먹지 말라. 욕심을 내거나 일부러 그런 것이 아니라 어쩔 수 없이 먹는 경우에는 죄가 아니다. 진정 알라는 관용을 베푸시고 자애로우시도다"(『꾸란』 2: 172-173). "죽은 동물, 피, 돼지고기, 알라께 바쳐지지 않은 것, 목 졸라 죽인 것, 때려죽인 것, 떨어져 죽은 것, 뿔에 찔려 죽은 것, 목숨이 살아 있어 도살할 수 있는 경우를 제외하고 야생동물이 먹는 것, 제물로 희생된 것, 점괘로 잡은 것은 금지된다. (…) 그러나 죄를 지을 의도 없이 극심한 배고픔 때문에 먹는 것은 허용한다. 진정 알라는 관용을 베푸시고 자애로우시다"(『꾸란』 5: 3)(박현도, in 이찬수 외 공저, 2013: 104, 105).; 장 후세인은 "돼지고기"를 다만 원칙적으로 먹어서는 안 되는 것으로만 다루고 있다(장 후세인, 2013: 177-190. "할랄[Halal: 허용된 것] & 하람[Haram: 금지된 것]" 참조).; 엄익란은 다음과 같이 쓰고 있다. "그러나 금지된 음식이더라도 기아의 상태에 생명이 위험할 때(『꾸란』 2:173; 16:115; 6:145), 목숨을 구할 때, 또는 무의식중에 먹었을 때(『꾸란』 2:173; 16:115; 6:145)는 허용하는 유연한 입장을 취한다"(엄익란, 2011: 35).; "돼지고기 이외에 다른 고기가 없을 적에는 돼지고기를 먹을 수 있다고 현대 모슬렘 신학자들은 말하고 있다"(박양운, 1999: 136).; 꾸란 네 곳에서 하람 식품이 언급된 후 필요에 의한 예외조항이 언급되고 있다. 이 꾸란 내용에 근거하여 이슬람법학자들은 '필요는 제한을 없앤다'라는 중요한 원칙을 결정하였다. 그렇지만 하람 음식을 먹지 않으면 안 되는 경우에도 필요 이상으로 먹지 않아야 한다는 조건이 따른다. 이 말은 먹고 싶기 때문에 먹어서도 안 되고 먹더라도 생명을 구할 정도의 양과 기아의 상태에서 벗어날 정도의 필요한 양만 허용된다는 의미다. 이 조건에서 법학자들은 '허용된 양은 단지 필요한 양이다'라는 다른 원칙을 이끌어냈다. 어쩔 수 없는 필요에 의해 하람 음식을 섭취하더라도 그것에 대한 식욕이나 더 먹고 싶은 마음을 갖지 않아야 한다. 필요가 충족되면 반드시 할랄 음식에 의존해서 살아야 하고 하람 음식에 적용되지 않고 또 어떤 것을 구실 삼아 하람 음식을 즐기지 않도록 하기 위해 할랄 식품을 구하는 길을 찾아야 한다"(Al-Qardawi, 2011: 47-48).

54) "메리 더글라스(Mary Douglas)는, 『순수와 위험(Purity and Danger)』(1966)에서 레위기(특히 11장)에 등장하는 이러한 동물 분류가 고대 이스라엘인들의 사유 구조를 그대로 보여준다고 지적합니다. 신이 창조한 세계는 하늘과 땅과 물로 나뉘어 있으며 갖가지 동물들도 원래 그 세 범주의 공간에 각각 맞도록 창조되었다는 생각이 그것입니다. 이른바 '순수함'의 세계이지요. 그래서 땅(하늘/물)에 속해 있으면서 땅(하늘/물)의 짐승의 성질을 가지지 못한 것은 더럽고 부정한 짐승으로 취급됩니다. 신의 창조 질서에 온전히 부합하지 못하는 동물인 셈이지요. 그러니 그 짐승을 먹거나 그 주검을 만지면 그 더러움이 인간 또한 더럽히게 된다는 논리입니다. 이러한 분석을 통해 메리 더글라스는 고대 이스라엘인들의 음식 금기가 위생적 이유나 윤리적 교훈에서 나온 것이 아니라고 주장합니다. 신의 창조 질서에 기초한 '순수함'과 '더러움'에 대한 관념이 사물의 분류에 그대로 투영된 결과가 바로 음식 금기라는 것이지요"(오현석, in 이찬수 외, 2013: 223).

i) 이슬람: 이슬람에서 돼지고기를 금하는 이유에 대한 연구자들의 소개 내용은 거의 비슷하다. 지금은 한국 이름이 장 후세인으로 귀화한 후세인 크르데미르(Huseyin Kirdemir)는 다음과 같은 이유들 때문에 돼지고기 식용을 이슬람에서 금지하고 있다고 적고 있다. "돼지고기 섭취는 여러 질병들을 일으킨다", "돼지고기는 지방을 쌓는 물질을 가지고 있다", "돼지는 지상에서 가장 불결한 동물들 중의 하나이다", "돼지는 가장 수치를 모르는 동물이다", 즉 돼지는 지구상에서 수치를 가장 모르는 동물로 친구들을 초청하여 자기의 짝과 섹스를 하도록 하는 유일한 동물이라고 지적한다(Kirdemir, 2005: 131-134).

시문스(Simoons)는 자신의 책에서 이슬람에서 돼지고기를 금지한 이유들에 대해서 다음과 같이 기록하고 있다. 유대인의 식사법 모방과 도시에 공급할 수 있는 잉여 농산물을 확보하기 위해서라고 한다. "유대적 율법에 기울어 전반적인 의미에서 유대적 식사율법을 모방하려 했던 예언자 마호메트(Mahomet, 570-632년)는 돼지고기 식용을 금지했다. 코란에서 이런 식으로 특별히 지목된 동물은 돼지가 유일하다. 코란에서는 돼지고기 식용에 대한 금지 조항이 여러 번 반복해서 나온다[코란 2:172; 5:3; 6:146; 16:115]. 디너와 롭킨(Diener & Robkin)은 논문에서, 이슬람교에서의 돼지고기 식용 금지 조치는 농민을 통제하고 도시 중심지에 공급할 잉여 농산물을 확보하려는 신흥 이슬람 국가의 노력 때문이라는 가설을 세웠다"(Simoons, 2005: 55). 엄익란 박사는 이슬람에서의 돼지고기 식용금지에 대해서 다음과 같은 이유를 제시한다. "종교적 이유 이외에도 아랍 무슬림이 돼지를 오염되고 더러운 동물로 여기며 꺼리는 이유는 여러 가지다. 우선 위생적 관점에서 돼지는 불결한 짐승으로 인식된다. 돼지는 부패했거나 더러운 것을 먹기 때문이다. 돼지는 심지어 자신의 배설물 또는 다른 동물의 배설물도 먹어치운다. 둘째, 도덕적 관점에서 돼지는 타락한 동물로 간주된다. 돼지는 짝을 정하지 않고 난교를 즐긴다고 알려져 있기 때문이다. 이는 이슬람교에서 가장 혐오하는 행위이다. 셋째, 의학적 관점에서도 돼지의 식용은 금기시된다. 돼지에 기생하는 촌충은 더러운 사막 기후에서 쉽게 설사를 일으키게 하기 때문이다. 마지막으로 경제적인 관점에서 돼지는 사막의 유목민이 키우기 힘든 동물이다. 돼지는 피부의 습도를 항상 일정하게 유지해야 하므로 유목민이 돼지를 키우려면 돈이 많이 든다. 돼지는 유목민보다는 정착민의 동물인 것이다"(엄익란, 2011: 57; 박현도, 2013: 107 참조).

ii) 유대교: 근동 지방에서의 돼지고기 금지[55]의 기원을 설명하기 위한 가설이 다양하다는 것을 알 수 있다(Simoons, 2005: 98ff). 특히 유대인들의 음식 율법에서의 돼지고기 금지[56]에 대한 네 가지

---

55) 유대인들은 사람들 앞에서 베이컨을 먹음으로써 기독교로 개종한 척한다는 이유로 '마라노 (Marrano, '돼지 같은'이나 '비열한 인간'이라는 뜻인 스페인어로, 유대인에 대한 경멸적인 호칭-역주)'로 불렸다(Allen, 2007: 255). 유대인을 비하할 때 사용한 단어가 바로 유댄자우이다. 유댄자우(Judensau)는 유대인을 의미하는 유댄(uden)과 암퇘지를 의미하는 자우(sau)의 합성어로 '유대인 돼지'라는 뜻이다. "유댄자우는 나치 시기에는 '자우유트(Saujud)'라는 유대인을 비하하는 욕설로 변형된다. 유댄자우와 같은 의미의 '돼지 유대인'이라는 이 욕설은, 결국 유대인을 돼지우리 같은 게토로 이주시키고 강제 수용소로 보냈으며, 끝내는 가스실의 살육장으로 보내 수백만의 '짐승들'을 도살하게 했다"(정한진, 2012: 16).

56) 음주와 관련해서 돼지가 다른 동물에 비해서 매우 불결함에 대해서는 다음과 같은 창세기 9장 21절에 대한 Midrash Agadah의 글에서도 찾을 수 있다. "과도한 알코올 소비의 문제점들을 보여주는 노아와 와인의 이야기에 대한 일부 유대교의 해설에서 비극은 더 뚜렷하게 예시된다. 어느 이야기에서는 노아가 아라라트산의 비탈에 포도나무를 심으려는 참에 사탄이 수확을 일부 공유하는 대가로 도움을 주겠다고 제의한다. 노아는 합의했고, 사탄은 그 즉시 양, 사자, 유인원, 돼지 순서로 짐승들을 도살하고는(방주에 탔던 동물들을 가져다가 그랬을 텐데, 이는 이 종들을 번식시키는 것을 문젯거리로 만들었다) 그것들의 피를 포도밭에 비료로

설명에 대해 시문스는 다음과 같이 기록하고 있다.

> 첫째, 그런 율법은 자의적인 것으로 인간들에게는 이해될 수 없는, 즉 여호와만이 이해할 수 있는 것이다. 둘째, 그런 율법들은 위생적인 관심, 질병이나 건강을 해치는 위험 때문에 생겨났다. 셋째, 히브리인들에게 음식 율법이란 상징적 목적을 달성하기 위한 것인데, 받아들여지는 동물은 올바른 인간 행동을, 금지되는 동물은 죄악의 행동을 나타낸다. 넷째, 히브리의 음식 율법은 이방인들의 신앙 관습과 여호와 이외의 다른 신에 대한 숭배를 거부하는 데서 비롯되었다(Simoons, 2005: 98).[57]

정혜경 외 등(2013: 72)은 유대교와 이슬람교의 돼지고기 금지 이유를 [그림]으로 잘 정리해 보여주고 있다. 이들이 제시하고 있는 돼지고기 금지 이유 중 개인적으로 종교적인 이유에 대해서는 이견 (異見)이 있지만 이들이 돼지고기 금지 이유에 대해서 잘 정리해서 보여주고 있는 것만은 사실이다.

줬다. 이 행위의 의미는 노아가 와인 첫 잔을 마신 후에 나타난다. 첫 잔을 마신 이의 행동은 양처럼 온순하다. 그런데 둘째 잔을 마신 후, 마신 이는 사자처럼 용감해진다. 와인 셋째 잔을 마신 이는 유인원처럼 행동하게 되고, 넷째 잔을 마신 이는 진창에서 뒹구는 돼지처럼 군다"(Phillips, 2015: 85).

57) "랍비 에이브러햄 아이작 쿡(Abraham Isaac Kook)은 레위기에서 동물 섭취에 제한을 두는 이유는 궁극적으로 이스라엘 백성이 모든 육식을 멀리하게 해서 생명에 대한 경외감을 계발하기 위한 교육적인 조치라고 해석한다"(Groppe, 2012: 158).

돼지 사육의 이윤이 더 많이 남아 마을이 경제적으로 윤택해질 경우 지방자치제로 변할 위험성을 초반에 배제함	정치적 이유	생태 환경 · 자연적 이유	사막 환경 때문에 돼지사육이 적합하지 않음(생태계 파괴). 먹이가 인간 식량과 겹침(경쟁관계)
선모충 감염 위험	위생적 이유	종교적 이유	돼지고기를 식용하는 기독교와의 차이를 명확하게 하기 위함 *神만이 아신다.

자료: 정혜경·오세영·김미혜·안호진, 2013: 72. 내용 추가

그림: 유대교와 이슬람교의 돼지고기 금지 이유

본 연구자는 개인적으로 그리스도인으로서 구약의 율법에 있는 "돼지고기를 금지한 이유가 무엇인가라고 묻는다면 무엇이라고 답해야 할까?"라는 생각을 해보았다. 시문스(Simoons, 2005: 98; Ernst, 2005: 158-159 참조)가 앞에서 이미 언급했던 유대인들의 음식 율법에서의 돼지고기 금지에 대한 네 가지 설명 중 첫째 이유로 제시한 것처럼, "그런 율법은 자의적인 것으로 인간들에게는 이해될 수 없는, 즉 여호와 하나님만이 알고 계시는 것이다"라고 답해야만 할 것 같다는 생각이 든다. 물론 지금의 관점에서 보면 정혜경 외 등(2013)에서 언급하고 있는 것처럼 유대교에서나 이슬람에서의 돼지고기 금기는 오늘날 개신교와 가톨릭 등 기독교(基督敎)와 자신들을 종교적으로 구별할 수 있는 정체성을 드러내 보이는 역할도 할 수 있겠지만 말이다. 마치 안식일과 주일의 준수가 유대교와 기독교를 구분하는 하나의 기준이 되는 것처럼 말이다[여

기서도 개인적으로 의문은 계속된다. 왜 그렇다면 이슬람과 유대교
는 음식으로 구분되지 않는가라는 점이다. 종교적 정체성을 드러내
는 것이라면 유대교와 이슬람은 같은 음식규제를 가지고 있지 않아
야 할 것이다. 그래야만 양자가 더 확연히 구분될 수 있기 때문이
다]. 오늘날 돼지고기를 안 먹는 것은 유대인과 기독교인, 또 이슬
람교인과 기독교인 간의 음식규제에 관한 구별된 차이점이다. 그러
므로 자칭 기독교인들 중에 구약의 율법을 언급하면서, 돼지고기를
먹지 말자라고 주장하는 이들이 종종 있는데, 그러한 주장을 하는
이들이 정통기독교인인지 아닌지를 깊게 고민해보아야 할 것이다.
약간의 거부감은 있을 수 있겠지만 다음은 칼 W. 언스트(Carl W.
Ernst)가 이슬람에서의 돼지고기의 금지에 대해서 언급한 내용이다.
돼지고기 금지 규정을 이해하는 데 약간의 유익이 있을 것 같아서
인용해보기로 하겠다.

**윤리적, 법적 규범들이 하느님의 권위로부터 유래하는 한 그것들은 추
론이나 실리적 근거를 필요로 하지 않는다.** 어떤 사람은 돼지가 습성상
불결한 동물이라고 주장하기는 하지만, 유대교와 이슬람의 법에서 돼
지고기가 어째서 금지되고 있는지는 명백하지 않다(냉동술이 발명되기
이전이라 건강상의 이유로 돼지고기가 금지되었던 것이라는 현대의 주
장은 신빙성이 없다)(Ernst, 2005: 158-159. 강조 본 연구자).[58]

---

58) 유발 노아 하라리(Yuval Noah Harari)의 책에 나온 다음의 예화도 참고하라. "한 유대교도 소
년이 아버지에게 묻는다. '아빠, 왜 우리는 돼지고기를 먹으면 안 돼요?' 그러면 아버지는 자신
의 길고 곱슬곱슬한 턱수염을 쓰다듬으며 생각에 잠긴 뒤 이렇게 대답한다. '얀켈레야, 그것이
세상의 작동원리란다. 너는 아직 어려서 이해하지 못하겠지만, 우리가 돼지고기를 먹으면 신
이 우리를 벌하고, 우리는 나쁜 운명을 맞게 된단다. 이건 내 생각도 랍비의 생각도 아니야.
랍비가 세상을 창조했다면 아마 돼지고기를 먹어도 율법에 어긋나지 않는 세상을 창조했을 거
야. 하지만 랍비는 세상을 창조하지 않았어. 신이 하셨지. 그리고 이유는 모르지만 신은 우리
에게 돼지고기를 먹으면 안 된다고 말씀하셨어. 그러니 우리는 먹으면 안 된단다. 알겠
니?'"(Harari, 2017: 252-253).

참고로 돼지고기 금지에 대한 다른 설명들의 경우, 시간이 지나면서 그들의 주장이 맞는 것이라고 과학적으로 밝혀진다거나 또는 틀렸다고 밝혀진다고 하더라도 그 결과에 대해 다양한 적용[解釋]이 가능하다는 것이다. 그렇기 때문에 돼지고기 금지와 관련된 과학적 결과들은 단지 하나의 참고 자료에 지나지 않는다는 점을 확실히 해둘 필요가 있을 것 같다는 생각이 든다.59) 12세기 중세 유대교 랍비이자 의학자였던 모지스 마이모니데스(Moses Maimonides, 1135-1204, 또는, 모세 벤 마이몸 Mose ben Maimon, Rambam으로도 불린)60)는 돼지고기를 먹지 못하게 한 구약의 율법은 바로 '선모충(旋毛蟲病, trichinosis)' 때문이라는 견해를 발표했다. 그리고 이러한 마이모니데스의 주장은 19세기 중엽이 되어서야 비로소 밝혀졌다. 즉 돼지고기를 날것으로 먹으면 선모충병에 쉽게 걸린다는 것이다. 이를 예방하기 위해서 히브리 성경[舊約聖經]에서 돼지고기 식육을 금지했다는 해석이 있었던 것이다. 그렇다면 돼지고기에 선모

---

59) 다음도 참고하면 좋을 것 같다. "…이상에서 보듯 샤리아의 법 제정 과정이라 할 수 있는 코란, 순나(하디스), 법학파들을 통해 '돼지는 불결하다'는 것을 돼지 금지의 일관된 이유로 주장하고 있다. 또한 어디에서도 돼지 금지를 위반할 시의 처벌에 대한 언급이 발견되지 않는다. 그럼에도 불구하고 이슬람세계에서는 핫드(후두드)형을 집행하는 술 금지보다 아무런 처벌이 없는 돼지 금지가 무슬림들이나 비무슬림들 모두에게 관심의 대상이 된다. 이는 돼지 금지를 준수하는 것이 알라의 명령에 무조건 복종해야 한다는 이슬람에 대한 종교적 신념과 정체성의 유지나 실천으로 나타나기 때문이라고 이해할 수 있다. 21세기 현재적 관점에서 보면 돼지 금지의 복합적 요인들(위생이론, 토템이론, 신의 음식 이론, 분류학 이론, 환경 이론)이 무색해졌음에도 불구하고 돼지에 대한 금기를 지키려는 것은 타종교와의 차별성과 이슬람이라는 집단적인 자기동일성을 강화하려는 의미로도 해석할 수 있다"(임병필·김종도·안승훈·유왕종·김병호·이성수, 2018: 170-171).

60) 마이모니데스(Maimonides)는 이렇게 썼다고 한다. "내 생각에 율법에서 금지한 음식은 비위생적이다. … 돼지고기에는 필요 이상으로 많은 수분이 함유되어 있으며 불결하고 혐오스럽다"(Fernandez-Armesto, 2018: 77 재인용).; 생리학적으로 가장 가까운 친척이기 때문에 돼지고기 식용금지(?) "중세의 의학은 아랍 세계에서든 비잔티움 제국에서든 기독교 세계에서든 모두 고대 의학을 본받아 몸속 구조 때문에 돼지를 사람과 가장 가까운 동물로 여겼다. 이것은 현대 의학에서도 분명하게 확인되었다. 우리는 바로 그러한 이유 때문에 조직, 소화기, 비뇨기, 피부 등과 관련된 부속물을 원숭이보다는 돼지에게서 훨씬 더 많이 얻고 있다. 해부학적으로, 생리학적으로 인간과 돼지는 가장 가까운 친족이다"(Pastoureau, 2018: 100).

충이 있다는 이 과학적 발견에 대해서 당시 사람들은 어떤 반응을 보였을까? "그래 선모충이 있으니까 돼지고기를 안 먹어야지 하고 안 먹었을까?" 아니다. 일부에서는 다음과 같은 반응이 나왔다고 한다. 마빈 해리스의 글 속에서 당시 어떤 반응이 일어났는지 짐작할 수 있는 내용이 있다.

> 19세기 중엽 돼지고기를 날로 먹었을 경우 선모충병(旋毛蟲病, trichinosis)이 생긴다는 사실이 발견되자, 마이모니데스의 지혜가 정확했음이 증명된 것이나 마찬가지였다. 혁신적인 유태인들은 성서의 율법이 지니는 합리적 토대를 발견했다고 기뻐하며 즉각 돼지고기 금기를 재해석했다. 돼지고기는 잘 익히면 몸에 해롭지 않다. **그러므로 잘 익혀 먹는다면 하나님의 율법에 어긋난 것이 아니다.** 이렇게 되자 전통적인 랍비들은 보다 근본적인 주장을 내세워 자연과학적인 해석을 전면적으로 공격하고 나섰다. 야훼가 오로지 자기 백성의 건강만 보호하고자 하셨다면, 돼지고기를 잘 익혀 먹으라 가르치셨을 것이지, 전혀 먹지 말라고 가르치셨을 리가 없다. 야훼의 심중에는 분명히 어떤 중요한 의도-육체의 건강보다 더 중요한-가 있었을 것이라는 주장이 제시됐다(Harris, 2011: 45. 강조 본 연구자).

결과적으로 선모충으로 인해 율법이 돼지고기를 금지했다는 결과하고는 전혀 다른 방향의 해석이 가능하도록 이끌었다. 진보적인 해석을 하고자 했던 급진적 유대인들의 경우에는 "선모충 때문에 여호와[YHWH, tetragrammaton]께서 돼지고기를 금지하셨던 거예요. 그래요. 그러면 날(生)것으로 돼지고기를 먹으면 건강에 위험하니까, 오늘부터 잘 익혀서 돼지고기를 맛있게 먹으면 되겠네요? 깡그리 선모충이라는 놈을 없애고 말이에요!" 즉 돼지고기에 대해서 식육이 가능한 것으로 재해석하였다는 것이다. 이런 결과로 미루어보아, 돼지고기 금지에 대한 다양한 설명들은 우리의 호기심 차원의 이해에 는 약간의 도움을 줄 수는 있겠지만, 근본적인 이해로는 우리를 인도 할 수 없을 것 같다는 생각이 든다.[61] 돼지는 한쪽에서 매우 불결하 다고 이슬람교와 유대교 모두 돼지고기를 규제해야 할 음식으로 규 정해놓았다. 이것을 준수하는 것만이 그들이 구원으로 한 걸음 더 앞 으로 가는 길[方法]이다. 이슬람교와 유대교 모두 자력종교적인 성격 을 지니고 있기 때문에 절대적 율법준수를 필요로 한다. 그 율법준수 에 바로 돼지고기 금지 등을 포함한 음식에 대한 규율이 있는 것이 다. 자신들의 신 앞으로 다가가기 위해서는 스스로 이를 준행해야만 한다. 규율의 준수로 자신의 신 앞에 가까이 다가갈 때에 많은 사람 들의 존경의 눈빛도 경험하게 될지도 모른다. "저렇게 지키기 어려 운 규율들을 지키다니 확실히 대단한 사람이야!"(엄지 척 👍).

4) 불교: 不殺生(?)

우리는 불교 하면 막연하게 고기는 (절대)안 돼. '불교=채식주의' 라고만 생각한다. 그 정도는 아니더라도 육고기는 절대 안 되는 종 교로 이해한다. 특히 스님들은 절대로 육식은 안 된다고 생각한다. 과연 그럴까?[62] · [63] 붓다[Gautama Siddhārtha, 고타마 싯다르타]는

---

61) **Аризль Голан**(Ariel Golan, 아리엘 골란)는 다음과 같이 적고 있다. "왜 유대인들과 이슬람교도 들은 돼지고기를 먹지 않을까? 몇몇 학자들이 이를 더운 기후에서 일어나기 쉬운 돼지고기에 의한 식중독 위험 때문이라고 설명한다. 필자는 이러한 설명을 유년기에 부모에게 들은 기억 이 있다. 그러나 이런 설명은 왜 유대인들이 토끼 고기를 먹어서는 안 되는지에 대해서는 필 자를 이해시키지 못했다. 이 문제에 대해서는 전통적인 편견 속에서 합리적인 근거를 찾으려 는 학자들도 침묵으로 일관한다"(Голан, 2004: 920).

62) 길지만 다음의 진술도 참조하라. "전통적으로 불교에서는 생명을 가진 존재가 여섯 가지 종류 의 세계를 돌며 윤회한다고 보았다. 그것은 천상의 세계, 인간계, 아수라들의 세계, 동물들의 세계, 아귀들의 세계, 지옥계를 포함하는 육도윤회(六道輪廻)라고 불린다. 이 육도를 돌고 도 는 존재를 유정(有情)이라고 한다. 산스크리트어 사트바(sattva)의 학문 번역어인 유정(有情)과

고기를 안 먹었을까? 그리고 초기 불교의 스님들은 고기와 담을 높이 쌓고 살았을까? 우리나라 말고 다른 나라의 스님들은 어땠을까?

(1) 맨 처음 불교

우리가 기존에 알고 있는 것과 다른 내용이어서 이상하게 느낄 수 있고 또 믿어지지 않을 수 있겠지만, 맨 처음 불교[初期·原始佛敎]는 일반인이 이해하고 있는 것과는 다르게 음식에 대해서 가리지 [制限을 두지] 않았다는 것이 일반적 견해인 것 같다. 다시 말해 처음 불교에서는 육식금지는 절대적인 것이 아니었으며, 그 당시 사회적 상황에서도 이는 매우 불가능하였다는 지적이다.64) · 65) 데이비

티베트어 sems can는 '감각을 지닌 존재'라는 의미를 함축한다. 그 때문에 인도에서 '윤회'라 함은 인간이 개나 천상의 존재, 혹은 아귀 등으로 모습을 바꾸어 태어날 수 있다고 믿는다. 하지만 여기에 식물은 빠져 있다. 즉 인간이나 동물이 죽어서 사과나무나 다시마 같은 식물로 태어나지는 않는다는, 더 정확히는 식물은 인간과 동물과 같은 육도를 윤회하는 범주에 들지 않는다는 것이다. 흥미롭게도 초기 불교 시대, 인도에서는 식물도 일정 정도 감각 기능이 있다고 보았다. 인간과 함께 다른 유정들이 시각, 청각, 후각, 미각, 촉각 등 다섯 가지 감각을 지니고 있는 반면, 식물은 일부 제한된 감각을 지닌 것으로 여겨졌다. 따라서 일부 인도 종교에서는 식물을 해치는 행위도 거부했으며, 붓다는 그의 제자들에게 일반인들이 거부하는 행위를 하지 않도록 가르쳤다. 그러나 식물의 감각을 인정하는 것, 즉 식물도 고통을 느낄 수 있다는 주장은 많은 대가를 요구했다. 식물까지 살해하지 말아야 할 경우 아힘사, 즉 불살생의 원칙을 포기해야 함을 의미했기 때문이다"(김현진 2015: 121-122).

63) 베르나르 포르(Bernard Faure)는 다음과 같이 적고 있다. "데바닷타(Devadatta)는 붓다의 사촌이었는데, 이러한 연유로 불교계의 유다(Juda)로 불린다. 데바닷타는 붓다에 대한 질투심 때문에 불교 교단에서 정의한 다섯 가지 큰 죄(五逆罪) 가운데 세 가지 죄목인 살아라한(殺阿羅漢), 출불신혈(出佛身血), 파화합승(破和合僧)을 저질렀고, 그는 결국 산 채로 지옥으로 굴러 떨어지게 되었다. 그러나 그를 따르던 분파는 기원후 7세기 인도에서 여전히 살아남아 있었다고 현장법사(玄奘法師, 602-664)는 『대당서역기(大唐西域記)』에 기록하고 있다. 현장에 따르면 데바닷타의 본래 죄목은 수행에 좀 더 엄격한 접근을 하자는 주장을 펼친 것이며, 특히 그는 채식주의를 엄밀하게 지킬 것을 주장했다고 한다"(Faure, 2014: 137). 다음 참조. 이 사건은 붓다의 말년에 일어났는데, 데바닷타는 붓다에게 5개 항목을 제시하며 교단의 개혁을 요구했다고 한다. 예를 들어, 숲속에서의 수행, 탁발행, 검소한 의복, 채식 등이 그 내용이었는데 붓다는 이 데바닷타의 개혁을 거부했고, 데바닷타는 붓다의 교단에서 처음으로 분리해 나갔다. 따라서 정통파 경전에서 데바닷타는 악역으로 그려진다. 여기서 말하는 다섯 가지 큰 죄란 (1) 어머니를 살해하는 것(殺母), (2) 아버지를 살해하는 것(殺父), (3) 아라한을 살해하는 것(殺阿羅漢), (4) 부처님의 신체에 상처를 입혀 출혈시키는 것(出佛身血), (5) 교단의 화합을 깨뜨리는 것(破和合僧)을 말한다. 만일 이와 같은 죄를 지으면 무간지옥(無間地獄), 즉 고통이 끊임없는 지옥에 떨어진다고 경전에서는 설명한다(Faure, 2014: 15. 1 역주).

드 R. 로이(David R. Loy)는 자신의 책, 『돈, 섹스, 전쟁 그리고 카르마(Money, Sex, War, Karma)』에서 『계본(戒本, Patimokkha)』을 인용하면서 예외적으로 "아픈 비구"에게 육식이 허용되었음을 지적하고 있다. 로이에 의하면 당시에 불교가 음식에 대해 매우 실용주의적인 접근을 하고 있었다는 것이다.

> 승려들의 일상생활 규율인 계본(戒本, Patimokkha)에 따르면, '기(ghee), 버터, 기름, 꿀, 당밀, 생선, 우유, 응유(curds)는 질 높은 음식이다. 아프지 않은 비구가 이런 것을 요구하고 섭취하는 행위는 참회해야 하는 위법이다.' 이 구절을 세심하게 봐야 한다. 분명 문제는 식품 자체에 있지 않고, 그런 식품을 구하고 탐닉하게 되면 승려들이 집중해야 하는 일에서 주의를 놓치게 된다는 점에 있다. 재가자들이 그런 식품을 피해야 한다는 말은 없다. 그리고 '아프지 않은 비구'라는 자격 규정은 불교가 사안들을 실용주의적 관점에서 접근하고 있음을 보여주는 좋은 사례이다. 승려라도 그 음식들을 섭취하여 이익을 얻을 때가 있는 것이다(Loy, 2012: 173).[66]

마하보디명상심리대학원 명상심리학과 교수 김재성도 육식을 금하는 것은 불교의 본래 가르침과는 다르다고 지적한다. 이는 초기

---

64) "빨리어 율장 대품 약건도에서 고대 인도의 다양한 식재료들이 언급되어 있다. 이미 앞에서도 많이 언급하였듯이, 육식과 관련된 사례들도 이 문헌에서 다수 발견된다. 아래의 도표는 약건도에 언급된, 재가자들에 의해 제공된 동물성 음식을 정리한 것이다"(공만식, 2018: 342. 도표 참조).

65) 레이철 로던(Rachel Lauden)이 쓴 책, 『탐식의 시대(Cuisine and Empire)』의 168페이지에 있는 [지도 3.1]을 잘 살펴보면, 원래의 불교 요리: 쌀, 설탕, 기(ghee, 정제 버터), 달(dal, 콩), 계란, 생선, 야채라고 적고 있다.; 그 후의 전래되는 과정에 따라 북방불교: +고기, +보리, +차, -설탕, -달, -생선; 동방불교: +차, +발효, +인조고기, -달; 남방불교: +고기, +코코넛, -기, -달이라는 내용이 나온다. 여기서 +는 불교 요리에 더해진 것을 뜻하고 -는 빠진 것을 의미한다(Lauden, 2015: 168).

66) "승려들은 수행을 위해 많은 고행을 겪었지만 음식에는 특별한 금기가 없었다. 고기도 먹을 수 있었다. 다만 아픈 승려에 한해서 삼종정육, 오종정육, 구종정육 등을 허락했다"(김정희, 2017: 81).

의 경전인 『숫타니파타(Sutta Nipata, 經集. Sn.)』의 가르침을 보면 알 수 있다는 것이다. "붓다의 자비심과 지혜는 육식과 아무 관계 없이 항상 충만합니다. 개인적으로 육식을 안 하는 것은 건강상 좋은 일이라고 생각하지만, 육식을 금하는 것이 불교의 본래 가르침이 아니라는 사실과 위의 『숫타니파타』의 가르침을 잘 상기해서 이해하는 것이 중요합니다"(김재성, in 이찬수 외, 2013: 35). 정한진도 같은 맥락의 진술을 한다. 그에 의하면 불교 초기에 승려들은 탁발(托鉢)을 하였기 때문에 음식에 관한 한 이것저것 가릴 겨를이 없었다는 것이다. 한마디로 "준 대로 드세요"("예, 주신 대로 감사하게 먹겠습니다")였다는 지적이다. "불교 초기에는 모든 승려들이 특별한 거처 없이 산속이나 동굴에서 살면서 탁발을 하여 하루 한 끼만 먹으며 지냈다. 승려를 일컫는 비구(比丘)는 팔리어 '비쿠(bhikkhu)'의 음역으로, 음식을 빌어먹는 걸인을 가리킨다. 비구가 지켜야 할 다섯 가지 덕이 있는데, 첫 번째 덕이 바로 개인의 재산을 모으지 않고 걸식하며 살아가야 한다는 것이다. 먹는 것뿐만 아니라 입는 옷조차도 일반 대중들이 입다가 해진 옷을 걸레로 쓰고 그러다 더 이상 걸레로도 쓸 수 없어 버린 천들을 모아 만들었다. 초기 불교의 승려들은 한마디로 집도 절도 없이 탁발로 연명했다. 이 집 저 집에서 주는 음식을 먹으며 지냈기 때문에 가리는 음식 없이 무엇이나 먹었다. 따라서 육식을 피하진 않았다"(정한진, 2012: 76). 들으면 기절초풍할지 몰라도 오늘날 여전히 달라이 라마(Dalai Lama, 達賴)도 이따금 건강상의 이유로 육식을 하고 있다는 사실도 알아두었으면 한다(Loy, 2012: 175). 왜냐하면, "[불교가] 7세기 티베트와 히말라야로 유입되었다. 이곳 고산과 고원지대에서는 냉기 때문에 불교도들이 선호하던 쌀이나 설탕, 많은 야채들을 생산할 수 없었다. … 그들은 도살을 위해 날이 휘어진 특별한 칼을 갖고 있었다. 그들의 육식 습관은, 500년 뒤 몽골인들이 중국제국을 정복한 후 티베트불교를 받아들이는 데 기여했다"는 지적이다(Lauden, 2015: 181).

(2) 붓다와 돼지고기

불교와 음식에서 대립되고 있는 것이 바로 붓다가 돼지고기를 먹었느냐, 안 먹었느냐에 관한 것이다. 다시 말해 붓다가 돼지고기 때문에 죽었느냐, 아니면 다른 것 때문에 죽었느냐 하는 문제다. 이것은 프리데릭 시문스가 지적하고 있는 것처럼 하나의 논쟁거리다. 그래서 시문스는 부처가 돼지고기를 먹고 죽은 이야기에 대한 것은 여전히 논쟁의 여지가 있다고 밝혔던 것이다(Simoons, 2005: 79).[67]

> 문제의 음식[수카라마다바 sukara-maddava: 수카라 sukara=돼지와 관계되는 것]이 돼지고기 조각을 의미하는지 아니면 돼지들이 아주 좋아하는 다른 어떤 것인지에 대한 의문은 오랫동안 논쟁거리였다. … 와슨 [R. Gordon Wasson][68]은 이 음식을 땅속의 버섯류로 생각한다 (Simoons, 2005: 473; 2장 285번 미주).

---

67) 하비(Peter harvey)의 지적이다. "이상으로부터 분명한 것은, 붓다도 호의를 베푸는 차원에서 제공된 '결백한' 고기들을 자주 먹었을 것이라는 점이다. 따라서 붓다의 마지막 음식, 글자 그대로 말하면 '돼지-부드럽고 순한'(sukara-maddava: D.II.127) 음식이, 돼지고기인지 아니면 돼지가 캐낸 버섯류인지에 대한 논쟁[예를 들면, Kapleau, 1981.]은 다소 논지가 빗나간 것이다. 실제로 붓다가 채식주의를 승려에게 강요[붓다의 사촌이자 승려인 데바닷타(Devadatta)가 제기한 것이다]하려는 시도에 저항했었다는 점은 주목할 만하다[Vinaya Pitaka II.171-172]"(Harvey, 2010: 298-299).

68) 이 논쟁에 관해 더 알고 싶으면 R. Gordon Wasson, "The Last Meat of the Buddha", Journal of the American Oriental Society. 102. (1982), 591-603을 볼 것.; 베르나르 포르(Bernard Faure)의 다음 글을 참조하라. "미국인으로, 선승이 된 필립 카플로(Philip Kapleau)는 『모든 삶

시문스는 계속해서 기술하기를 돼지고기와 붓다에 대한 전거(典據)에 대해서는 논쟁이 있을 수 있지만 다음의 사실은 부인할 수 없다는 점을 또한 지적하였다. "그러나 야생 돼지든, 길들인 것이든, 사육 돼지든 상관없이 돼지고기를 좋아한 사람들이 많았다는 사실은 불교의 자타카(Jatakas, 기원전 450년경 팔라어로 쓰인 고대인도의 설화집, [Jatakas, 50; 186; 283; 388; 541; 544]) 기록에서 짐작할 수 있다"(Simoons, 2005: 79). 로이(Roy)는 붓다가 돼지고기 때문에 죽었다는 것은 초기 불교 공동체의 진술과 일치한다고 밝히고 있다. 『대반열반경(大般涅槃經)』의 예를 언급한다. "우리가 가지고 있는 최초의 기록, 곧 『대반열반경』에는 붓다가 돼지고기를 먹어서 발생한 또는 악화된 위장병으로 사망했다고 되어 있다. 불교 채식주의자들은 이 사실을 부끄럽게 여기면서 종종 부인해왔다. 그러나 이 기록은 우리가 초기 불교 공동체에 대하여 아는 것과 일치한

을 소중히 여기기(To Cherish All Life)』라는 책에서 전 시대의 사람들처럼, 붓다를 죽음으로 몰고 간 '그 색다른 맛의 돼지고기'가 실은 송로버섯의 일종이라고 말한다. 그러면서 그는 다음과 같이 언급한다. '이 문제에 대해 학문적인 접근은 놔두고서라도, 생각해보라. 지각이 있는 사람이라면 어떻게 준다(Chunda)가 자신을 방문한 스승에게 돼지고기를 공양했겠는가?'"(Faure, 2014: 183-184 재인용). Kapleau, Philip (1982). To Cherish All Life: A Buddhist View of Animal Slaughter and Meat Eating. London: Harper & Row. 참조; 다음도 참조하라. 선교사이자 산스크리트 문헌학자였던 모니에르 윌리엄스(Monier Williams)는 [준다 Chunda가 제공한] 이 음식이 돼지고기를 뜻하는 수카라맘사(sukaramamsa)였으며, 붓다의 죽음은 이날, "돼지고기를 너무 많이 먹어서"라고 단언했다. 반면, 뉴먼(K. E. Neumann)이나 리스 데이비즈(Rhys Davids)와 같은 학자들은 그 음식은 수카라맛다바(sukaramaddava)로 "멧돼지의 음식"인 버섯이라고 주장했다. 이런 설을 신봉하는 일부 불교 수행자들은 아직도 버섯을 먹지 않는다고 전해진다(김현진, 2015: 55). 한국의 송광사에서 불교 수행을 한 적이 있던 스티븐 배철러(Stephen Batchelor)는 붓다는 춘다(Chunda, 준다)가 준 음식이 돼지고기임도 더 나아가서 상한 돼지고기임도 알았다고 한다. 거기에 덧붙이길 붓다에게 적(敵)이 많았다고 한다. 음식이 그에게 바쳐지는 순간부터 고타마는 음식에 뭔가가 잘못됐다고 의심했던 것 같다. 그가 집주인에게 말했다. "돼지고기는 나에게 주고 나머지 음식은 다른 승려에게 주거라." 식사가 끝나자 그는 춘다에게 말했다. "이제 남은 돼지고기는 모두 구덩이에 버려야 한다." 그런 다음 그는 "피가 섞인 설사를 하는 주병에 들었지만, 그 어떤 불평도 없이 정신을 집중하며 참아냈다." 그의 유일한 반응은 아난다에게 이렇게 말한 것뿐이었다. "쿠시나라로 가자." 이 말은 상황에 따라서는 이곳을 벗어나자라는 것처럼 들리기도 한다. 누군가가 고타마에게 독을 먹이려 했을까? 만약 그랬다면 누가? 그리고 왜? 그에게 적지 않게 적이 있었다(Batchelor, 2014: 310).

다"(Loy, 2012: 173-174). 부산외국어대 이광수 교수도 불교와 붓다의 가르침에서 볼 수 있는 "중도적 합리주의"(이광수, 2013: 173)를 지적하면서 같은 지적을 한다. 그 당시 힌두교라는 사회에 남아 살수밖에 없는 사람들을 배려해서 힌두교의 제사에 사용된 동물들을 음식으로 받아들였다는 것이다. 그래서 이광수 교수는 붓다의 이러한 가르침에 대해서 중도적 합리주의라고 부르고 있다. "붓다는 채식주의자가 아니다. 자신은 음식을 위해 동물의 생명을 취하는 짓은 하지 않고 자기 자신에게 바치기 위해 살생하는 것 또한 거부했다. 하지만 사회에서 이미 다른 용도, 즉 힌두교의 제사에 사용하기 위해 살생한 동물은 음식으로 받아들였다. 사회에 남아 힌두교 테두리 안에서 살 수밖에 없는 사람들이 행하는 진심을 배려한 것이다. 붓다가 죽기 전 마지막으로 취한 음식이 돼지고기였다는 것은 기록에 나와 있는 역사적 사실이다. 후대의 불교도가 별의별 논리를 들어 붓다의 마지막 음식이 돼지고기가 아니라고 주장하면서 붓다를 자신들이 하는 채식주의자의 교조로 삼으려고 하지만 그것은 붓다의 중도에 대한 모독일 뿐이다"(이광수, 2013: 172).[69]·[70]

---

69) "역사학자들은 특히 붓다의 입멸을 둘러싼 정황에 대해 많은 관심을 기울인다. 특히 문헌 연구에 따르면 붓다가 상한 돼지고기를 먹고 열반에 들었다고 한다. 물론 붓다와 같이 훌륭했던 인물이 상한 고기를 먹고 설사를 하다가 무기력한 상태에서 자신의 일생의 마지막 순간을 보내다 죽었다는 것은 굉장히 불명예스러운 것이 아닐 수 없다. 그래서 채식주의임을 자랑하는 것은 요즈음의 불교도들은 이 이야기 속에 등장하는 붓다가 먹은 음식은 돼지고기가 아니었다고 주장하며, 그 내용을 바꾸어보려고 이리저리 애를 쓴다. 반면에 역사학자들은 이 이야기에서 어떠한 역사적인 접점을 찾으려고 노력해왔다. 일부 역사학자들은 성인들의 삶에 대한 전기들이 일반적으로 성인의 삶을 윤색하려는 경향이 있다는 점을 미루어볼 때, 붓다가 상한 돼지고기를 먹고 열반에 들었다는 점은 그다지 붓다의 전기같이 보이지 않는다고 지적하기도 한다(Faure, 2014: 25). 더 채식주의와 관련해서 더 의미심장한 것은 불교계의 유다(Juda)로 불리는 붓다의 사촌 데바닷타(Devadatta)에 대한 죄목에 대해서 현장법사(玄奘法師, 602-664)의 『대당서역기(大唐西域記)』에 기록하고 있는 내용에는 수행에 좀 더 엄격한 접근을 하자는 주장을 펼친 것이며, 아이러니하게도 그가 채식주의를 엄밀하게 지킬 것을 주장했다는 것 때문이란다"(Faure, 2014: 137).

70) "불교의 창시자인 싯다르타 고타마(Siddhārtha Gautama)는 채식주의자가 아니었지만, 추종자

(3) 음식에 대한 다양성을 지닌 불교

i) 채식을 선호한 중국의 대승불교: 소승불교인 상좌부불교(上座部[小乘·南方]佛教)와는 달리 대승불교에 속한 6세기 중국 불교는 채식(菜食)에 대해서 강조하기 시작했다고 한다.[71] 음식에 대한 이러한 흐름은 당시 한국에도 영향을 주었다는 것이다. 그러한 결과로 인해 중국과 한국의 스님들은 고기와 생선, 종종 낙농제품과 수정란도 금하게 되었다고 한다. 10세기에 이르러서는 이러한 채식주의가 중국의 모든 비구와 비구니가 따라야 할 최소한의 기준이 되어 정착하기에 이르게 된 것이다(Loy, 2012: 176). 불교에서의 음식에 대한 이러한 태도는 오늘날 대승불교에서 일반적으로 채식을 강조하는 것과 맥락을 같이한다고 한다.

> 중국 불교도에게는 대승 승려가 고기를 먹는 것을 목격하는 일이 충격으로 다가오는데, 육식을 승려가 절대로 해서는 안 되는 행동으로 보기 때문이다! 중국의 이러한 태도는 한국과 일본에서도 널리 퍼져 있다(Harvey, 2010: 307).

들에게 살생하지 말라고 가르쳤다. 일부 불교도는 이 가르침을 고기를 먹지 말라는 뜻으로 받아들인다"(Hughes, 2017: 37).; 피터 하비(Peter havey)는 다음과 같이 적고 있다. "불교의 가르침을 염두에 두면, 불교도 사이에서 채식주의(Prassad, 1979; Ruegg, 1980)가 그 가르침만큼 광범위하지 않다는 사실이 종종 당혹스럽기도 하다. 사실 붓다가 강조한 것은 살생을 피하는 것이었다. 그래서 파리를 때려잡는 것이-즉각적인 살생행위- 이미 죽은 동물의 사체를 먹는 것보다 더 나쁜 것이다. 채식주의를 옹호하는 것은 특정한 대승 경전에서만 그러하다"(Harvey, 2010: 297; 295-309 참조).

71) 베르나르 포르(Bernard Faure)는 불교의 채식주의에 대해서 다음과 같이 이야기를 한다. 우리가 이해하고 있는 것과는 전혀 다른 얘기이다. 참고하라. "『능가경(楞伽經)』에서는 다음과 같이 말한다. '심지어 비불교도조차 육식을 금하는 마당에 어떻게 자비의 정신이 근간을 이루는 가르침을 믿는 불교도로서 육식을 할 수 있겠는가?' … 『능가경』에서는 채식주의를 하지 않는 생활은 해탈에 장애가 된다고 하며, 혹은 더 낮은 존재로 환생할 수 있다고 한다. 따라서 적어도 이 맥락에서는 채식주의의 중요한 동기가 수행론적 입장에서 나온 것이지 생명에 대한 자비심에서 나온 것은 아닌 듯하다. 문화적, 인구학적 요소 역시도 불교의 채식 전통에 큰 역할을 한다. 채식주의의 전통 초기에 자비는 채식주의를 위한 이유로 늘 거론되지는 않았다. 예를 들어 인도의 승려들은 말고기, 코끼리고기 등을 금해야 했는데, 그 이유는 이 동물들이 왕실을 상징하기 때문이었다"(Faure, 2014: 185).

채식에 대한 관심은 특히 중국에서 강하고, 『능가경』,[72] 『수능엄경』, 『범망경』과 같이 잘 알려진 대승경전에 근거하고 있다. 이들 경전에는 육식에 대해서 이렇게 적혀 있다.

- 붓다가 금했다(『능가경』).
- 어떤 생명도 살생하지 말라는 불교의 첫 계율에 부합하지 않는다.
- 입 냄새와 더러운 냄새를 풍겨 다른 생명이 주춤거리게 한다.
- 자비를 막고 동물들에게 고통을 초래한다.
- 불교 수행을 더디게 하고 악업을 만든다(예를 들면, 당신은 저급한 동물로 태어날 수 있다).
- 전생의 친척을 먹을지도 모른다(Loy, 2012: 175).[73]

ii) 음식규제에 대해 다양성을 보이는 여러 나라의 불교: 음식에 대한 규제는 지역마다 다양성을 보이고 있다. 불교라고 하지만 일반인들이 알고 있는 것처럼 획일적이지 않다는 것이다. 불교는 각 나라마다 음식에 대해서 다양한 모습을 보이고 있다. 마빈 해리스(Marvin Harris)는 불교의 다양한 식습관을 다음과 같이 기록한다. "(…) 티베트, 스리랑카, 미얀마, 타이의 불교 승려들은 유제품은 물

---

72) "뤼에그(Ruegg, 1980)가 주목하는 바에 따르면, 채식주의가 경전에서 처음으로 강조되었던 것은, 말하자면 모든 존재에게 여래장(Tathagata-garbha)이나 불성(佛性)이 내재한다는 관념에 초점이 맞춰졌었다는 것이다. 이러한 개념은 『능가경(楞伽經, Lankavatara Sutra)』에서도 발견되는데, 『능가경』의 마지막 장들은 육식을 반대하는 논증이 줄지어 등장하며, 또한 거기서 붓다는 '세 가지 점에서 순수'한 육식은 '비난할 수 없다'는 경전에 명시된 사상을 부인한다. 초기 경전들에 명시된 사상과의 그처럼 직접적인 모순은 대승경전에선 이례적인 일이다.; 수용이 불가능한 사상들은 일반적으로 파괴되거나 재해석되거나 아니면 순전히 '선교방편'으로 치부되곤 한다"(Harvey, 2010: 305).

73) "『열반경』과 『능가경』 및 『범양보살계경』 등의 대승경전의 교설은 식육을 허용하지 않고 있다. 그 이유는 중생의 구제를 발원한 보살이 구제의 대상인 중생의 육신을 먹을 수 없다고 보기 때문이다. 더욱이 중생의 고통을 자신의 고통으로 느끼는 보살적 인간이 그들의 고통을 외면할 수 없는 것이다"(고영섭, 2009: '국문초록'에서). 고영섭 (2009), "불교에서는 육식을 금지하는가: 한국불교에서 계율과 육식의 마찰과 윤회", 『佛教學報』, 52, 97-124.; "대승경전에서 육식의 엄격한 금지를 나타낸 것은 불교사상의 특징인 불살생의 정신과 자비사상에서 그 원류를 찾을 수 있으며, 청규에서 육식을 금지한 것은 고도의 정신수행을 하는 수행자들에게는 수행에 방해가 되는 점이 많았기 때문이다"(신공, 2007: "국문초록"에서). 신공 (2007), "율장과 청규에서의 육식과 채식의 문제", 『보조사상』, 28, 11-46 참조.

론 고기도 먹는다. 보통의 불교도들은 고기와 생선을 마음껏 먹으며 생태학적인 조건상 젖소를 기를 수 없는 곳에서는 더욱더 많이 먹는다. 미얀마, 타이, 캄보디아의 불교도들은 굉장한 생선애호가들로, 그들은 생선을 회를 치거나, 말리거나, 소금에 절이거나 젓을 담가서 먹는다. 타이의 불교도들은 생선 외에도 돼지고기, 물소고기, 쇠고기, 닭고기, 오리고기, 누에, 달팽이, 게, 새우를 많이 먹는다. 우기가 되면 그들은 개구리를 잡아먹는데, 일주일에 한 파운드는 먹는다. 캄보디아의 불교도들은 생선, 새우, 개구리, 홍합, 털거미 종류를 잡아먹는데 털거미는 별미로 꼽힌다. 불교의 종교적 원리는 유연하다. 기독교 국가들에서와 마찬가지로 현실은 높은 이상에 미치지 못하거나 이를 회피한다. 칭기즈칸과 그의 몽고 불교도 무리를 보라. 그는 칼로 살다가 칼로 죽었을 뿐 아니라 양고기와 말고기의 굉장한 애호가였다"(Harris, 2010: 26-27). 그렇다면, 불교에서 음식의 규제는 왜 하는 것일까? 어떠한 경지에 이르기 위한 방법일까? 그들에게 경지에 이른다는 것은 무엇을 의미하는가? 불교 또한 타력종교로 계율의 준수를 통해 스스로 신성에 다가가려고 하는 노력의 일종이라고 볼 수 있지 않을까? 그 방법 중의 하나가 바로 엄격한 음식규제 준수인 것일까?

5) 基督敎, 가리지 말고 먹어라, 그러나 健德을 생각하라

(1) 원칙, 가리지 말라[74]

기독교는 메시아이신 예수 그리스도를 통한 구원의 종교다. 자력 종교가 아닌 타력종교다. 두말할 것 없이 구원은 메시아의 값없이 주신 은혜로부터 온다. 구약성경[TaNaKh, Hebrew Bible]은 오실 예수 그리스도를, 신약은 오신 그리스도를 그리고 계시록은 다시 오실 예수 그리스도를 중심으로 기록하고 있다. 또한 기독교는 계시종교(啓示宗敎)다. 그 계시는 점진성을 지닌다[啓示漸進性]. 그렇기 때문에 구약에 머물러 있어서는 안 된다. 구약은 신약에 의해, 다시 말해 이 땅에 인간의 몸으로 오신 예수 그리스도를 통해 다시 해석되어야 한다. 그러므로 구약의 레위기와 신명기 등에 나온 음식에 대한 규례[律法]들은 예수 그리스도를 통해서 재해석되어야만 된다. 예수 그리스도는 율법의 제정자(制定者)이시요, 완성자(完成者)가 되시기 때문이다. 구약의 율법은 율법의 완성자가 되시는 예수 그리스도를 통해 다시 해석되어야만 한다는 것이다.

음식규제 중에서 논쟁거리가 되고 있는 것이 바로 돼지고기에 대한 것이다. 잘 생각해보면 실은 논쟁거리가 될 것도 아니다.[75] 그런데 오늘날 건강상의 문제와 다른 종교의 영향[異端] 등으로 인해

---

74) 루터는 이렇게 주장했다. '우리 주 하나님은 우리가 무엇을 먹고 무엇을 입는지 상관하시지 않는다. 하나님은 의례든, 소소한 것이든, 그런 모든 문제들을 우리에게 자유로이 맡겨두신다…'(Lauden, 2015: 330).

75) 임태규의 지적이다. "구약성경 레위기에도 돼지고기를 먹지 말고 심지어는 그 주검도 만지지 말라고 나와 있다(레 11:7-8). 하지만 오늘날 그리스도인들 가운데 레위기에 언급된 것처럼 돼지고기를 먹지 않는 사람은 극히 드물 것이다. 한편 사도행전 10장에 나오는 베드로가 기도 중에 받은 계시를 통해서 구약과 유대교의 음식법에서 자유롭게 되었다고 주장하는 이들도 있을 것이다. 어쨌거나 기독교는 이슬람보다 돼지고기를 먹는 부분에 대해서 성경의 말씀을 유연하게 해석하고 적용하는 것만은 분명하다"(임태규, 2016: 32).

논쟁거리 중의 하나가 된 것이다. 현대인의 육류섭취의 증가와 더불어서 그로 인한 비만과 각종 성인병의 발생과 그로 인한 경제적 손실, 더불어서 웰빙[참살이]에 대한 관심의 증대, 그리고 더 다양한 종교를 접하게 됨으로써 그들 종교가 가지고 있는 건강식(健康食, Halal, Kosher, 寺刹飮食 등)에 대한 관심의 증대로 인해 돼지고기 식용의 문제에 더 관심을 가지게 된 것이라고 볼 수 있다. 사실, 건강상 돼지고기를 먹으면 안 되겠다 하고 먹지 않으면 되는 것인데, 그것을 종교적으로 설명하고자 하기 때문에 그것도 기독교와는 전혀 상관없는 다른 종교[異端]에서 제시하는 설명들을 기독교 안으로 미묘하게 끄집어들였기 때문에 그러한 결과가 발생하게 된 것이다. 심지어 일부에서는 왜 기독교인들은 구약의 가르침을 따르지 않고 돼지고기를 먹는지 묻기까지 한다. "기독교인들은 성경을 하나님 말씀으로 믿지 않아요. 그런데 왜 구약의 가르침을 따르고 있지 않죠?"라는 식으로 반문하기도 한다. 그러나 이러한 논리[質問]는 전혀 지적(知的)이지도 않을뿐더러, 전혀 성경적(聖經的)이지도 않는데도 말이다. 오늘날 기독교와는 전혀 관계없는 이들이 '하나님' 또는 '하느님'이라는 수사학적(修辭學的, rhetorical) 표현을 통해 마치 자신들이 그리스도인이라도 되는 것처럼 TV나 강의에 나와서 먹을거리에 대해서 이야기함으로써 그들의 강의와 이야기를 접한 사람들에게 혼동을 일으킨다. 또 구약[舊約律法]만을 생각해보면 그들의 말이 맞는 것 같기도 하고, 또 그렇게 사는 것이 더 건강해질 것 같기 때문이다. 사실 음식에 대해 관심을 가진 사람들은 건강에 대한 불안의식이 다른 건강한 이들에 비해서 몇 배나 더 크기 때문에 더욱더 그들의 잘못된 가르침에 혹(惑)하고 빠지게 되는 것이다. 이런 현실을 비추어볼 때에 최훈 교수의 다음과 같은 지적은 매우 의미가 있다 할 것이다. 철학자 최훈 교수는 안식일교를 개신교라도 기록하고 있지만 한국의 개신교도들은 실질적으로[de facto] 그들을 개신교에 포함시키지 않을 뿐만 아니라 기독교와는 전혀 다른 집단[異端]으로 보고 있다는 점을 지적하고 넘어가야겠다(현대종교편집국 엮음, 2019: 277-319. "제9장" 참조).

개신교에도 일상적인 채식을 권장하는 교파들이 있는데 보통 '안식교'라 부르는 '제7일안식일예수재림교회'가 그런 교회이다. 이 교회는 이슬람교나 유대교처럼 돼지고기를 금하는데, 이유는 구약성경에 그렇게 나와 있기 때문이다. 안식일교회는 몸을 건강하고 깨끗하게 유지하기 위해 술, 담배, 커피 등의 자극적인 음식을 금하고 채식을 적극적으로 권장한다. 사람들이 많이 알고 있는 '삼육두유'가 바로 우리나라 안식일교회가 만드는 것으로, 이 교회는 채식 식당도 여러 곳을 열고 교단이 운영하는 대학에도 채식 식당이 있다. 아침에 먹는 시리얼 상표로 유명한 '켈로그'도 이 교회 초기 개척자의 한 명인 존 하비 켈로그(John Harvey Kellogg)가 개발한 것이다. 1990년대에 유명했던 이상구 박사를 기억할 것이다. 재미 의사인 이상구 박사는 국내 TV에 자주 출연, 새로운 건강법을 소개해서 선풍을 일으켰다. '뉴스타트 운동'이라 부른 그 건강법의 요체는 채식이었는데, 그도 알고 보면 안식일교회 신자이다(최훈, 2012: 62).[76] · [77]

바울의 제사음식에 대한 가르침을 본다면 먹을거리에 대해 우리가 어떤 태도를 지녀야만 하는지 알 수 있을 것 같다. 바울은 제사

---

76) "1980년대 말 한국을 강타했던 이상구 박사의 채식주의 신드롬에는 그가 제칠일안식일예수재림교 신자이며, 그의 채식주의 배경에는 이 컬트집단의 채식 신학이 있었다는 것은 그 신드롬을 체험한 사람이라면 너무나 잘 알고 있는 채식의 추억이다"(윤철민, 2013: 90).

77) 안식일교와 관련해 다음 참조. 안신·김신 (2014), "제일일안식일예수재림교회에서 음식의 종교적 의미에 대한 연구: 엘렌 화잇의 건강개혁을 통한 종교개혁을 중심으로", 『신종교연구』, 31, 1-24.

음식, 즉 우상의 제물에 대해 고린도에 있는 성도들에게 편지를 하였는데, 바울의 고린도교회에 보낸 우상의 제물에 관한 편지의 내용에서 돼지고기 등에 대한 단초(端初)를 얻을 수 있기 때문이다. 바울은 고린도전서 8장에서 "우상의 제물에 대해(ton eidolothuton; τω ν ειδολοθυτον)"에 대해 다루고 있다(Prior, 1999: 187-200. 특히 "8. 자유와 다른 사람들에 대한 민감함[고전 8: 1-13]" 참조). 당시 고린도교회의 문제 중의 하나가 바로 이방 종교에서 우상에게 제사를 드린 후에 고기들이 시장에서 일반인들을 상대로 팔렸는데, 이 우상제물을 음식으로 먹어도 되느냐는 것이었다. 바울은 이에 대해 전반적(全般的)으로 자유를 찬성하고 있다는 점이다(이는 그리스도 안에서의 자유함에 의한 것이다. 고전 8:8; 9:19; 10:29). 즉 그리스도 안에서 자유함이 있기 때문에 먹어도 된다는 것이다. 다만 양심이 덜 강한 형제("만일 식물이 내 형제로 실족게 하면 나는 영원히 고기를 먹지 아니하여 내 형제를 실족지 않게 하리라"[고전 8:13])가 있는 경우에 한(限)해서 그리스도 안에서 완전한 자유함을 자발적으로 제한한다고 진술하고 있는 것을 볼 수 있다. 즉 우상에게 드린 제사음식이라고 할지라도 그리스도 안에서의 자유함이 있기 때문에 본질적으로 먹는 데에는 아무런 문제가 없다는 것이다. 다만 예외적으로 믿음이 연약한 지체[軟弱한 肢體]가 있을 때에는 그러한 자유함을 스스로 제한[抑制]할 필요가 있다는 점을 강조한 것이다. 즉 제사음식을 먹는 것으로 인해서 혹시라도 믿음이 약한 형제들이 실족하지 않을까 하는 우려 때문에 스스로 제사음식을 먹는 것에 대해 자제(自制)할 필요가 있다는 것에 대해서 언급하였던 것이다.

갈라디아서 2장 11-16절에서 안디옥에서의 베드로 사도와 바울 사도의 충돌에 대한 기록에서 다시금 확인할 수 있다. 바울 사도와 베드로 사도의 충돌의 중심에는 바로 "[이방인들과의] 먹는 것(갈 2:12. He[Peter] used to eat with the Gentiles, NIV. Galatians 2:12)"의 문제가 있었다는 것을 알 수 있다. 베드로 사도는 야고보로부터 온 자들이[割禮·律法主義者] 이르기 전에 이방인들과 함께 먹다가 [아마도 그러한 행동이 전혀 없었던 것처럼] 슬며시 빠져나갔던 것이다. 지금 눈으로 볼 때 당시 베드로의 행동은 그리 중요한 것처럼 보이지 않을 수도 있다. 그냥 못 본 척하고 넘어갈 수 있는 문제인 것처럼 보이지만 사도 바울에게는 매우 중요하였던 것이었다. 아무렇지도 않은 것에 목숨은 건 것처럼 보이는 바울은 좀생이었을까? 좀생이가 아니라면 아무런 문제도 아닌 것처럼 보이는 베드로의 행동에 대해서 왜 사도 바울은 [열을 올리며] 베드로를 책망했을까? 바울 자신보다 더 연장자이면서도, 당시 교회의 중심에 있던 사도 베드로를, 그것도 면전(面前)에서(갈 2:11. I opposed him to his face. NIV. withstood. KJV. Galatians 2:11) 바울 사도는 베드로 사도가 이방인들과 함께 식사한 것에 대해서 책망한 것이 아니다. 바울이 비난하고 있는 것은 바로 이방인들과 함께 먹다가 율법주의자(할례주의자, 또는 야고보로부터 온 어떤 이들)들이 온다고 해서 마치 자신이 그러한 행동을 하지 않은 것처럼 피한 행동에 대해서 비난한 것이다. 왜냐하면 율법의 규례는 예수 그리스도 안에서 완성되었기 때문이다. 바울 사도의 눈으로 볼 때 음식에 대한 율법에 매인 베드로의 행위는 바로 예수 그리스도를 통한 이신칭의 교리(以信稱義 敎理, 갈 2:16. by faith in Jesus Christ.

NIV. KJV. Galatians 2:16)를 부인하는 행위와 다를 바가 없었기 때문에 그러한 강한 반응을 보인 것이다. 그리스도인의 의롭다 함이 음식 규율과 같은 율법의 준수로부터 나온 것이 아니라, 예수 그리스도를 믿는 믿음으로부터 나오기 때문이다(갈 2:16 참조). 그런데 베드로의 행위는 그러한 진리를 부인하는 모습으로 충분히 보일 수 있었기 때문이다. 아니 그러한 베드로의 행동이 다른 지체들에게도 영향을 미치는 것을 봤기 때문에 더욱 심각하게 생각된 것이다(갈 12:13 참조). 그렇다면 이는 오늘날 무엇을 의미하는 것일까? 구원을 위해, 신앙을 위해, 율법을 위해, 믿음을 위해 음식을 가려야 한다는 생각은 모두 그리스도의 의롭다 하심을 부인하는 행위와 같은 맥락일 수 있다는 것이다(Stott, 1994: 56-67 참조). 거칠게 말하자면 기독교를 떠나 타종교를 따르는 행위일 수도 있다는 것이다. 그러므로 믿음, 구원, 신앙, 율법을 들먹이면서 돼지고기 먹으면 안 되는데, 레위기에도 돼지고기가 부정하다고 쓰여 있잖아요. 그래서 돼지고기 먹으면 안 돼요라고 말하지 말라는 것이다. 단지 건강상의 이유로 또는 다른 환경보전상의 이유 등으로 음식을 가려 먹는 것은 몰라도 율법을 핑계로 돼지고기 식육 금지를 말하지 말라는 이야기다. 크리스토퍼 J. H. 라이트(Christopher J. H. Wright)가 자신의 책인 『구약을 어떻게 설교할 것인가(How to Preach and Teach the Old Testament for All Its Worth)』에서의 다음과 같은 기술은 매우 유익할 것이다. 본 연구자의 말로 풀어 쓰는 것보다 책의 내용을 그대로 옮기는 것이 더 이해하기 쉬울 것 같다는 생각이 들어 길지만 그대로 인용하고자 한다. 매우 중요한 부분이다. 그래서 그대로 옮긴다(길게 인용했다고 해서 표절과 관계 짓지는 말라. 본 연구자의 낮은 지식 수준을 탓하라).

음식은 어떤가? 우리는 돼지고기와 같이 레위기가 부정하다고 규정한 모든 음식을 피하고, 절대로 동물의 젖과 고기를 섞지 않으려 조심하는가? 우리는 대부분 구약성경 율법에 나오는 '정하다/부정하다' 같은 구분에 전혀 신경 쓰지 않는다.[78] 왜 그런가? 이런 질문을 하면 많은 사람들이 "그런 율법은 구약성경 시대에만 지켜야 하는 것입니다"라고 대답한다. 그러나 이것은 충분한 대답이 아니다. 구약성경에는 "간음하지 말라"는 계명도 나오는데, 이러한 계명은 여전히 우리에게 영향을 미친다. 따라서 우리는 이렇게 물어야 한다. "그리스도께서 음식법을 어떻게 바꾸셨으며, 그때와 지금은 어떤 대조를 이루는가?" 이 질문에 답하려면 또 다른 질문을 해야 한다. "애초에, '정하다/부정하다' 같은 구분의 핵심은 무엇이었는가?" 레위기 20:25-26은 이것이 '상징'이라고 대답한다. 상징이란 역사의 그 시점에서 하나님이 이스라엘을 언약의 백성으로 구별하셨음을 일깨우는 표식이었다. 이들은 요리할 때마다 자신들이 주변 민족들과 구별되도록 부름받았다는 사실을 떠올렸다. 구약 시대에는 하나님이 자신의 목적을 이루기 위해 유대인들과 이방인들을 구분하는 것이 매우 중요했다. 하나님은 이스라엘을 통해 온 세상에 구원을 주려 하셨다. 그러나 이스라엘의 메시아이신 그리스도께서 온 세상에 구원을 주셨고, 하나님이 아브라함에게 하신 약속을 성취하셨다. 이제 그리스도 안에서 유대인과 이방인 간의 구분이 없어졌다. 하나님은 그리스도 안에서 우리를 하나의 새로운 인류로 만드셨다(갈 3장; 엡 2-3장). 구약 시대에 유대인과 이방인 사이에 있었던 구분이 그리스도 안에서 없어졌기 때문에, 이러한 구분을 상징했던 율법도 폐기되었다. 하나님은 베드로가 이방인 고넬료의 집에 가서 그 가족들에게 기꺼이 복음을 전할 수 있게 하시려고 환상을 통해 이러한 사실을 가르치셨다(행 10장)(Wright, 2016: 90-91).[79]

---

78) "예수님을 메시아로 받아들이고 주와 구주로 믿게 된 유대인들(Messianic Jews)은 대체로 구약 성경의 음식법을 여전히 따르는데, 이것을 유대인 문화 전통의 일부로 여기기 때문이다. 그들은 예수님을 예배하면서 동시에 유대인으로 살기로 선택한다. 그러나 그들이 이러한 음식법을 지키는 것은 동족과 문화적 동질성을 지니려는 선택의 문제일 뿐, 율법 아래 사는 의무의 문제는 아니다"(Wright, 2016: 90, 5장 2번 각주).

79) 다음은 매우 유익하다. "그렇다면 레위기 11장의 음식법은 우리에게 아무런 의미가 없는 죽은 본문이 되고 만 것일까요? 그렇지 않습니다. 이스라엘이 자신의 선택과 구별을 상기하고 그에

(2) 그러나 기억할 것은, 건덕(健德, edification)은 필요

앞에서 이미 살펴보았듯이 사도 바울은 고린도전서 8장에서 제사음식을 먹는 것이 가능하다고 했었다. 그것이 바로 그리스도인의 자유(自由)라고 했었다. 그렇지만 한편으로는 그러한 그리스도인의 자유를 스스로 제할 필요가 있다고 말했었다. 왜냐하면 믿음이 연약한 다른 형제의 믿음을 허물어서는 안 되었기 때문이다. 그렇다면 오늘날 바울 사도의 권면은 어떤 의미를 가지는가? 오늘날 믿음이 연약한 형제가, "구약에는 돼지고기를 먹으면 안 된다고 했잖아요?"라고 하면 그 형제의 믿음을 위해 먹어서는 안 되는 것일까? 오늘날 대부분의 사람들은 기독교인들이 유대인이나 이슬람교와는 다르게 돼지고기를 먹는다는 사실에 대해서 이미 알고 있다. 한국의 정통기독교인들은 아무런 문제없이 율법이 가르쳐주는 도살법과도 무관하게 돼지고기를 식용한다[더 심하게 말하면 우리가 구입할수 있는 고기에는 피가 여전히 들어 있다. 그러나 아무런 거리낌없이 먹고 있다]. 그리스도인들이 아닌 이들도 자신들의 이웃인 그리스도인들의 돼지고기 식용에 대해서 알고 있다. 아니 종교에 관

합당한 삶을 살아야 한다는 도전을 받게 했던 음식법의 원래 목적은 여전히 살아 있습니다. 우리는 여전히 '먹든지 마시든지 … 다 하나님의 영광을 위해' 해야 합니다(고전 10:31). 우리는 여전히 일상 속에서 음식을 준비하고 먹으며 하나님 백성이라는 사실을 상기해야 합니다. 단지 이제는 음식의 재료가 하나님 백성의 정체성을 드러내는 표지가 아닐 뿐입니다"(전성민, 2018: 184).; "레위기에 언급된 의식법, 정결법, 도덕법, 언약법, 시민법 등을 이 시대의 그리스도인이 어떻게 이해해야 하는가가 중요하다. 기본적으로 구약의 법전과 현대인의 삶 사이에는 연속성과 불연속성이 존재한다. 연속적인 것은 이 시대에도 계속 적용되는 것이고 불연속성은 그리스도의 구속사역의 성취로 인하여 더 이상 적용되지 않는 것이다. 여기서 의식법과 시민법은 폐기되었다. 그래서 의식법이나 정한 음식, 부정한 음식 구분, 안식년, 희년 규정, 이자 규정 등과 같은 것은 지금은 유효하지 않다. 그러나 도덕법과 언약법은 계속 유효하다. 살인, 도적질, 거짓말, 간음, 동성애, 우상숭배와 같은 규정은 현대 그리스도인에게도 여전히 적실성이 있다. 그렇다고 해서 제의적 정결법과 시민법이 현대 그리스도인에게 아무런 의미가 없다는 것은 아니다. 그 규정의 영적인 의미, 그 정신은 그대로 유지된다. 정한 음식과 부정한 음식에 대한 규정은 그리스도인이 거룩한 삶을 추구해야 한다는 것을 가르쳐준다"(신득일, 2016: 96).

심을 가지고 있는 사람이라면 정통그리스도인들이 아닌 이들이 돼지고기를 먹지 않는다는 것도 알고 있을 것이다. 오늘날 상황은 바울 사도가 살았던 당시의 상황과는 완전히 역전되었다. 오늘날 우리가 먹는 돼지고기는 신전에서 희생제의(犧牲祭儀)를 드리고 난 후에 시장에 나온 것도 아니다. 그렇기 때문에 유대교와 다른 비정통기독교와 비교했을 때, "돼지고기를 먹는 것이 어떻게 보면 과거와 다르게 나는 정통그리스도인이요"라고 주장하는 행위가 될 수 있다. 다시 말해 "그리스도인이면서 돼지고기를 먹지 않으면 반대로, 저 사람은 정통그리스도인이 아닌가 벼? 혹시 ○○교인겨? 아니면 유○교도가 아니란가? 이○람인겨?…"로 갈 수도 있다는 것이다. 일반인도 이렇게 생각할 수 있다는 점이다. 그러므로 돼지고기를 맛있게 먹으면서 '자유함'을 주신 그리스도의 사랑을 맛보고 '돼지고기를 안 먹더라도 종교적인 이유는 더 이상 언급하지는 말아라'

그렇다면 오늘날 변화된 환경에서 먹을거리[飮食]를 통해서 "덕을 세운다(고전 8:1. builds up, NIV. 1 Corinthians 8:1.; 참조. edified, 고전 14:5, 17; must be done for the strengthening of the church, 고전 14:16)"는 말은 무엇인가. 음식, 즉 먹을거리로 덕을 세운다는 것은 무엇일까? 오늘날 먹을거리가 단순히 먹을거리 하나로 끝나는 것이 아니라, 바로 건강(保健과 飢餓)과 환경(氣候變化·地球溫暖化) 그리고 경제(富不平等)와 매우 밀접하게 연결되어 있다는 것을 인지한다면(강상우, 2019 참조), 음식에 대한 소비에 있어서 그리스도인들이 바로 개인의 건강과 지역의 건강에 도움을 주고, 환경보존에 이바지하고, 경제의 불평등을 해소하는 음식소비를 하는 것이 "덕을 세우는 것[健德, edification]"이 아닐까 하는 생각을 해본다. 적게 먹는 것(Eat less, 음식 낭비 없이 먹는 것), 육고기 소비 등을 줄이는 것(Meat Less), 지역 먹을거리를 애용하는 것(local food), 할 수 없이 먼-거리(global food)의 식품을 사용할 때에는 공정한 무역을 통해(fair trade) 수입된 음식을 소비하는 것 등이 아닐까 하는 생각을 해본다. 그 외에도 돌핀프리(dolphin-free)된 참치와 같은 생선 등을 소비한다든지 말이다.

3. 飮食規制와 宗敎性格, 그리고 動物權

1) 敎理的 가르침

앞서 종교와 관련된 음식규제에 대해서 살펴보았다. 종교들이 음식에 대한 규제가 존재하는 것 중의 하나가 바로 그들 종교가 지닌 교리적 가르침과 매우 관련성을 가진다는 것이다. 인도의 종교, 즉 힌두교와 불교 그리고 자이나교[80])의 경우, 불살생(아힘사, ahimsa=a[不]+himsa[死·殺])과 업(業, karma)과 같은 윤회(輪回)에 관한 교리

---

80) "이들[불교와 자이나교]은 사회적으로 브라만 계급의 독점적 위치에 반발하고 그들을 중심축으로 하는 카스트 제도를 부정하였다. 이러한 여러 가지 새로운 종교 사상은 크게 두 가지 방향으로 수렴되었다. 하나는 베다 종교의 사회 중심 전통은 유지하되 제사보다는 명상과 수행 등 정신적 면을 추구하고자 하는 것이었다. 또 하나는 사회에서 완전히 벗어나 철저히 수행에만 몰두하고자 하는 것이었다. 전자는 힌두교를 혁신하자는 뜻이고, 후자는 힌두교를 버리고 새로운 것을 만들자는 뜻이다. 우빠니샤드는 전자에 속하고 불교나 자이나교는 후자에 속한다"(이광수, 2013: 70-71).; 불살생주의에 대해서 인도의 3대 종교, 즉 힌두교·불교·자이나교의 입장을 간명하게 요약하여 말하면 다음과 같다. 힌두교에서는 죽이기도 하고 먹기도 한다. 불교에서는 죽이지는 않으나 먹기는 한다. 자이나교에서는 죽이지도 않고 먹지도 않는다. 물론 이와 같은 단언에는 반론이 따를 것임이 분명하다. 그럼에도 불구하고 이렇게 일반화시켜서 말하는 이면에는 자이나교의 수행법이 매우 엄격하고 지나치게 극단적이라는 점을 강조하고자 하는 뜻도 가미되어 있다(김미숙, 2013: 279).

를 채택하고 있기 때문이다.

자이나교, 힌두교, 불교는 살아 있는 생명체는 근본적으로 서로 연결되어 있다고 믿는다. 모든 생명체는 죽음과 부활이라는 순환 속에 존재하며 여러 가지 형태로 환생할 수 있다. 동물이 인간으로 태어날 수 있고, 인간이 동물로 태어날 수도 있다. 인간과 동물 간에는 영적인 차이가 없다고 보기 때문이다. 이 때문에 자이나교, 힌두교, 불교에서는 동물에 대한 자비를 강조한다(Grant, 2012: 43; 최훈, 2012: 57-58 '법정 스님'의 예 참조).

유대교와 이슬람교의 경우도 그들의 종교적 가르침[敎理] 때문에 음식에 대한 규제를 가진다. 이들이 할랄(Halal)을 지키고, 코셔(Kosher)를 지키는 것은 이들에게 있어서 임의적으로 지키면 되고 말고가 아니라, 꼭 반드시 지켜야 할 종교적 가르침[規律]인 것이다. 이러한 규율의 준수는 그들의 내세[來世·救援]의 삶과도 연관되어 있다는 점이다.

그런데 문제는 같은 종교(同一宗敎)에서 음식규제에 있어 차이가 발생하는 경우는 어떻게 이해해야 하는가?(Rabbi나 Imam 등의 다양한 해석 존재의 경우). 동일 종교의 경우에도 음식의 규율에 있어서 큰 것에 대해서는 비교적 일치하지만, 작고 세밀(細密)한 것에 대해서는 같은 종교 내에서도 일치하지 않는 경우가 생각보다 많기 때문이다. 그리고 새로운 먹을거리가 나올 때에는 어떻게 해야 할지 어안이 벙벙해질 수 있다는 점이다[dilemmas]. 특히 오늘날의 경우 유전자조작('GM')이 심해지고, 또 '세계 먹을거리체계(global food system)' 아래에서는 음식이 어디에서, 그리고 어떻게 생산되어서 어떠한 유통과정을 통해 소비자인 우리 손에 들어오는지에 관한 정보가 거의 전무하다시피 한 경우[情報無知]에는 더욱더 혼란스러울 수밖에 없다. 이 국적 불분명의, 또 정체불분명의 음식을 먹어도 되는지 아니면 먹어서는 절대로 안 되는지 '선택의 딜레마'에 빠질 수 있다는 점이다. 사실 그 식품(먹을거리)에 어떤 성분이 포함되어 있는지 어떻게 알 수 있느냐는 것이다. 비록 이슬람의 할랄 인증이 있고, 또 유대교의 코셔 인증이 있지만, 직접 자신이 재배[사육]하고 만들지 않는 이상 음식의 재료 선택과 조리, 그리고 유통 과정 등을 100%로 신뢰할 수 있는가 하는 문제는 여전히 미지수로 남게 되어 있기 때문이다. 특히 불쑥불쑥 터져 나오는 먹을거리 안전성의 문제의 경우 더욱더 그 불안감은 깊어지기만 할 것이다. 실제로 음식의 생산자를 100퍼센트 신뢰할 수 있는가 하는 의문은 여전히 남아 있기 때문이다(송호재, "가짜 '할랄 푸드' 가공·판매한 업체 잇따라 적발", <노컷뉴스>, [2015.05.06.]; http://v.media.daum.net/v/20150506190611209?f=o).[81]

어류의 경우 이슬람교의 내부에서도 각 학파(學派, figh)에 따라 다른 의견이 존재하고 있다는 것에 대해서 엄익란 박사가 다음과 같이 소개하고 있는 경우를 보게 된다. "식용 가능한 어류의 종류에 대해서는 이슬람교 내부에서도 서로 다른 목소리가 공존하고 있

---

81) "그런데 최근 몇 년 전부터 무슬림 채식주의자들이 조심스럽게 표면으로 등장하고 있다. 채식주의에 대한 논쟁은 이집트, 요르단, 시리아, 터키, 이란, 파키스탄, 말레이시아, 인도네시아 그리고 미국이나 영국의 무슬림으로부터 제기되기 시작했다. 이들은 다음과 같은 논리를 펼친다. '이슬람교에서 피는 금지된 것이다. 그런데 살에서 피를 완전히 제거할 수는 없다. 그러니 고기를 금지하는 것은 당연하다'"(Richard C. Foltz, 2006: 11; 엄익란, 2011: 65 재인용).

다. 이슬람교의 4대 법학파 중 한발리(Hanbali)와 샤피(Shafii) 학파
는 바다에 사는 모든 동물을 할랄로 본다. 따라서 조개, 새우, 바닷
가재, 상어 등과 모든 어류는 먹을 수 있다고 한다. 말리키(Maliki)
학파는 장어를 제외한 모든 어류와 바다동물을 먹을 수 있다고 본
다. 하나피(Hanafo) 학파는 음식에 대해 가장 보수적인 입장이다.
하나피 학파는 어류만을 허용하고, 조개, 새우, 바닷가재 등을 먹는
것은 모두 금지한다. 단, 상어는 허용한다. 그 형태가 어류와 같기
때문이다"(엄익란, 2011: 38-39; 엄익란, 2009: 82 참조).

   각 학파들의 의견이 다를 경우에는 어떻게 하란 말인가? 문제는
더 복잡해진다. 누구의 가르침을 좇아야 하는가? 로이가 언급하고
있는 다음의 경우는 또 어떠해야 하는가? "언젠가 중국불교 포커스
그룹(회원 중에 몇 사람이나 불교신자인지는 분명하지 않다) 내부
의 어떤 사람이 자신의 불교 친구에 대해서 언급한 적이 있다. '[친
구가] 물고기 유전자가 들어 있는 토마토 먹기를 많이 힘들어해요.
그 행위가 친구가 하는 수행에 반하기 때문이에요. 친구는 물고기
유전자를 토마토에 넣었다는 사실을 알리지 않는 건 정말 잘못된
행동이라고 생각하고 있어요.' 이런 이야기는 당연히 나올 만하다.
왜냐하면 그 친구가 중요시하는 동물에서 식물로의 유전자 전이는
채식주의자들에게 문제가 될 수 있기 때문이다"(Loy, 2012: 180;
옥수수에 삽입되는 넙치[도다리] 유전자에 대해서는 Shetterly,
2018: 43 참조).

2) 自力宗敎와 他力宗敎

음식에 대한 규제는 그 종교가 타력종교인가 아니면 자력종교인가를 가리는 리트머스(litmus)지와 같은 역할을 한다는 점을 지적하고 싶다. 규율 준수 등으로 스스로 구원에 이르고자 하거나, 스스로 신성화되고자 하는 자력종교는 음식에 대한 규제에 매우 엄격하다. 음식에 대한 규제의 준수는 바로 자신의 영성[靈的水準]과 관계되어 있기 때문이다. 육식을 멀리하는 것은 바로 육욕을 멀리하는 것이 되고, 세속과 거리를 두는 것으로 영계(靈界)에 더욱더 가까이 가는 것으로서 더욱 신성에 가까이 다가가는 것이 된다고 생각하기 때문이다. 그렇기 때문에 자력종교는 순결함의 길로 나가려는 통로의 하나로 "먹는 것에 대한 통제"를 엄격하게 꾀하려고 하는 것이다. "飮食[肉類]自制=영성=순결=금욕=성화=신성에 근접함(神性近接)"으로 도식화할 수 있는 것이다.[82] 그래서 그들은 고기를 멀리하는 등 먹는 것에 대해서 매우 까탈스러운 행동을 보이는 것이다. 불교와 힌두교, 자니아교에서 윤회를 깰 수 있는 길[解脫, moksa]의 하나로 바로 음식에 대한 규제의 준수가 필요한 것이다. 유대교와 이슬람에서 구원[절대자에게 가까이 가는 길]에 이르는 길에 바로 음식 규정에 관한 율법과 계율의 준수가 있는 것이다. 한국의 불교도와 비교해보라. 얼마나 엄격하게 그들이 음식에 대한 규율을 준수하고 있는지 말이다.

그러나 기독교는 음식에 대한 규율에 집착할 필요가 없다. 모든

---

82) 참고로 스리랑카 타루족의 다음 사례를 참고하라. "채식은 가장 높고 '가장 정결한' 카스트에 적합한 반면, '육식과 음주는 덜 정결한 지위와 연관된다. 일부 불가촉 카스트들을 가장 명백하게 구분 짓는 요소는 육식이다"(Fernandez-Armesto, 2018: 23; McDonaugh, 1990. 46 참조).

것이 하나님으로 이 땅에 육신의 몸으로 오신 율법의 완성자가 되신 예수 그리스도를 통해서 이러한 규율이 완성되었기 때문이다. 기독교의 메시아는 율법의 완성자(完成者)가 되신다. 기독교의 예수 그리스도는 모든 것[規制]으로부터 우리를 구속(救贖)하였기 때문이다. 우리는 단지 예수 그리스도를 우리 자신의 주인[主人・救世主]으로 영접하기만 하면 되는 것이다. 물론 그 후에는 그분의 가르침을 좇는 삶이 필요한 것 또한 사실이다. 영접을 통해서 예수 그리스도가 이룩하신 모든 것에 우리는 동참할 수 있는 것이다. 바로 기독교는 율법의 준수를 통한 구원[神性]에 이르고자 하는 자력종교와는 거리가 먼 타력종교이기 때문에 예수 그리스도를 믿는 믿음 안에서 자유함을 누릴 수 있다. 예수 그리스도를 통해 음식에 대한 그 어떠한 제한도 받지 않게 된다. 이와는 반대로 자력종교에서의 음식에 대한 규율의 위반(필연적으로 위반할 수밖에 없다. 그것이 율법의 목적이다)은 죄의식에 빠지게 하고, 영적인 침체를 야기할 수 있다. 그렇지 않으면 정당화의 논리의 덫(무엇은 먹어도 되고, 무엇은 먹어서는 안 되는)에 걸려들게 함으로써 소모적 논쟁에 빠져 그곳에서 목적지와는 관계없이 표류(漂流)하게 될 수 있다는 점도 유의할 필요가 있다.

음식에 대한 규제를 구원[神聖化]의 조건으로 이해하는 이들은 음식에 관한 종교의 규례를 자기기만과 자기만족적으로 모든 것을 정당화하는 쪽으로 해석을 유도하게 될 가능성이 높다는 점도 유의해야 한다. 한마디로 음식규제를 피해나갈 꼼수들을 만들어낸다는 것이다. 그리고 그러한 행동에 대해서 아무런 문제도 삼지 않게 된다. "다들

하는데 뭐 그것이 문제가 된다고?" 식이 되고 마는 것이다. 정혜경·
오세영·김미혜·안호진 등(2013: 53)은 이를 '유연한 인식(柔軟한
認識)'이라고 이름 붙이고 이에 대해서 다음과 같이 기술하고 있다.
"힌두교에서는 생선을 죽여 먹는 것이 아니라 물에서 꺼내어 먹는다
고 표현하는데 이는 식품 섭취 허용에 의한 유연한 인식을 짐작할 수
있다. 이슬람교에서는 다른 족[族]이 도축한 고기를 사다가 먹는 것을
허용한다. 이러한 예는 기본적 종교 이념과는 배치되는 것이지만, 금
지식품의 섭취를 허용하는 것은 인간 사고의 유연성을 보여준다"(정
혜경·오세영·김미혜·안호진, 2013: 53). 해리스(Harris) 등과 같은
여러 연구자들도 비슷한 지적을 하고 있는 것을 볼 수 있다.

불교국가 태국에서 마을사람들은 돼지를 도살하여 판매하는 중국 상인
들에게 돼지를 판다. 유사하게 태국 마을사람들-쌀을 주식으로 식생활
을 하는 이들에게 생선은 중요한 부가물이다-은 자신들이 실제로 물고
기를 죽이지 않고 단지 물고기를 물에서 멀리 떨어뜨려 놓는다고 주장
한다(Beardsworth and Keil, 2010: 271-272 재인용; Lowenberg,
Todhunter, Wilson, Savage and Lubowski, 1974: 226 참조).

현대의 힌두 인도농민들은 원치 않는 동물을 제거하기 위해 또 하나의
수단을 쓴다. 그들이 이를 이슬람 상인들에게 판다. 이슬람 상인들은
이 동물을 마을에서 가져가 지역시장에 되판다. 이 동물들 중 다수는
결국 합법적으로 도살되거나 종교상으로 이런 행동이 금지되어 있지
않으며, 도살업 독점의 이익을 누리고 있는 이슬람교도들에 의해 도살
된다. 이슬람인, 기독교인 그리고 하위 카스트의 힌두교도들이 쇠고기
라 표시되어 있거나 이슬람교도와 그들의 힌두 고객들과 이웃들 간의
평화를 위해 아무 데나 붙이는 '양고기' 표시가 붙은 쇠고기를 엄청나
게 구입한다(Harris, 2010: 68; Harris, 2011: 38 참조).

불교도들은 성장함에 따라 동물을 죽이지 말라는 금기를 지키는 데 대해 큰 걱정을 한다. 그러나 그들은 언제나 다른 누군가가 이 더러운 일을 하게 할 수 있다. 타이와 미얀마에서는 진실로 덕이 있는 사람이 되려면 달걀을 깨서는 안 된다. 가게주인들은 '우연히' 깨진 달걀을 계속 공급함으로써 이 규제를 벗어난다. 부유한 불교도들은 하인들을 시켜 계란을 계속 깨도록 한다. 주인은 자신이 깨지 않았으므로 죄를 피하고 하인은 명령을 받아 한 일이므로 죄를 면한다(Harris, 2010: 27).

3) 음식규제와 動物權利

일반적으로 사람들은 종교의 음식에 대한 규제가 바로 동물권리를 보호하는 역할을 할 것이라고 기대한다. 물론 이론적으로 충분히 그럴 수 있는 말이다. 윤회설(輪回說, doctrine of transmigration of souls)에 따르면 인간과 동물은 본질적인 차이가 없게 된다. 인간은 언제나 동물로 태어날 수 있고, 동물 또한 인간으로 언제든지 태어날 수 있기 때문이다. 종교의 이러한 가르침을 현실적으로도 잘 준수한다면 이론적으론 어느 정도 동물권을 강화하는 역할을 할 수 있게 된다. 허남결 선생은 다음과 같이 적고 있다.

"오늘 아침 왠지 기분이 뒤틀려 신경질적으로 발길질을 해댄 강아지는 몇 년 전 돌아가신 우리 어머니일 수도 있으며, 한 세대 뒤 귀여운 내 손자의 간식거리가 된 프라이드치킨은 바로 오늘의 나 자신일 수도 있다는 사실을 말이다. 우리는 이러한 비유의 윤리적 함의를 되새겨 볼 필요가 있다고 생각한다. 왜냐하면 인간과 동물 등 갖가지 형태의 몸으로 바꾸어 태어나면서 이 세상과 저세상을 끊임없이 오가는 윤회 전생의 삶은 우리 인간들로 하여금 자신을 포함한 일체 만물, 곧 유정체가 지닌 본질적 가치에 대해 새삼 윤리적 반성을 촉구하고 있기 때문이다. 그런 점에서 불교 윤리에서 말하는 업과 윤회설은 동물권리 논의에서도 함축하는 바가 결코 적지 않다. 윤회설에 따르면 인간과 동물은 근본적인 의미에서 본질적인 차이가 없는 것이다. 왜냐하면 인간존재는 동물로 다시 태어날 수도 있고, 그 역 또한 마찬가지이기 때문이다"(허남결, in 박상언, 2014: 256).

문제는 현실의 적용에 있어서 이러한 종교적 가르침이 이상적(理想的)으로 적용[實踐, praxis]되고 있지 않다는 데에 문제가 있는 것이다. 힌두교를 한번 생각해보자. 신성한 소로 숭배 받고 있는 이들 암소의 현실은 어떠할까? 인도의 신성한 암소들은 인도의 현실에서 어떠한 대접을 받고 있는가의 문제다.[83] 인도를 연구한 두 교수가 인도에서 직접 경험한 것을 다음과 같이 적고 있다. 우리의 생각과 다르게 인도에서 소가 '이용당하고[手段]' 있다는 것이다. "인도인이 쇠고기를 먹지 않고 소를 숭배한다고 하여 인도가 소의 천국은 아니다. 우리들은 인도의 도시와 농촌에 체류하면서 현지 조사를 수행한 바 있기 때문에, 인도의 소가 얼마나 철저하게 인도인들에

---

83) 다음을 참조. "인도에는 젖소도 매우 많다. 노쇠한 젖소는 대개 힌두교도들이 세운 요양소로 보내진다. 물론 이런 소를 빼돌려 도축한 뒤 방글라데시 같은 나라에 몰래 판매하는 '늙은 소 암시장'도 성행하다. 이슬람교도가 많은 방글라데시에서는 신성한 소를 숭배하는 열정이 값싼 소고기를 찾는 열정에 결코 미치지 못하기 때문이다"(Keiffer, 2017: 195).

게 '이용되고' 있는가를 잘 알고 있다"(김경학·이광수, 2006: 13)
고 지적하면서 김경학 교수와 이광수 교수가 예로 들고 있는 것이
바로 쟁기질을 하면서 소를 학대하는 것을 언급한다. 못을 사용해
서 소를 제어하기 때문에 상처가 심하다는 것이다. "쟁기질용으로
이용되고 있는 황소의 양 엉덩이에 나 있는 상처를 보고 있노라면,
과연 이 나라가 소를 숭배하는 나라인지 의문이 들 정도이다. 쟁기
질을 하는 농부는 쟁기를 끄는 황소의 방향지시를 위해 끝에 작은
못을 박은 긴 나무 막대기를 사용한다. 이 뾰쪽한 못을 소의 엉덩
이에 찔러대면서 방향을 지시하고 있다 보니, 농사에 오랜 세월 동
원된 황소의 엉덩이 가죽은 늘 상처투성이다. 그나마 쟁기질용으로
동원되는 황소는 살려둘 가치가 있는 편이다"(김경학·이광수,
2006: 13-14). 마빈 해리스는 더 직설적으로 다음과 같은 일들이
행해지고 있음을 지적한다. "사실 힌두교의 암소숭배 관습은 저축
과 절약을 미덕으로 삼는 서양의 프로테스탄트 경제윤리보다 훨씬
탁월한 경제성을 보여주고 있다"(Harris, 2011: 35). 인도에서의 소
에 대한 대우는 현실적으로 철저하게 경제윤리에 입각해서 다루어
지고 있다는 지적이다. 원하지 않는 송아지를 제거할 때에도 매우
잔인한 방법을 사용하여 제거한다. 자신들이 직접 죽이면 안 되니
까(어떻게 신성한 소를 직접 자신의 손으로 제거할 수 있단 말인
가). 어미 소로 하여금 자신의 새끼인 송아지를 직접 죽이게끔 하
는 방법을 사용한다는 것이다. 늙은 소의 경우에도 고삐를 짧게 매
어둠으로써 자연스럽게 아사(餓死)하게 한다는 것이다. "직접적인
도살이라고 할 수 없지만, 여러 방법이 동원되어 소들이 죽어가고
있다. 예컨대 원치 않는 송아지들을 '죽이는' 방법으로는, 삼각의

나무멍에를 송아지 목에 맨다. 그 송아지들이 젖을 먹으려 하면 자연히 그 멍에가 암소의 젖통을 찌르게 되고 그 결과 암소는 발길질을 하여, 송아지는 거기에 채여 죽게 된다. 늙은 암소는 고삐의 길이를 짧게 매어두기만 하면 굶어 죽는다. 굶어 죽는 시간은 그리 오래 걸리지 않는다"(Harris, 2011: 38). 심지어 자신들에게 필요치 않은 어린 송아지를 제거할 때에도 경제적 이득을 위해서 송아지가 죽을 때까지 이용한다는 지적이다. "굶기는 것은 불필요한 동물들을 제거하는 수단으로써 비효율적으로 생각될지 모르지만 소가 서서히 죽어가는 것이 소 주인에게 확실히 이익이 된다. 인도 소의 대부분은 젖소 종자가 아니기 때문에 송아지로부터 자극을 받지 않는 한 우유가 나오지 않는다. 농부는 원하지 않는 송아지를 반기아[半飢餓] 상태로 놔둠으로써 비용은 최소화하고 어미 소의 우유생산은 최대화하는 것이다"(Harris, 2010: 67-68). 더 많은 우유를 생산하도록 어미 소를 착취하기 위한 방법으로 다음의 방법들을 사용하기도 한다. "집집마다 끌고 다니며 우유를 짜내어 파는 암소 주인은 박제로 만든 가짜 송아지를 옆에 세워, 암소를 기만하여 젖이 나오게 하는 계략을 쓰기도 한다. 이 방법이 효력이 없을 경우, 소 주인은 '푸카(phooka)'라는 방법을 쓴다. '푸카'는 구멍이 뚫린 파이프로 암소의 자궁에 바람을 불어넣어 젖을 내는 방법이다. 혹은 '둠 데브(doom dev)'라는 방법도 있다. 둠 데브는 소의 꼬리를 음문 속에 집어넣어 젖을 내는 방법이다. 간디는 인도에서처럼 암소를 그토록 혹사하는 곳은, 이 지구상 어느 곳에서도 찾아볼 수 없을 것이라고 개탄했다"(Harris, 2011: 35-36). 문제는 인도에서 소가 다양한 방법으로 착취를 당하고 있는 것을 간디(Mahatma

Gandhi) 자신도 알고 있었다는 것이다.

　이슬람교와 유대교의 도살방법은 동물들에게 유익한가? 물론 이론적으로는 다른 도살법에 비해서 윤리적이며 어느 정도 동물들의 권리를 보호하고 있다고 할 수 있다. 그러나 현실에서는 종교가 지닌 정신과는 전혀 다른 방향으로 가고 있음이 또한 지적되고 있다. 수의(獸醫) 전문가들은 "동물의 의식이 깨어 있는 상태에서 도살하면 극심한 고통을 수분간 느낄 수 있다"고 지적한다(http://v.media.daum.net/v/20110615045003694?f=o). 이런 이유로 네덜란드에서는 종교적 도축법 금지 법안이 승인되기에 이른 것이다. 즉 가축을 도살하기 전에 기절시키거나 마취시켜 의식이 없도록 해야 한다는 규정에 대해서 종교적 도축의 경우에 한해서 과거에는 면제시켜 주었으나 이번 종교적 도축법 금지 법안의 승인으로 말미암아 종교적 도살에서의 면제 조항을 폐지하도록 한 것이다.[84)]

Ⅲ. 나가면서

　음식규제는 종교의 성격을 알아볼 수 있는 바로미터(barometer)다: 음식규제는 종교의 성격, 즉 그 종교가 자력종교인가 아니면 타력종교인가를 알 수 있는 또 하나의 바로미터의 역할을 하는 것이다. 자력종교는 상대적으로 음식에 대한 강한 규제를 가지고 있다

---

84) "[오늘의 월드뉴스-단신] 네덜란드 하원, 종교적 도축법금지 법안승인", <OBS뉴스>, (2011.06.29.).

는 것을 알 수 있다. 메시아가 도래하지 않는 종교는 음식규제로부터 자유로울 수 없기 때문이다. 음식 규범에 대한 준수는 스스로 신성에 이르는 길이며, 영적 우월성을 드러내는 것이기 때문이다. 자력종교의 구성원들은 이에 얽매일 수밖에 없는 것이다.

힌두교인 원래 브라만 계통들은 쇠고기를 섭취했었다. 그런데 정치적, 경제적, 종교적 요인에 의해 쇠고기 섭취를 금하게 된 것이다. 특히 제사를 금지하는 불교와의 경쟁에서 이기기 위해서 브라만 스스로 쇠고기를 먹는 것을 금지했다는 지적이다. 이슬람·유대교의 경우도 할랄과 코셔의 규정을 가지고 있다. 특히 돼지고기 식용을 금지하고 있다. 이 이유에 대해서 학자들은 정치적, 상태환경적, 위생적, 종교적 이유 등으로 다양하게 설명하고 있지만, 무엇보다도 음식의 규제에 대한 규범을 가지고 있다는 것은 이들 종교가 자력종교의 성격을 지니고 있기 때문이다. 불교의 경우도 맨 처음 불교[初期·原始佛敎]는 음식에 대한 규제로부터 자유로웠다. 심지어 붓다[Gautama Siddhārtha]의 사망 원인에는 상(傷)한 돼지고기가 있었다는 논쟁에서도 이를 어느 정도 확인할 수 있겠다. 중국과 한국의 불교는 시간이 흘러 채식을 선호하게 되었다. 전파된 불교는 지역과 환경에 따라 음식에 대한 규율에서 다양성을 보이고 있는 것을 볼 수 있다.

기독교는 자력종교가 아닌 타력종교이기 때문에 음식규제에 대해 상대적으로 자유롭다. 메시아이신 예수 그리스도의 오심으로 인해 음식에 대한 율법은 완성되었다. 구속자이신 예수 그리스도는 음식에 대해서도 그리스도인을 구속하셨다. 그렇기 때문에 그리스도인은 원칙적으로 음식에 대해서는 가리지 않고 먹게 되었다. 다만 덕을 세울 필요가 있다. 특히 오늘날에는 먹을거리가 단순히 먹는 것으로 끝나는 것이 아니라 환경문제와 보건, 경제(기아)문제와 연결되어 있는 점을 고려한다면 먹을거리에 대한 선택과 소비에 있어서 건덕(建德)의 정신이 필요한 것이다. 기독교에서는 먹는 것은 구원과 전혀 관계가 없다. 다만 하나님이 만든 창조세계의 보전(保全)을 위해 먹는 것에 대해서 재고가 필요하고, 올바른 실천이 필요한 것이다.

06

그리스도인 음식시민

그리스도인 음식시민으로 살기 위해서는 어떤 선택이 필요할까?

Ⅰ. 들어가는 말

1. 相互連結된 먹을거리 문제

"먹는 것"에 대한 관심은 과거에 비해 매우 높다. 이는 과거에 비해 생활수준의 향상과 더불어 기대수명의 증대 등으로 인한 웰빙(Well-Being)과 웰다잉(Well-Dying)의 추구 때문에 먹는 것에 대해 관심이 증대된 측면도 있을 것이다. 또 다른 편으로는 먹는 것 때문에 야기되는 많은 사회문제 때문이기도 하다. 광우병사태(영국·미국), 멜라민 분유사태(중국), 개사료 리콜사태(미국), 구제역사태(특히 한국), 돼지콜레라사태(중국) 돼지열병사태 등에서 알 수 있는 것처럼 국내·외적으로 먹을거리와 관련된 크고 작은 문제가 지속적으로 발생했기 때문에 먹는 것에 대한 관심이 증대하였을 것이다. 먹는 것은 개인적 차원에서 먼저 각 개인의 건강에 강한 영향을 미친다. 그래서 "네가 먹는 것이 너다("내가 먹는 것이 내일 수 있다")"고 말한다. 개인이 무엇을 먹고 또 어떻게 먹느냐에 따라서 비만과 당뇨 등과 같은 각종 질병들이 발생하기도 하고 치료되기도 한다[發病·治療]. 먹는 것이 개인의 건강에 많은 영향을 미치기 때문에 심지어는 음식과 영양만으로도 이러한 질병들의 비율을 많이 낮출 수 있다는 연구결과도 볼 수 있다. "음식과 영양은 건강 상태의 근본적 결정요인들이다. 암의 거의 3분의 1과 심장질환의 4분의 1이 풍요로운 식생활의 교정 가능한 측면들에서 기인한다는 증거가 있다"(Lupton, 2015: 140-141 재인용).

먹는 것은 우리 자녀들의 건강에도 영향을 끼친다.[85] 특히 임신 중에 산모의 식습관이 배 속에 있는 태아(胎兒)에게 커다란 영향을 미친다는 것이다. 그런가 하면 부모의 식습관에 따라서 자녀의 식습관이 결정될 수 있다고 한다. 또 먹는 것은 개인이나 가족의 건강에만 영향을 미치는 것으로 끝나지 않고 다른 사람의 건강과 지역 환경에도 영향을 미친다. 이는 다국적 거대 농산복합체에 의해서 형성된 세계식량체계(Global food system)와 가속화된 세계화(Globalization)의 진행 결과로 인해 발생하는 문제다. 세계식량체계에서의 먹는 것에 대한 재분배의 실패는 지구 한쪽(Global South)에서는 먹을거리의 부족함으로 인해 굶주림으로 죽거나 심각한 영양결핍을 낳게 된다. 이와는 반대로 다른 한쪽(Global North)에서는 먹을거리가 차고 넘침으로 인해 과잉 영양공급을 낳고 이로 인해 역설적이게 들릴지도 모르겠지만 영양은 과잉이지만 정작 몸에 필요한 영양소의 결핍으로 인해 비만과 같은 질병의 증가를 낳는다. 이러한 질병

---

85) "음식은 그 영양분만큼이나 독소를 함유하고 있으며 먹는 게, 먹지 않는 것만큼이나 위험하다고 생각한다"(Levenstein, 1993: 256; Steel, 2010: 337-338 재인용).

들의 증가는 많은 사회적 비용의 증가를 야기한다. 과거 미국의 컨설팅업체인 맥킨지가 발표한 보고서에 따르면 비만 때문에 전 세계가 감내해야 하는 연간 비용이 2조 달러라고 평가했는데, 이는 전 세계 1년 생산량의 2.8%에 이르는 규모라고 한다. 이를 한화(韓貨)로 환산하면 약 2천230조 원에 달한다고 한다. 엄청난 비용이 지불되고 있는 것을 확인할 수 있다("'비만'으로 생기는 비용 2조 달러, 전쟁·테러 비용에 육박… '깜짝'", <MBN> [2014.11.21.]). 우리나라의 경우는 어떨까? 비만으로 인한 건강보험 진료비 지출이 2011년 기준으로 2조 1,284억 원인데 이는 4년 전보다 41% 급증한 것으로 나타났다고 한다(박영우, "[탐사플러스]돈 먹는 새로운 하마 '비만'…우리나라 대책은?" <JTBC>, (2015.01.06.) 먹을거리는 기업형 농업으로 인해서 토양의 유실, 토양의 오염, 그리고 토지의 수탈(land grab) 문제 및 기후 온난화 등의 문제가 발생하는 요인으로 작용하기도 한다. 그런가 하면 먹을거리는 세계 곳곳에서의 지역적인 분쟁(地域分爭)을 만들어내기도 한다. 일명 아랍의 봄으로 일컬어지는 튀니지의 재스민 혁명(Jasmine Revolution, 2010-2011년)의 기저(基底)에는 러시아의 밀(Wheat) 수출금지로 인한 식량부족이 숨어 있었다고 한다. 멕시코에서 발생한 시위에는 세계 옥수수 가격인상으로 인한 또르띠야(tortilla) 가격 인상으로 인해 발생한 것이라는 분석도 있다. 크로이츠베르거와 투른(Kreutzberger und Thurn)이 자신의 책에서 보여주는 곡물가격과 시위에 대한 그림을 보면, 튀니지의 재스민 혁명과 멕시코에서의 또르띠야 때문에 발생한 시위(2008년)를 이해하는 데 도움을 줄 것이다.

곡물시장

세계인구 증가/부족한 경작지/바이오연료로 사용하는 면적 증가
⇩
곡물 부족 ⟼ 주식시장에서의 투기 ⟼ 가격 상승

밀가루 가격은 2000년부터 3배 오름
오르는 가격은 투기꾼을 유혹함
그들은 이로부터 이익을 얻음
⇩

⇨ **개발도상국 기아:**
  매년 기아로 숨지는 사람들은 대략 880만 명이며, 주로 아이들임

⇨ 선진국은 국가보조금을 통해 보완한다. 유럽의 농업은 매년 500억
  유로의 국가보조금을 받는데 이로써 인위적으로 식품가격을 인하해
  제3세계 농부들의 존립을 위태롭게 하는 결과를 가져옴

⇨ **시위: 식량 부족 때문에 많은 농업국가에서 시위 발생**

자료: **Kreutzberger and Thurn, 2012: 197.** 그림 설명의 글 참조로 재구성; 강조 본 연구자

그림: 곡물가격과 시위

2. 연구목적: WWJD? 물음에 대한 應對

먹을거리가 우리 개개인의 건강과 밀접하게 연결되어 있다면, 먹을거리가 또 우리 자녀와 우리 이웃의 건강과 생명과도 밀접하게 연결되어 있다면, 더 나아가 먹을거리가 全 지구적 환경 등의 문제와도 연결되어 있다면, 바로 이곳에 발을 딛고 있는 그리스도인에게도 이 '먹을거리'와 관련된 문제들은 떼려야 뗄 수 없는 관심을 가져야만 하는 문제라는 것을 알 수 있다. 그렇다면 이 시점에서 우리는 기독교 안에 있었던 고전적인 질문을 해봐야 할 것이다. 과

거 미국 회중교회의 목사였고 저술가였던 찰스 M. 쉘던(Charles M. Sheldon, 1857-1946)이 자신의 소설책의 부제(副題)로 사용하였던 "예수님이라면 어떻게 하실까?(What Would Jesus Do?: WWJD. [원제목은 『In His Steps』이다])"라는 바로 그 질문을 말이다. 그리고 더 나아가서 그리스도인으로서 다음과 같이 질문을 해야 할 것이다. "이런 상황에 처해 있는 그리스도인[個人]이라면 무엇을 할 수 있을까? 바로 지금 여기에서(Here and Now)." 본 연구는 바로 먹을거리의 문제와 관련해서 "그리스도인으로서 어떻게 해야 하는가?"라는 큰 물음에 대해서 비록 짧은 지식이라는 한계를 지니지만 이에 응대(應對)하려는 데 그 목적이 있다. 비록 그 응대의 내용이 협소(狹小)하고 미천(微賤)할 수도 있겠지만 말이다. 다시 말해 먹을거리와 관련된 여러 사회문제들에 대해서 그리스도인으로서 어떻게 하면 음식시민(Christian Food Citizen)으로 살아갈 수 있는지에 대한 작은 고민이 이 글의 목적이다.

3 연구문제와 범위, 그리고 한계

1) 硏究問題

본 연구는 **"그리스도인 飮食市民 되기"**에 대해서 살펴보고자 한다. 이를 위해 다음과 같은 연구문제를 설정해보았다.

연구문제1: ['먹는 것'의 대개

　　　　　먹는 것으로 인한 보이지 않는 대가는 무엇인가?

연구문제2: **[음식시민 되기]**

　　왜 그리스도인 음식시민이 되어야 하는가?

2) 研究範圍와 研究限界

　본 연구는 먼저 "먹는 것, 그 대가, 그리고 그리스도인 음식시민"에서는 '먹는 것'의 중요성에 대해서 다루고자 한다. 먹을거리를 먹는 것은 단순히 '먹는 것'으로만 끝나지 않고 다른 여러 것들과 연결되어 있다는 점(특히 否定的代價)에 대해서 기술하고자 한다. 그리고 왜 그리스도인 음식시민으로 살아가야 하는지, 그에 대한 당위성(當爲性)을 살펴보고자 한다. 더 나아가서는 "음식시민으로 가는 지침에 관한 기존 제 연구들"에서는 소제목에서 알 수 있는 것처럼 기존의 여러 연구들이 지니는 함의가 무엇인지에 대해서 간략하게 살펴볼 것이다. 왜냐하면 오늘날 이들 연구에서 그리스도인 음식시민으로 살아가는 데 유익한 정보를 얻을 수 있기 때문이다.

　본 연구는 기존의 연구자들의 연구에 크게 의존하고 있다는 점에서 태생적인 한계를 지니고 있다. 본 연구자가 참고한 책들의 연구결과들에 대해서 열거[紹介]할 것이다. "음식시민으로 가는 지침에 관한 기존 諸 연구들"에서. "해 아래 새것이 없다"는 말에서 개인적으로 작은 위안(慰安)을 얻을 뿐이며, 단지 거인들의 어깨 위에 서 있다는 뉴턴(Isaac Newton)의 말에 크게 동감할 뿐이다. 그리고 기존의 연구자들의 연구결과물에 대해서 무한 감사할 따름이다. 음식시민으로서의 지침(指針)을 생각한다는 것은 어떻게 보면 매우 미시적(微視的)인 접근이다. 이는 먹을거리의 문제가 구조적

[巨視的]인 문제와 밀접하게 관련 있다는 점에서 근본적인 치유[解決]를 얻기에는 미약(微弱)한 부분이기도 하다.86) 그럼에도 불구하고 문제를 인식하는 소수의 음식시민들의 연대를 통한 시민운동이 먹을거리와 관련된 우리의 삶 속에서 "조용한 쓰나미(the silent tsunami, 이는 이코노미스트의 기사제목87)이다)"를 일으키길 소원하면서 말이다.

---

86) 파텔(Raj Patel)의 지적이다. "누군가 쓰레기를 만들었다면, 스스로 치워야 한다는 점에는 모두가 동의한다. (…) 따라서 이 문제는 가격 시스템을 통해 구조적으로 해결할 문제지, 개개인이 지구를 오염시키지 않는 물건을 고르는 '윤리적 소비'를 선택하기를 기대하는 걸로 해결할 수 있는 문제가 아니다"(Patel, 2011: 92).; 로버트 앨브리튼(Robert Albritton)은 다음과 같이 말하고 있다. "나는 이 책이 단지 세계적인 기근에 대해 설명한 책으로 비치기를 원하지 않는다. 이 책은 농업과 식량공급에 있어서 자본주의식 관리 체계가 가진 불합리성과 모순에 관한 책으로, 현재 일어나고 있는 전 세계적인 기근은 그 다양한 징후 중 하나에 불과하다"(Albritton, 2012: 13).; "우리가 구입하는 물건이 변화를 이끌어낼 수 있다는 관념이 진실된 관념인지 아닌지 항상 의혹의 눈초리를 보내야 한다. 나는 친환경 제품을 구입하는 일이 생태계에 이득이 된다고 생각하기 때문에 내가 감당할 수 있다면 되도록 친환경 제품을 구입한다. 그러나 이와 같은 소비자 행동은 그 행동이 목적하는 바를 달성할 힘이 없다. 실제로는 생태계 파괴문제를 해결하지 못하면서 머리로는 생태계 파괴문제를 해결하고 있다고 생각하는 괴리 현상이 현실에 미치는 파괴력은 실로 어마어마하다. 그렇기 때문에, 이면에 숨어 있는 문제를 심도 깊게 파헤쳐 해결책을 찾아 나서야 한다"(Rogers, 2011: 286).; "미국의 인기 작가이자 언론인 마이클 폴란(Michael Pollan)은 기후변화, 에너지 위기, 보건위기라는 미국의 당면과제를 먹거리체계의 개혁 없이 해결하는 것은 불가능하다고 주장한다. 여기서 한 발자국 더 나아가, 우리는 세계 먹거리체계를 바꾸지 않고서는 전 지구적 금융위기와 식량위기를 해결할 수 없다고 말하고자 한다"(Holt-Gimenez and Patel, 2011: 130).; 리처드 H. 로빈스(Richard H. Robbins)는 다음과 같이 말한다. "이 책의 중요한 전제는 자본주의 경제를 이해하지 않고는 오늘날 세계와 그 안에서 일어나는 문제, 즉 인구증가나 기아, 빈곤, 환경파괴, 보건, 전쟁, 종교적 격변 등을 이해할 수 없다는 것에서 출발한다"(Robbins, 2014: 130).

87) http://www.economist.com/node/11050146. Economist. "The Silent Tsunami" (April 17, 2008).

II. 먹는 것, 그 代價, 그리고 그리스도인 飮食市民[88]

1. '먹는 것'의 持續的인 影響力

앞에서 언급하였듯이 먹는 것은 단순히 먹는 것 그 자체로 끝나지 않는다. 자기 자신에게 영향을 줄 뿐만 아니라, 자녀들에게도 지속적으로 영향을 주고, 지역사회와 자신의 주변의 환경에도 지속적으로 영향을 미친다. 먹는 것은 "네가 먹는 것이 너 자신이다(You are what you eat, [독일 철학자 루트비히 포이어바흐 Ludwig Andreas Feuerbach도 "Der Mensch ist, was er ist"라고 말했었다])"[89]를 넘어서 이제, "너의 엄마가 먹었던 것이 너 자신이다(You are what your mom had eaten)"로 확장되어 나타난다고 한다. 그러한 인식 때문인지 몰라도 먹는 것이 삼대를 간다는 책 제목도 있을 정도다. 신동화의 책인, 『당신이 먹는 게 삼대를 간다』(2011)가 바로 그런 내용의 책이다(신동화, 2011: 33 참조). "네가 먹는 것이 너 자신이다(You are what you eat)"라는 말에서 알 수 있듯이, 먹는 것은 개인의 건강 등 삶에 있어 매우 중요한 부분을 차지하고 있는 것만큼은 확실하다. 오늘날 당뇨병과 비만으로 대변

---

88) 경제윤리학자 피터 울리히(Peter Ulrich)는 "'경제시민'이라는 용어를 사용하는데, 경제행위를 단지 사적인 일로만 이해하지 않고, 자신의 선택이 공동체에 어떤 결과를 가져올지 함께 생각하는 사람을 가리킨다"(Wallacher, 2011: 216).

89) 후생유전학(epigenetics) 등에서 이에 대한 예로 든 사례가 여왕벌이다. "무얼 먹느냐에 따라 여왕이 되기도 하고 평민이 되기도 한다. 이 차이는 여왕벌의 일생 동안 계속된다. 1,500일 정도의 긴 여생 동안 여왕벌은 줄곧 로열젤리만 먹는다. 여왕으로 태어나는 것이 아니라 여왕으로 만들어지는 것이다"(Weill, 2009: 27).; "'암탉은 부리로 알을 만든다(브르타뉴 속담)'는 사실 정도는 누구나 다 알고 있기 때문이다. 다시 말해서 가축이 무얼 먹느냐에 따라 그 가축으로부터 얻은 제품의 질이 달라진다"(Weill, 2009: 155).

할 수 있는 생활습관병(生活習慣病, Lifestyle diseases)의 경우가 바로 먹는 것과 매우 밀접하게 연관되어 있다. 먹는 것은 건강과 직결되어 있기 때문에 부모의 역할에서 자녀들에게 무엇을 먹일 것인가의 문제는 매우 중요한 일일 수밖에 없게 되었다. 그래서 피슐러(C. Fischler)는 자녀의 식생활의 통제에 대해서 다음과 같은 지적을 하였던 것이다.

> 부모에게 아이의 식생활에 대한 통제는 극히 중요하다. 그것은 자식의 현재의 건강뿐만 아니라 그[원문 그대로]의 미래 전체, 즉 그의 전인격의 진화에서도 중요하다(Lupton, 2015: 101 재인용).

내가 먹는 것은 내 자신만으로 결코 끝나지 않는다는 것이다. 특히 여성(産母는 더)의 경우 그녀의 자녀에게까지 그녀가 먹는 것이 영향을 미친다는 것이 후성유전학(後成遺傳學, epigenetics)의 연구 결과들[90]을 통해 많은 증거들로 드러나게 된 것이다. 한마디로 먹는 것이 우리 후세[後代]에게도 지속적으로 영향을 미치게 된다. 그래서 "네가 먹는 것이 너다"는 문장의 의미는 이제 범위가 확장되어서 "당신 어머니가 먹었던 것이 바로 당신입니다", "당신의 선조[祖上]가 먹었던 것이 바로 당신입니다"라는 표현 등으로 바뀌게 될 것이다. "'당신이 먹는 음식이 당신을 만든다'라는 표현이 있다.

---

90) "유전자에게는 두 개의 얼굴이 있다. 그것은 현관의 문을, 입구와 출구를, 시작과 끝을 모두 다스리는 로마의 야누스 신을 닮았다. 전통적인 설명들은 이 중에서 하나의 측면만을 인정했다. 밖을 향한 얼굴, 원인이 되는 측면만을 이야기했다. 그래서 우리는 유전자와 그 활동에 대해 지나치게 단순하고 왜곡된 시각을 갖게 되었다. 그러나 유전자에게는 또 다른 측면이 있다. 즉 안을 향한 얼굴, 반응하는 측면이 있다. 후성유전학이란 한마디로 야누스 유전자의 그 반응하는 측면을 부각하는 것이다. 아직 초기 단계임에도, 우리가 이 학문으로부터 얻은 보수는 엄청나다"(Francis, 2013: 235).

그러나 새로운 후성학(epigenetics)의 연구결과, '당신 어머니가 먹는 음식 역시 당신을 만든다'라는 사실이 입증되고 있다. 후성학은 영양이나 독성 화학물질 같은 환경적 요소들이 DNA 배열의 변동 없이 유전자 기능을 변화시키는 과정을 연구하는 학문이다. 2003년에『분자 및 세포 생물학(Molecular and Cellular Biology)』에 실린 연구논문은 어머니가 먹는 음식물이 자녀들의 유전자 기능을 영구적으로 변화시킬 수 있다는 결론을 내렸다"(Fitzgerald, 2008: 205). 그래서 한편으로는 지금의 코로나19 사태로 인한 태아들의 정신건강이 걱정이 되는 부분이기도 하다.

2. 보이지 않는 否定的 代價

먹는 것은 이제 나 자신과 더 나아가서 내 후손(後孫)에게까지 영향을 끼친다. 그런데 '먹는 것'은 그것으로만 끝나지 않는다. 먹는다는 것은 단순히 개인의 건강(肥滿이냐 疾病) 등과 같은 개인적 차원에서 끝나지 않고, 사회적 차원으로 확대되고, 사회적 차원을 넘어 전(全) 지구적 차원으로 연결되어 나타나고 있다는 점을 또한 주목해야만 한다. 개인의 비만과 영양부족뿐만 아니라, 세계의 곳곳에서 일어나는 기아문제, 이산화탄소의 증가 등으로 인한 온실가스의 발생 문제와 그로 인해 발생하는 지구온난화 같은 여러 문제들도 알고 보면 먹을 것과 긴밀하게 연결되어서 나타나는 현상들이다. 먹는 것 때문에 지구 한편에서는 과다 영양섭취 등으로 인해 휠체어 없이 거동하기 불편한 사람들[過-體重]이 존재하는가 하면, 같은 지구의 또 다른 한편에서는 먹을거리가 없어서 배를 곯아 한 걸음도 움

직이기 어려운 수많은 아이들[低-體重]이 존재하기도 한다. 먹는 것
으로 인해, 급격한 기후변화가 발생하기도 하고, 그로 인해서 많은
사람들이 먹을거리로 고민하게 되고, 삶의 터전을 잃기도 하고 심지
어는 먹을거리 때문에 국가 간, 또는 지역 간 분쟁[戰爭]이 일어나
기도 한다는 점이다. 그래서 먹을거리에 대해서 걱정하는 기존의 연
구자들의 입에서는 먹을거리와 관련해서 '[먹을거리의] 선택에 따르
는 보이지 않는 대가', 특히 부정적 대가(否定的代價)에 대해서 생각
[苦悶]해볼 것을 지속적으로 요구하였던 것이다.

> ...여러분은 아마도 '중진국' 이상의 세계, 즉 물건을 구입할 돈이 있는
> 한 끊임없이 식료품을 고를 수 있고, 대가 놀라울 만큼 싼 가격으로 지
> 구 곳곳에서 공수된 각종 먹거리를 일 년 내내 맛볼 수 있는 국가에서
> 사는 운 좋은 사람들일 것이다. 이런 선택이 가능한 이유는 오로지 갈
> 수록 산업화되어 가는 농업과 식량 생산 시스템 때문이다. 그러나 여기
> 에는 '보이지 않는' 가격표가 붙어 있다. 잔인하고 야만적인 농법에서
> 부터 전통적으로 농촌을 지탱해온 소규모 농장의 몰락, 농촌공동체의
> 실종, 인권 침해, 생태계 파괴, 생물다양성 상실, 환경오염과 쓰레기배
> 출, 질병 확산, 지속 불가능한 화석 연료에 대한 의존까지, 보이지 않는
> 가격표를 구성하는 목록은 끝이 없다(Wasley, 2015: 9).

먹을거리의 잘못된 선택을 한번 생각해보자. 잘못된 먹을거리의
선택으로 인한 대가로는 어떤 것이 있는지? 김종덕 교수는 자신의
책, 『음식문맹 왜 생겨난 걸까?: 세상에 대하여 우리가 더 잘 알아
야 할 교양 (27)』91)에서 잘못된 음식선택(음식문맹)의 피해를 개인

---

91) 영양섭취 방법과 이산화탄소 양에 대해 다음을 참고하라(Greenpeace, 2004; Kreutzberger and
   Thurn, 2012: 170. "표: 영양섭취 분야에서 가스 방출" 참조).

적 차원의 피해와 사회적 차원의 피해로 나누어 쉽게 열거하고 있는 것을 볼 수 있다. 개인적 차원의 피해로는 유전적 악영향(성장호르몬, 농약, 방부제의 잔류), 중독, 비만, 비행과 폭력성을, 그리고 사회적 차원의 피해로는 공공보건비 증가, 노동력 질의 저하, 타격받는 지역농업, 가족농(家族農)의 감소, 지구온난화, 쓰레기로 인한 환경오염, 농약사용으로 인한 환경오염 등을 열거하고 있다(김종덕, 2103: 57-73. "4장. 음식문맹은 어떤 피해를 불러올까요?"). 이처럼 잘못된 먹을거리의 선택의 문제는 기상학에서의 나비효과와 카오스이론처럼 전혀 생각지도 못하는 곳에 큰 혼동과 파괴의 피해를 가져온다는 것을 짐작할 수 있다. 앞에서도 언급했듯이 분쟁(종족 간 또는 민족 간 전쟁)도 먹을거리와 밀접하게 관련되어 있다. 후투족과 투치족 간의 분쟁이었던 아프리카 르완다의 대량학살 사건의 경우에도 먹을거리로 오는 경제적인 불균형이 어느 정도 관련되어 있었다는 점이 지적되기도 한다.

예컨대 1974년 세계은행은 5만 1,000헥타르의 면적에 소 방목장을 만드는 계획에 자금을 제공했다. 세계은행은 벨기에 인류학자 르네 르마르샹을 고용해 그 계획을 평가하게 했다. 그는 후투족이 그 계획을 이용해 투치족의 소 떼와 방목 지역을 축소하고, 따라서 투치족이 후투족에게 경제적, 정치적으로 점점 더 의존할 수밖에 없게 하는 자기종족 보호와 약탈체제를 구축하려 한다고 경고했다. 또한 그는 그 계획이 후투족과 투치족의 갈등을 격화시킬 것이라고 주장했다. 그러나 세계은행은 르마르샹이 경고를 무시했다(Robbins, 2014: 555; Rich, 1994: 93 참조).

리처드 H. 로빈스(Richard H. Robbins)는 아프리카 르완다의 대량학살 사건에 대해서 다음과 같이 결론을 맺고 있다. "요약하면 르완다가 겪은 대재앙은 단순히 부족 간 전쟁이나 오래된 증오심의 문제라고 말할 수 없다. 그것은 과거 식민지 침략자인 중심부 국가의 지원을 받은 지도자가 중심부 국가에서 시작된 경제 붕괴와 국내외의 분쟁으로 위협받는 가운데 저항세력, 여기서는 투치족과 후투족 온건파를 제거하기 위해 대량학살을 자행한 사례였다"(Robbins, 2014: 555, 560).

3. 그리스도인 飮食市民

1) 음식시민이 되어야 하는 理由

(1) 먹는 것은 農業行爲다

농부이자 시인인 웬델 베리(Wendell Berry)는 "먹는 것은 농업행위다"라고 말한다("Eating is an agricultural Act", [Wendell Berry]). 베리의 '먹는 것(식사)은 농업행위'라는 말은 먹는 사람이 소비자로서 먹을거리에 내린 선택이 먹을거리와 관련된 모든 것에 영향을 미치게 된다는 말이다. 즉 먹을거리에 대한 우리의 선택이 바로 먹을거리에 관련된 생산과정과 방식, 그리고 농업공동체의 미래와 지구 전체와 환경에 이르기까지 모든 것에 영향을 끼치게 된다는 의미다(신동화, 2011: 204, 글장사 안의 글에서). 예를 들어, 너무 이상적인 이야기처럼 들릴지도 모르지만-왜냐하면 현실적으로 불가능한 이야기이기 때문에- 만약 소비자인 우리 자신들이 공장식 사육에 반대하여 공장식 사육으로 길러진 가축의 고기를 모두 거부하게 된다면, 그것도 100%, 시쳇말로 '백퍼'-생산자들은 공장식 사육에 대해서 고민할 수밖에 없게 된다는 지적이다. 그렇게 된다면 공장식 사육으로 인해서 발생하는 많은 문제들은 자연스럽게 해결될 수 있게 될지도 모른다는 이야기다. 최소한 심각성[病廢]은 낮아지게 될 것이다. 그렇게 되기 위해서는 소비자들 간의 강력한 연대(連帶, solidarity)의 문제가 중요하게 대두하게 될 것이다.

(2) 먹을거리에 대한 종교적 관심 要請

먹을거리 관련 문제 등의 해결을 위해 종교의 중요성에 대해서 여러 연구자들에 의해서 대두되고 있다. 실질적으로 종교들이 먹을거리와 관련된 문제의 해결을 위해서 노력을 해왔던 것이다. "(…) 더 지속가능한 먹거리 선택을 장려하기 위해 에코 코셔(Eco-Kosher) 기준을 새로 개발한 유태인들,[92] 1년에 한 번 하는 라마단에 지역산 먹거리 소비를 늘리고 탄소발자국을 25% 줄이는 것을 포함하는 녹색 라마단을 주창한 무슬림 등 다양한 종교적 노력들이 더 소박한 삶을 장려하고 있다"(Erik Assadourian, in Worldwatch Institute, 2012: 109). 그래서인지 몰라도 종교의 역할에 대한 연구자들의 기

---

92) "유대인의 오랜 식사예법인 '코셔(kosher)의 준수'는 많은 유대인에게 매우 실제적이고 상징적인 가치가 있다. 이는 신의 풍부한 관대함에 대한 의식을 증진시키며, 신이 창조한 결실에 특별하고 경의를 표하는 관계를 규정한다. 일부 유대인은 현재 환경건강을 보존하기 위해 올바른 섭식과 올바른 소비 등 '생태 코셔(eco-kosher)' 전통을 확립하기 위해 노력하고 있다. 생태 코셔는 유대교의 십계명에 다음과 같은 현대적 의미를 불어넣는다. '지구를 파괴하지 말라(Bal Taschchit)'는 낭비의 금지로서 과도한 혹은 재활용이 불가능한 음식물 포장지에 적용될 수 있다. '생명 가진 것들을 괴롭히지 말라(Tzaar Baalei Chayyim)'는 동물에 대한 학대를 삼가야 할 계명으로서 우리에 가두는 가축사육을 말한다고 할 수 있다. 그리고 '자기 몸을 보호하라(Shmirat Haguf)'는 사람이 자신의 육체를 돌보아야 할 요건으로서 농약이 살포된 먹거리를 금하는 것이다. 오랜 코셔 의식과 금기의 환경적 틀이 환경보호에 강력한 초월적 차원을 추가시키고 있다"(Gary Gardner, in Worldwatch Institute, 2010: 73-74 재인용; Rabbi Golddie Milgram, 2005 참조).

대는 상당하다는 것을 알 수 있다(Bocock, 2003: 188).[93) 로빈스도
데일리(Herman E. Daly)를 인용하면서 다음과 같이 적고 있다.

> 나는 데일리[Herman E. Daly]가 앞으로 세상을 바꿀 중대한 변화가 일
> 어나기 위해서는 진정 무엇이 필요한지에 대해 다음과 같이 아주 잘
> 요약했다고 생각한다. "마음의 변화, 거듭난 정신, 참회라는 보약, 이런
> 것들이 모두 종교적인 용어인 것은 전혀 우연이 아니다. 우리 삶의 지
> 침이 되는 근본법칙의 변화는 **우리가 그것을 무엇이라고 부르든 간에
> 종교적일 수밖에 없는 근원적 변화다**"(Daly, 1996: 201; Robbins,
> 2014: 761 재인용, 강조 본 연구자).

(3) 사회적 책임을 감당하는 廳지기[94)

하나님의 백성인 그리스도인들은 믿음의 공동체의 구성원일 뿐
만 아니라, 이 사회의 개개의 구성원으로 살아가야만 한다['세상 속
의 그리스도인'이라고 하지 않던가?]. 하나님의 말씀에 의(依)하자
면 하나님의 백성들은 하나님이 친히 창조하신 이곳에서 선한 청지
기로서의 삶을 살아가야만 한다. 그렇기 때문에 먹을거리 문제에
대해서도 청지기로서 관심을 가지고 또 그것에 대해서 고민을 해야
하는 것은 그리스도인으로서의 당연한 삶의 귀결이다. 그래서 짐

---

93) 우리의 식습관은 건강에 좋지 않은데도 불구하고 깊이 뿌리박혀 있어서 "좀 더 의식적으로 새
로운 습성을 기르기 위해서는 종교적 차원에서 무언가를 시도해야 한다"(Groppe, 2012: 76 재
인용).

94) 데이비드 W. 오어(David W. Orr)는 회개를 의미하는 메타노이아(Metanoia, μετανοια)라는 종
교언어를 사용하여 다음과 같이 적고 있다. "우리는 사랑이 에로스에서 아가페로 성장하기 때
문에 메타노이아(Metanoia), 즉 '자신의 온전한 전체의 전환' 같은 게 필요하다. 메타노이아는
'패러다임의 전환' 이상의 것이다. 메타노이아는 우선 우리가 헌신하는 것, 애정의 대상, 기본
성격의 변화이며, 이어서 지적 우선순위와 패러다임의 변화를 말한다. 사회 전체에서 아가페
로서의 바이오필리아 출현은 생명에 대한 우리의 충실과 애정을 깊게 하며 시간이 흐르면서
문명 전체의 특징을 변화시키는 메타노이아 같은 것을 요구할 것이다"(Orr, 2014: 214).

월리스(Jim Wallis, editor of Sojourners magazine)는 다음과 같은 지적을 하였던 것이다. 극단적인 성향을 지닌 보수 그리스도인들이 그리스도인들이 듣기에 좀 그럴지 모르지만 복음은 사회문제와 긴밀한 관련성을 지녀야 한다는 것이다. 왜냐하면 복음은 개인적일 뿐만 아니라 사회적이기 때문이란다.

> 윤리적 혹은 종교적 관점에서 볼 때, 그리고 분명히 민주주의적 관점에서 볼 때도 우리에게는 개인적 책임뿐만 아니라, 사회적 책임도 있다. 개인적인 동시에 사회적인 복음이 있다. 강력하고 좋은 가정도 필수적이지만, 우리 사회가 공유하는 영역(the commons), 즉 우리가 이웃과 시민으로서 공유하는 공적인 공간의 건전성과 활력 역시 필수적이다(Wallis, 2014: 267; Wallis, 2014: 121 참조).

청지기를 의미하는 헬라어 오이코노모스(oikonomos, οικονομος)는 그 단어를 살펴보면 '오이코스'는 '집(household)'을 의미하는 말로 그 뜻이 확장되어서 단순히 '사는 곳(집, 가정, 가계)'만을 의미하는 것으로 끝나지 않고, '경제(經濟)'라든가, '생태환경(生態環境)'을 의미하게 되었다. 우리가 알고 있는 경제(economy), 경제학(economics), 생태학(ecology) 등이 바로 이 집을 뜻하는 '오이코스'에서 파생된 단어라는 점에서도 이를 확인할 수 있다. 즉 모든 삶의 영역이 바로 선(善)한 청(廳)지기[good steward]로 살아가야만(http://export.ecotrade.or.kr/term.asp?cmd=view&area=env& TermID=11359) 하는 영역이 되어야 함으로 내포하고 있는 것이다[oikos가 영어 접두어 'eco'에 해당한다]. 앞에서 언급했듯이 오늘날 먹을거리의 문제는 집[個人]과 매우 관련이 있다(예로 들어, 건강 문제). 먹을거리는 생태계(生態界)와 경제(經濟)와도 매우 밀접한 관계가 있다(예를 들어, 온난화와 환경파괴, 기아 문제, 선물거래·식량투기 문제). 그렇기 때문에 먹을거리에 관한 것들은 그리스도인으로 선한 청지기의 영역(領域)에 적극 포함되어야 할 뿐만 아니라 사회적 책임을 가지고 살아가는 데 있어서 적극적인 실천의 장(場)이 되어야만 한다. 경제학자 강수돌 고려대 교수가 독일어 단어 환경(Umwelt)과 생태계(Ökologie)의 차이점에 대해 과거 유학 시절 자신의 독일 스승에게서 들었던 것처럼 오늘날의 먹을거리와 관련된 문제들은 생태계의 하나의 범주로서 '먹는 나[개인]'가 아닌, 더 확장된 의미의 '[함께] 먹는 우리'와 불가분의 관계에 놓이게 되었다는 점이다. 단지 우리는 그러한 사실을 인지하지 못하고 살아왔을 뿐이지, 처음부터 우리 모두는 하나님의 창조 이래로부터 '먹는 우리'의 관계로 지속적으로 존재함으로써 생태계와 불가분의 관계를 지녔던 것이다(강수돌, 2014: 312 참조).

(4) 신앙공동체 안에서 먹을거리에 대한 公論化

하나 짚고 넘어가야 할 것이 있다. 당시 각종 헬라(그리스) 방언을 한데 모아 읽기 쉬우면서도 간결한 형태를 지닌 코이네[95] (공용어 koine, κοινη) 헬라어로 기록된 신약성경(New Testament)은 당시에 사용된 코이네 헬라어(Κοινη Ελληνικη) 용어들을 차용하여 기록하였다는 점을 기억할 필요가 있다. 앞에서 언급한 오이코스는 물론이고, 교회를 의미하는 에클레시아(ekklesia, εκκλησ

---

95) "약간 단순화되어 보급된 이 언어는 아테네어와 이오니아어의 혼합이었으며, 이를 코이네어, 즉 '공통어'라고 불렀다. 이 언어가 사용되면서 그리스의 문화와 생활양식이 고대 페르시아 왕국에서 아시아 변방까지 전 오리엔트로 퍼져나갔다"(Goulet, 1999: 239).

ία)96)라는 단어도 당시의 일반적인 쓰임과는 약간 변형된 의미로 차용되었다. 교회를 의미하는 이 에클레시아라는 단어는 오이코스라는 단어 못지않게 바로 먹을거리와의 관계에서 또 먹을거리의 영역에서 사회적 책임이라는 문제에 대해서 많은 시사점을 던져주고 있다고 생각한다. 물론 개인적으로 이러한 이해는 그리스 문화와 역사에 대한 문외한(門外漢)으로서 너무나도 지나친 해석[無識한 解釋]과 적용이지 않느냐는 우려가 있는 것도 사실이다. 그렇지만 용기를 내어 다음과 같은 주장을 해보려고 한다. 지그문트 바우만(Zygmunt Bauman)의 지적에 의하면 오이코스는 가족 공간을 의미하는 사적 영역이라고 하며, 이에 반해 에클레시아는 사적 영역을 의미하는 오이코스와는 반대로 공적 영역이라고 한다.97) 바로 오이코스와 에클레시아[民會]는 바로 폴리스(polis)의 두 영역이라는 점이다. 그리고 이 두 영역들을 연결하고 분리하는 매개(媒介)의 공간이 바로 아고라(agora, αγορα, 廣

---

96) "신약성경에서 '교회'라고 번역한 단어는 '에클레시아(ekklesia)'이다. 원래 헬라어에서는 어원적으로 '밖으로 ek- 불러내다 kaleo'란 의미를 갖고 있고, 실제로는 '소집 명령에 따라 모인 군대'를 뜻하거나, '시민권을 갖고 있는 이들의 회합'을 가리키는 군사, 정치적 용법으로 사용되었다. 구약성경을 헬라어로 번역한 70인 역에서 에클레시아는 히브리어 '카할(qahal)'의 번역어로 사용되었는데, 전쟁을 위해 군대를 소집하거나, 다른 목적으로 모인 군중을 지칭하는 경우에 사용되었다. 특기할 용법은 '하나님의 말씀을 들으러 사람들이 모이는 회합'을 가리키는 용어로 쓰인 경우이다"(양희송, 2014: 158).; 윌리엄 T. 캐버너(William T. Cavanaugh)는 다음과 같은 내용을 적고 있다. "초기 그리스도교인들은 그리스 도시국가에서 에클레시아(ekklesia), 집회(assembly)라는 용어를 빌려왔는데, 당시 에클레시아는 도시에 시민권을 가진 사람들의 집회를 의미했다. 길드나 결사체(이를테면 코이논 koinon, 콜레기움 collegium)라는 용어를 거부하고 저 용어를 씀으로써 교회의 구성원들은 자신들이 특정 이해관계를 중심으로 모인 것이 아니라 모든 것에 관심을 기울인다고 주장한 것이다"(Cavanaugh, 2019: 142-143).

97) 다음을 참조하라. "그리스의 도시에는 또 일정한 정치기관이 있었다. 가장 기본적인 것은 데모스([δημος]; demos)였는데, 가장 단순히는 '민중'이라는 뜻이지만 정확히는 모든 남성 시민을 가리켰다. … 데모스 중 더 적은 수를 뽑아 구성한 보울레(boule, [βουλη])라는 평의회가 있었다. 규모는 도시에 따라 들쭉날쭉했다. 50명 또는 그보다 많거나 적을 수도 있었다. 이 평의회는 대개 새로운 사업이나 특정 안건을 위해 전체 시민이 공식적으로 모인 데모스는 에클레시아(ekklesia, [εκκλησια])라 불렀다. 이 낱말은 뜻이 매우 풍부하여 고대 내내 여러 의미를 띠었다. 문자 그대로의 뜻은 '소집'에 가깝다. 폴리스의 경우 이 낱말은 평의회가 내놓은 안건을 가지고 활발하게 토론한 다음 표결에 들어가는 시민 총회를 가리켰다"(Martin, 2019: 85-86).

場)이었다는 점이다. 아고라는 물리적인 장소만을 의미하는 것이 아니라 모임 자체도 의미하였다고 한다. 즉 종교활동이나 재판, 상업활동, 사교모임, 정치행사 등도 모두 아고라라고 불렸다는 점이다('아고라' <다음백과> 참조). 폴리스의 두 영역인 에클레시아와 오이코스를 아고라가 어떻게 관계하였는지 이에 대한 바우만의 기술을 참고해보기로 하자.

> 아고라는 폴리스(polis)의 다른 두 영역인 에클레시아(ecclesia)와 오이코스(oikos)를 연결하고 동시에 분리하는 매개 공간이다. 아리스토텔레스의 용어에서 오이코스는 가족 공간을 의미하며, 그 안에서 사적 이익이 형성되고 추구되는 장소를 말한다. 반면, 에클레시아는 '공적' 공간을 의미하며, 선출이나 지명, 또는 추첨에 의해 정해진 정무관(政務官)으로 구성된 민회(民會)를 뜻한다. 그 기능은 폴리스의 모든 시민에게 영향을 미치는 공동의 관심사인 전쟁과 평화, 국토 방어, 그리고 도시 국가에 속한 시민의 공동생활을 지배하는 규칙 같은 문제를 다루는 것이었다. (...) (때로는 공표되지만 대개는 묵시적인) 아고라의 목적은 (오이코스 기반의) '사적' 이해와 (에클레시아 기반의) '공적' 이해를 부단히 조정하는 것이었고 지금도 그러하다. 그리고 아고라의 기능은 이러한 조정에 필요한 핵심 조건을 제공하는 것, 즉 개인/가족 이해의 언어와 공적 이해의 언어 사이에서 양방향 번역을 수행하는 것이었고, 여전히 그러하다. 아고라에서 성취될 것이라고 기대하거나 바라는 핵심 사항은 사적인 관심과 욕구를 공적인 쟁점으로 재구성하고, 역으로 공적인 관심사를 개인의 권리와 의무로 재구성하는 것이었다(Bauman, 2013: 19, 20-21).

오늘날 지적되고 있는 이 먹을거리의 문제는 사적 영역의 문제이지만 동시에 공적 영역의 문제이기도 하다는 점이다. 앞서 봤던 것처럼 먹을거리는 개인적 차원의 문제뿐만 아니라 사회 구조적인 차원의 문제이기 때문이다. 그렇기 때문에 바로 공론의 장(公論場)인

아고라(agora, 廣場)로 이 먹을거리의 문제를 가지고 나와야만 한다. 사적 영역인 오이코스에서 먹을거리의 문제는 물론이요, 공적 영역인 에클레시아에서도 먹을거리와 관련된 문제들을 아고라[討論·公論場]로 가지고 와야만 한다. 일종의 먹을거리에 대한 공론화가 필요한 것이다. 그리고 먹을거리와 관련된 문제들을 재조종하여 먹을거리의 안전성에 대해서 심사숙고함으로써 가정과 사회를 불안전한 먹을거리로부터 지켜나가야만 한다.98) 과거 교회 공동체는 사회적 책임에 대해서 소극적이었을 뿐만 아니라, 교회와 성도들의 가정과 그리고 믿음의 공동체에서 '먹을거리'와 관련된 문제에 대해서 논의하는 것은 매우 낯선 현상이었다. 먹을거리와 관련된 기독교 서적이나 연구논문 등을 한술연구정보서비스(m.riss.kr)나 KSI KISS(kiss.kstudy.com) 등에서 확인해보면 기독교가 먹을거리의 문제에 대해 그동안 소극적인 태도를 지녔다는 지적에 쉽게 수긍할 것이다. 먹을거리의 문제도 다른 사회문제처럼 관심을 먼저 가진 쪽은 좀 더 리버럴[相對的進步]한 형태의 그리스도인들에 의해서 상대적으로 논의되고 있었다는 점도 또한 확인할 수도 있을 것이다. 상대적으로 보수적인 교회 공동체는 먹을거리의 문제에 있어서도 소극적인 자세를 취했던 것이 과거의 모습이었다.

먹을거리가 개인의 문제뿐만 아니라 사회적, 전 지구적 문제로 대두된 이런 현실 속에서 '먹을거리'와 관련된 문제들은 바로 교회가 공론화해야 할 중요한 문제(issue)로 자리 잡도록 할 필요가 있

---

98) 참고로 바보를 뜻하는 idiot은 그리스에서는 다음과 같은 이들을 가리켰다고 한다. "토론에 정기적으로 참석하지 않거나 정치적 판단력이 형편없는 사람과 공동체의 요구보다 사리사욕을 앞세우는 사람을 바보(idiot)라고 했다"(Callore, 2019: 54).

다. 먹을거리와 관련된 여러 문제들은 석유의 고갈(oil peak)과 기후변화(climate change), 세계자본시장의 불안정성 등으로 인해서 악화되면 악화되었지 앞으로 더 이상 개선될 여지가 조금도 없는 것처럼 보이기 때문이다[이 또한 개인적인 杞憂이길 바란다]. 특히 카지노자본주의 등으로 불리는 극단적 형태의 자본의 논리가 지배하는 신자유주의 경제에서는 개선의 여지가 좀처럼 보이지 않기 때문이다. 그렇기 때문에 더욱더 우리 밥상의 문제들에 대해서 오이코스(私的領域)와 에클레시아(公的領域)가 주체가 되어 공론의 광장인 아고라[媒介的領域]로 가져가야만 하는 것이다. 또 아고라에서 공론화되었던 먹을거리와 관계된 논쟁들을 우리의 삶에서 실질적으로 효과를 발휘할 수 있도록 사적 영역인 오이코스와 더불어 공적 영역인 에클레시아로 다시 가져가서 그에 대한 열린 열띤 논의와 함께 실천(實踐, praxis)하는 삶의 모습으로 나타나야만 할 것이다. 이 먹을거리의 문제들에 대해 "예수님이라면 어떻게 하셨을까?(WWJD?)"라고 지속적으로 물으면서 말이다.

그림: 오이코스, 아고라 그리고 에클레시아

사적 영역 사적 polis		매개적 영역 (公論化廣場)		공적 영역 공적 polis
오이코스 oikos (οικος)	⇨ ⇦ ⇨ ⇦	아고라 agora (αγορα)	⇨ ⇦ ⇨ ⇦	에클레시아 ekklesia (εκκλησια)

2) 음식시민 되기

(1) 음식문맹 vs. 음식시민

음식에 대해 전혀 무관심한 사람을 일반적으로 가리키는 단어가 바로 음식문맹(食·盲)이다. 오늘날 대부분의 현대인들이 음식문맹이라고 한다(김종덕, 2012: 202; 김종덕, 2013: 17-18; 이찬수, 2013: 23-24; Lang, Barling, and Caraher, 2012: 426 참조). 그렇다면 음식문맹이 가져오는 결과는 무엇인가. 왜 그렇게 일반인들이 이 음식문맹[食·盲]에서 탈출하기를 여러 연구자들은 한소리로 요청하고 있는 것일까? 식맹으로서 나쁜 음식을 소비하는 것은 다음과 같은 식품산업의 문제 행위들에 대해서 간접적으로 묵인하는 결과가 나오기 때문에 음식문맹에서 벗어나 의식 있고 깨어 있는 음식시민으로서 음식[食品]을 소비할 것을 주문하고 있는 것이다.

음식문맹자는 의식 없이 식품산업이 생산한 문제의 제품, 즉 나쁜 음식을 소비함으로써 다음과 같은 식품산업의 문제 행위들을 묵인하게 된다.
   *음식에 해로운 첨가물을 넣는다.
   *자연의 이치를 넘어 식물을 재배하고 동물을 사육한다.
   *동물복지를 침해하면서 사육한다. 초식동물에게 동물성 사료를 먹인다.
   *안전성 검증이 안 된 유전자조작 식품을 판매한다(안전성이 검증되지 않은 식품을 안전한 것으로 홍보하고, 판매하는 행위).
   *식품 내용에 대해 거짓 표기한다(실제와 달리 표기한다).
   *나쁜 먹거리로 소비자를 유혹한다.
   *식품에 대해 과장 광고를 한다.
   *음식이 아닌 것을 유통시킨다.
   *다른 용도로 수입한 것을 식재료로 둔갑시킨다.

*유통기한을 속여 판매한다.
*먹을거리 생산자를 착취하면서 생산한다.
*문제 있는 음식을 비판하지 못하게 한다(먹을거리 비방법).
*음식에 허용되지 않은 방부제(첨가물)를 넣는다.
*음식에 방부제를 사용하고도 그 사실을 밝히지 않는다.
*안전성 검증이 안 되는 가운데 방사선 조사를 한다(김종덕, 2012:
166-167 재인용).

앞에서 언급하였듯이 음식문맹과는 대조적으로 먹을거리에 대한
지식의 생산과 더불어 의사결정을 공유한 사람들에 대해서 음식시
민(飲食市民; food citizenship, ecological citizenship)이라는 명칭을
부여한다. 음식시민은 "먹을거리에 대한 공적 쟁점에 적극적인 [자
신의] 의견을 표명하고 또 적극적으로 참여하는 사람"이다(김종덕,
2012: 202 참조). 이들 음식시민은 "음식시민권(food citizenship)"을
가진 이들이다. 음식시민권(또는 먹을거리 시민권)을 지닌다는 것은
"시민으로서 먹거리에 대한 권리와 의무를 가진다는 뜻이다. 시민은
상품과 서비스를 소비하는 것을 넘어선 역량을 가지고 있으며, 단순
한 시장 이상의 무언가인 사회에서 능동적으로 움직인다"(Lang,
Barling, and Caraher, 2012: 426).

(2) 基督飲食市民

그렇다면 그리스도인으로서의 음식시민이 된다는 것은 무엇을 의
미하는 것일까? 그리스도인이란 무엇보다도 세상과 구별된 사람이
다. 하나님께서 말씀하시길 하나님 자신이 거룩하기 때문에 우리에
게 거룩하라고 명령하신 것이다("Therefore be holy, because I am

holy." "그러므로 거룩하라, 왜냐하면 내가 거룩하니"[레 11:45]). 세상에서 거룩한 삶을 사는 것이 그리스도인이다. 그런데 여기서 사용한 '거룩하다'는 의미의 '하기오스(hagios, άγιος, 聖徒)'는 바로 세상과 구별(區別)되었다는 의미다. 구별된 삶을 살기 위해서는 바로 기독교적 세계관(價値)이 필요하다. 그러므로 "그리스도인 음식시민이란 바로 먹을거리와 관련해서 기독교 세계관에 입각해서 분별하는 삶을 살아가는 음식시민이라고 정의할 수 있을 것 같다." 세상적인 가치가 아닌 기독교 세계관에 입각해서 이 사회에서 한 구성원인 음식시민(飮食市民)으로 살아가는 사람이 바로 '그리스도인 음식시민(Christian Food Citizen, 基督飮食市民)'인 것이다.

그림: 그리스도인 음식시민 되기 과정

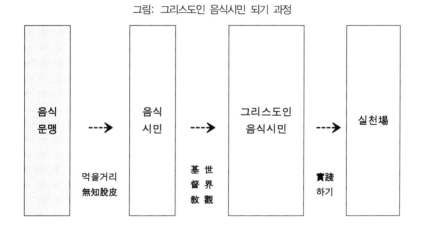

참고로 기독교 세계관에 근거한 음식시민인 그리스도인 음식시민이 있는 것처럼 불교 음식시민도 존재할 수 있고, 이슬람 음식시민도 존재할 수 있을 것이다. 이는 음식시민으로 살아가는 이들의

기저(基底, base)에 어떤 종교적 또는 세속적(世俗的) 세계관이 실질적으로 존재하고 작동하느냐에 따라 다양한 종류의 음식시민이 존재할 수 있기 때문이다. 기독교세계관이 다양한 것처럼 성경의 가르침에서 벗어나지 않는 다양한 기독교세계관을 지닌 '기독음식시민(그리스도인 음식시민)'이 존재할 수 있을 것이다(강상우, 2011 참조).

Ⅲ. 음식시민으로 가는 指針에 관한 기존 諸 연구들

1. 世界飲食體制

1) 세계음식체제의 覇權

음식시민으로 살아가는 것은 미국의 저널리스트인 마이클 폴란(Michael Pollan)이 지적한 것처럼, "음식 비슷한 물질이 아니라, 음식을 먹는 것"을 실천하는 삶을 살아가는 것이다(신동화, 2011: 221 재인용). 어떻게 하면 우리는 음식 비슷한 물질에서 벗어나 말 그대로 진짜 음식을 먹을 수 있는 것일까? 비슷한 음식에서 벗어나 진짜 음식을 먹는 것은 바로 지금의 먹을거리를 생산하는 세계 음식체제와 먹을거리 생산방식 등에 대한 반성[分別]이며, 또는 지금의 식품(먹을거리)생산 체제에 대한 적극적이거나 소극적인 형태의 저항(抵抗)을 의미한다고 볼 수 있다. 전 지구적으로 보편화 되어버린 글로벌푸드 체제(global food system)에 대한 강한 저항인 것이다. 이를 좀 더 구체적으로 말하면 김종덕 교수가 자신의 책에서

'현대 먹을거리'로 칭하고 있는 "산업형농업(産業型農業, industrial agriculture)이나 포드주의(Fordism) 방식에 의해 생산된 식재료, 그러한 식재료로 만든 가공식품이나 음식, 그리고 세계시장에서 유통되는 먹을거리"(김종덕, 2009: 18)에 대한 반성과 저항을 의미한다고 할 수 있다. 홀트-기메네즈와 파텔이 함께 쓴 책, 『먹거리 반란(Food Rebellions: Crisis and the hunger for justice)』을 번역한 장경호는 자신이 번역한 책의 '옮긴이 서문'에서 글로벌푸드시스템, 즉 세계먹거리체계에 대해 다음과 같이 적고 있는 것을 볼 수 있다. "세계먹거리체계(Global Food system)[99]란 곡물메이저(grain major)를 중심으로 결합된 다국적 농식품복합체(agrifood complex)가 지배하는 식량의 생산-유통-소비시스템을 말한다. '종자에서 슈퍼마켓까지'라는 슬로건에서 알 수 있듯이, 이들은 자본을 갖고 세계 식량의 생산-유통-소비시스템을 지배하고 있다. 이들에 의해 유전자조작 종자, 대규모 화학 농업 및 공장식 축산, 장거리 운송 및 장기간 보관을 위한 수확 후 처리(post-harvest) 등이 세계적으로 확산되고 있다"(장경호, in Holt-Gimenez and Patel, 2011: 11, 장경호, "옮긴이 서문: 식량주권, 새로운 패러다임", 8-15 참조). 세계음식체제가 가지고 있는 특징에 대해서 김철규 교수는 다음과 같이 적고 있다. "첫째, 자유무역주의를 내세우며, 소수의 초국적 농식품기업이 세계를 무대로 먹거리의 생산, 유통, 소비를 재조직하고 있다. 둘째, 이런 기업활동을 지원하기 위해 각국의 농업 관련 정책들이 재편되고 있으며, 이 과정에서 소농들에 대한 노호장치가 해체

---

99) 랭과 헤즈먼에 따르면, "향후 세계 식품 소매업계에서는 현재 업체와 세계적 업체가 존재할 뿐, 그 중간은 많지 않을 것이다"(Lang and Heasman, 2007; Clapp, 2013: 147 재인용).

되고 있다. 셋째, 탈규제화 흐름 속에서 식품 기업의 정치경제적 영향력이 증가함에 따라 먹거리의 안전성이 위협받고 있다. 넷째, 금융화 경향이 강화되면서, 금융자본이 농지나 농업유통 부문으로 진출하거나 먹거리유통자본이 금융적 활동에 적극적으로 나서고 있다. 다섯째, 초국적 대형 슈퍼마켓과 외식업체들이 전 지구적으로 영향력을 확대하면서, 먹거리소비의 표준화와 동형화를 가속화시키고 있다. 이 과정은 과거 프랜차이즈업체에 의한 민족음식(ethnic food)이나 지역요리의 상품화를 통한 지구적 환산을 포함한다"(김철규, 2015: 25). 이처럼 세계음식체계의 가지고 있는 패권이 얼마나 광범위하게 퍼져 있는지를 확인할 수 있다.

2) 세계음식체제 問題點

그렇다면 이들 세계음식체제가 지닌 문제점은 무엇일까? 세계음식체제로부터 발생하는 문제점은 일반적으로 글로벌푸드 시스템에 의해 생산되는 글로벌푸드와 지역식품체제를 통해 생산되는 로컬푸드와의 비교를 통해서 살펴보면 이해하는 데 많은 도움을 줄 것이다. 글로벌푸드시스템에 의해 생산되는 글로벌푸드(global food)는 먼저 제철과 관계없이 생산되기 때문에 화석연료의 사용을 증가시키고 이는 탄소의 증가를 가져오는 것으로 지구온난화에 악영향을 끼치게 된다. 세계시장을 위해 생산되기 때문에 장거리의 수송을 위해 화석연료를 많이 사용하게 된다. 글로벌푸드는 높은 푸드마일을 지닐 수밖에 없다.[100] 그리고 대규모 영농으로 생산되기 때문에 소농(小農)과 지역농

---

100) 한민, "<한국은행과 함께 하는 시사경제> 푸드마일리지(Food Mileage)", <전북도민일보>, (2014.02.18.); 송인주, 2015: 122-123; <농민신문>, (2014.11.14.).

(地域農・家族農)에 매우 위협적인 존재로 다가올 수밖에 없다. 지역 농과 소농에 대한 위협은 지역경제를 황폐하게 하는 역할로 이어지게 되고 더 나아가서는 단일경작(單一耕作, monoculture)을 유도하기도 한다. 심한 경우 토지수탈과 같은 현대식 먹을거리 식민지를 형성하는 역할도 하게 된다. 생산의 대규모로 인해서 동물복지와 지역사회 주민들의 복지 더 나아가서 생산업체에 근무하고 있는 근로자의 작업환경의 열악성으로 인해 사육되고 있는 가축과 재배되고 있는 농산물과 근로자들 그리고 지역주민들 할 것 없이 위험한 환경에 노출되기 쉽다. 수송거리가 길기 때문에 대부분 가공을 하게 되는데, 가공 시(加工時)에 방부제와 같은 화학약품의 첨가는 필수적인 조건이 되어 버린 것이다. 더 나아가서 생산자가 누구인지 어디서 오는 것인지 알수 없는 생산자 불명의 식품이 판을 치게 되고 더 나아가서는 먹을거리가 무엇(먹을거리 성분)을 함유하고 있는지에 대한 정보를 알 수없는 경우가 태반 존재하기도 한다. 글로벌푸드로 대표되는 음식이 바로 패스트푸드(fast food)다. 세계의 버거화(burgerization), 맥도날드화(McDonadization)라는 단어에서 알 수 있듯이 말이다. 패스트푸드는 다음과 같은 문제의 원인이 되기도 한다.

설탕이 많은 패스트푸드는 조급증의 원인이 될 수 있고 주의력 결핍 과잉 행동 장애(ADHD)와도 관련이 있는 것으로 나타나고 있습니다. 패스트푸드는 폭력적인 언어와 행동을 야기한다는 연구 결과도 있습니다. 미국에서 교도소 재소자를 대상으로 한 연구에 따르면 평소 패스트 푸드를 즐기는 재소자들은 그렇지 않은 재소자들에 비해 언행이 폭력적인 것으로 나타났습니다. 그래서 패스트푸드 식단을 건강한 식단으로 바꾸었더니 재소자들의 물리적・언어적 폭력이 눈에 띄게 줄었다는 것이지요(김종덕, 2013: 63-64).

글로벌식품 체제를 지배하는 패러다임을 랭과 해스먼(Lang & Heasman, 2007)은 "생산자 패러다임"이라고 지칭한다. 글로벌식품 체제의 지배 패러다임(paradigm)인 생산자패러다임이 지닌 특징이 무엇인지를 인지하게 된다면, 즉 생산자 패러다임에서 논란이 되고 있는 영역에서 발생하는 문제점들을 참고한다면 글로벌식품체제가 지닌 문제점을 이해하는 데 도움이 될 것이다(Lang and Heasman, 2007: 309, "표: 글로벌푸드 시스템을 주도하는 생산자 패러다임의 논란 영역" 참조).

2. 세계음식체제에 대한 反省과 抵抗

1) 글로벌푸드, 패스트푸드 그리고 푸드마일

매우 극단적이면서 환원주의적인 발상인지 몰라도 세계음식체제 의 특징을 글로벌푸드(global food), 패스트푸드(fast food), 높은 수 치의 푸드마일(food mile) 등으로 축약할 수 있을 것 같다. 세계음 식체제에 대한 반성과 저항의 식품체제는 세계음식체제와 대립되는 개념들로 이루어진 "로컬푸드(local food)", "슬로푸드(slow food)", 101) "푸드피트(food feet, [Pinkerton and Hopkins, 2012: 22])"로 표현할 수 있을 것이다. 세계음식체제(global food system)로부터 공급되는 음식은 글로벌푸드다. 글로벌푸드는 말 그대로 지역적으

---

101) "에릭 슐러서가 『패스트 푸드 국가(Fast Food Nation)』에서 논했듯이, 노동자 안전 문제는 곧 식품 안전 문제이며 식품 안전 문제는 곧 노동자 안전 문제다. 대체식품운동은 이런 생각의 해결책을 찾기 위해 고심했다. 우리는 '우리가 먹는 식품의 출처'를 찾을 때 가난한 이민 노동자가 아니라 편안하고 행복한 농장주 가족을 보고 싶어 한다. '역사적으로 슬로푸드 운동 은 환경, 건강 그리고 소농장의 보존에 중점을 두었습니다. 하지만 노동에 관한 한 완전히 기 회를 놓치고 지나쳐버렸습니다'"(Bobrow-Strain, 2014: 64).

로 범위가 넓기 때문에 소비자는 그 음식이 어디에서 어떤 과정을 통해, 또 어떤 경로를 통해 만들어지는가에 대한 정보에 대해서 상대적으로 무지할 수밖에 없다. 그런가 하면 글로벌푸드의 생산을 위해 현 생산지에서 토지수탈과 환경오염, 노동력 착취 등이 이루어지고 있는지에 대해서도 잘 알지 못한다. 그러한 이유로 인해서 세계식량체제의 반대자들은 공정무역(fair trade)을 강조한다.

전 세계적으로 획일화되어 유통되고 있는 글로벌푸드의 대표적인 것이 바로 패스트푸드다. 패스트푸드는 말 그대로 여러 면에서 '패스트(fast)'다. '패스트푸드'에서 '패스트'라는 단어는 다원적(多元的)인 의미를 가지고 있다. 주문 후 빠르게 나온다. 즉 조리과정이 빠르다는 의미에서 패스트를 의미하지만, 또한 패스트푸드에 사용되는 재료[肉類]들의 비육과정에서의 시간이 과거에 비교했을 경우에 매우 단축되었다는 의미에서 패스트인 것이다(fast fatting, 김종덕, 2013: 12). 그런가 하면 일반적으로 패스트푸드는 매우 정제된 음식(refined food)이라는 점에서 매우 빠르게 몸[身體]에 흡수된다는 의미에서 패스트인 것이다. 빠른(fast) 흡수는 정서적으로 빠른 위안을 제공해준다고 한다. 그래서 패스트푸드는 위안식(慰安食, comfort food)[102]이라고 불리기도 한다. 그러나 여기서 주의해

---

102) "패스트푸드는 요컨대 마음의 평안을 주는 음식(COMFORT FOOD)이기도 하다. 이런 종류의 다른 음식들처럼 패스트푸드는 한바탕 탄수화물과 지방의 세례를 베푼다. 일부 과학자들이 믿는 바에 따르면, 탄수화물과 지방을 공급받으면 스트레스가 줄어들고 기분을 좋게 하는 화학물질이 뇌에 퍼진다고 한다"(Pollan, 2008: 148).; 일반적으로 지방과 당분이 많이 든 식품은 에너지뿐 아니라 엔도르핀도 생산한다. 엔도르핀은 모르핀과 비슷한 진통제로, 안락함과 안정감을 준다(그래서 그런 먹을거리들을 '컴포트 푸드' comfort food, '안락을 주는 식품'이라는 의미'라 부르기도 한다). 지방과 당분이 농축되어 있는 식품은 뇌신경전달물질의 균형을 교란해 우리 몸이 그런 식품을 계속해서 원하게 만든다(Cross and Procter, 2016: 29; Ackerman, 1990: 148-151).; "트랜스지방과 포화지방을 장기간에 걸쳐 섭취하면 우울증에 걸릴 확률도 48%나 높아지는 것으로 나타났다. 패스트푸드와 제과류 역시 조금만 섭취해도 우

야 할 것은 패스트푸드로 얻은 위안[便安]은 그리 오래가지 않을뿐
더러 진정한 의미의 위안이 아니라는 점이다. 왜냐하면 패스트푸드
가 주는 위안의 효과 또한 매우 빠르게(fast) 사라지고 말기 때문이
다. 다만 많은 후유증만 남게 된다.

글로벌푸드의 생산을 위해서는 많은 석유[化石燃料]가 필요하다.
또 이를 장거리로 운송하기 위해 많은 온실가스를 배출하게 된다.
그런 의미에서 푸드마일(food mile)이 높은 "석유식품(petrofood)"
으로 불린다(Albritton, 2012: 100). 이러한 세계음식체제(경제)의
병폐를 인지한 연구자들의 연구들은 바로 세계식품체제에 저항하는
성격을103)을 가지게 된다. 바로 로컬푸드와 슬로푸드, 그리고 푸드
피트 개념을 중심으로 하여 세계식품체제에 저항하고 있는 것이다.
이들의 연구들은 어떻게 하면 글로벌푸드와 패스트푸드를 피하고
푸드마일을 줄이는 먹을거리 생산체제를 가지고 소비자들이 합리적
인 선택을 할 수 있도록 돕는 것에 연구의 중심을 두고 있다.

울증에 걸릴 확률을 비슷한 정도로 높인다. 이런 '위안식(comfort foods)'은 결국 어떤 위안도
제공하지 않을 뿐만 아니라 우울증의 악순환을 가속화할 수도 있다. 스트레스를 받았을 때
해로운 음식으로 풀지 않도록 노력하라. 부실한 음식을 먹으면 기분이 더 나빠질 뿐이
다"(Rath, 2014: 120).

103) 홀트-기메네즈와 파텔(Eric Holt-Gimenez and Raj Patel)이 강조하고 있는 '소농운동'도 같은
맥락이다. 소농운동은 다음과 같은 기능을 담당함으로써 세계 먹거리체제에 대한 대항마의
역할을 어느 정도나마 감당할 수 있기 때문이다. 1. 소농이 전 세계 먹거리 보장의 핵심이다.
2. 소농이 대규모 단작보다 생산성이 높고 자원도 보존할 수 있다. 3. 전통적이고 생물다양성
높은 소농이 지속가능한 농업의 모델이다. 4. 소농은 농업생물다양성 보호구역이다. 5. 소농
이 지구온난화를 완화한다(Holt-Gimenez and Patel, 2011: 171-189).

3. 旣存 諸 硏究

세계음식체제에 대한 대항적 연구들을 통해 여러 기존 연구자들이 제시하고 있는 지침을 살펴보면 다음과 같다(Stefan Kreutzberger und Vankentin Thurn, 2012; Patel, 2008: 422-434; Lang and Heasman, 2007: 320; Berry, 1990; Norberg-Hodge, Goering, & John Page, 2003: 208; Nestle, 2011: 544; 강양구·강이현, 2009: 289; 김종덕 2013: 75-92, 93-103).

먼저 크로이츠베르거와 투른(Stefan Kreutzberger und Vankentin Thurn, 2012)은 곡물부족, 대량사육과, 식품낭비를 막기 위해 할 수 있는 삶을 제시한다. 개인적 차원에서 파텔(Raj Patel)은 다음과 같은 제안을 하기도 한다.

1. 기호를 바꿔라.
2. 현지 특산물[104]과 제철에 맞는 음식을 즐겨라.
3. 농업과 환경을 생각하라.
4. 신토불이 업체를 지원하라(Patel, 2008: 422-434).

랭과 해스먼(Lang and Haesman, 2007)은 생태계의 건강을 위해 식품소비에 대한 성인들의 임시 규칙들을 제시하고 있다(Lang and Heasman, 2007: 320 참조). 싱어와 메이슨(Peter Singer & Jim

---

104) "마이클 폴란이 다양한 식품망을 거치는 여행을 통해 『잡식동물의 딜레마』에서 의인화하고 있듯이, 제2의 물결이 '저녁에 무엇을 먹을까?' 물었다면, 제3의 물결은 '오늘 저녁 먹을 것은 어디에서 왔을까?' 하고 묻고 있다"(Cockrall-King, 2014: 106).

Mason)은 『죽음의 밥상(The Ethics of What We Eat)』의 "15장. 무엇을 먹을 것인가"에서 다음과 같은 지침을 제시하고 있다.

1. 투명성: 우리가 먹는 음식이 어떻게 만들어졌는지 알권리가 있다.
2. 공정성: 식품 생산의 비용을 다른 쪽에 전가하지 말아야 한다.
3. 인도주의: 중요하지 않은 이유로 동물에게 고통을 주는 것은 잘못이다.
4. 사회적 책임: 노동자들은 타당한 임금과 작업 조건을 보장받아야 한다.
5. 필요성: 생명과 건강의 유지는 다른 욕망보다 정당하다(Singer and Mason, 2012: 379-398).

노버그-호지와 고어링과 페이지(Helena Norberg-Hodge, Peter Goering, and John Page)는 "책임 있게 먹는 방법"에서 시인인 웬델 베리(Wendell Berry)로부터 전해진 지침에 대해서 다음과 같이 소개한다(Berry, 1990; Norberg-Hodge, Goering, & John Page, 2003: 208 재인용).

· 가능한 한 농산물 생산에 참여하라.
· 구매하는 식품의 원산지를 확인하고, 집에서 가장 가까운 곳에서 생산된 농산물을 구매하라.
· 가능하다면 자신의 지역에서 채소나 과일을 재배하는 사람들과 직접 거래하라.
· 자기방어를 위해 산업적 농산물생산과 관련된 경제적 원리와 테크놀로지에 대하여 가능한 한 많이 배워라.
· 최선의 생태농업에 무엇이 필요한지 배워라.
· 가능하다면 직접 관찰하고 경험하면서, 자신이 먹는 식물과 동물의 생활사에 대하여 많이 배워라.

매리언 네슬리(Marion Nestle)는 매우 포괄적으로 식품선택에 있어서 생산방법, 마케팅방법, 광고방법 등을 나누어 윤리적 질문을 할 것을 조언하고 있는 것을 볼 수 있다(Nestle, 2011: 544 참조). 김종덕 교수는 읽기 쉬우면서 그러나 전혀 가볍지 않은 책(개인적으로 이런 말을 한 것은 이 책을 어린이도서 코너에서 찾았기 때문이다)인 『음식문맹 왜 생겨난 걸까?: 세상에 대하여 우리가 더 잘 알아야 할 교양(27)』의 5장과 6장을 통해서 음식시민의 지침을 다음과 같이 소개한다. 먼저 "5장, 음식시민이 되기 위해 무엇을 해야 할까요?"에서 음식시민(이 되기 위해)의 조건을 다음과 같이 정의하고 있는 것을 볼 수 있다.

> 어떻게 해야 음식시민이 될 수 있을까요? 음식시민은 다음과 같이 정의할 수 있습니다.
> *음식에 대해 관심이 큽니다.
> *음식에 대한 지식을 가지고 있습니다.
> *음식에 대해 능동적으로 성찰합니다.
> *음식의 생산, 가공, 유통, 소비 과정에 적극적으로 개입합니다.
> *조리기술을 가지고 있어 직접 음식을 만듭니다.
> *지속가능한 식생활을 합니다(김종덕, 2013: 75-92).

계속해서 김종덕 교수는 같은 책의 "6장 음식시민은 어떻게 사회에 기여할까요?"에서는 다음과 같은 지침을 제공하고 있는 것을 볼 수 있다. (1) 제철 먹거리를 먹어요. (2) 슬로푸드를 먹어요. (3) 로컬푸드를 먹어요. (4) 먹거리의 일부를 직접 생산해요. (5) 똑똑하게 구매하고 직접 조리해요. (6) 농민을 도우려고 노력해요. (7) 사육되는 동물의 권리를 생각해요. (8) 음식물을 낭비하지 않아요

(김종덕, 2013: 93-103).[105]

4. 旣存硏究들의 含意

그렇다면 위에 제시한 기존의 연구자들의 제 연구가 지닌 함의하는 바는 무엇일까? 위의 연구자들의 연구결과를 통해서 그리스도인 음식시민으로 살아가기 위한 잠정적 지침(暫定的 指針)을 재구성해 보기로 하겠다.

1) 될 수 있으면 로컬푸드로: (1) 제철 음식: 그리스도인 음식시민은 먼저 제철 음식을 찾아야 할 것이다. 제철 음식은 방부제나, 화석연료의 사용으로부터 좀 더 자유롭기 때문에 지구온난화 방지와 같은 환경에 유익할 것이다. **(2) 지역 음식:** 지역 음식은 지역경제의 활성화에 도움을 줄 것이며, 푸드마일이 아닌 푸드피트로 지구온난화의 방지에 유익할 것이다. **(3) 직거래 음식:** 직거래 음식소비자와 생산자 간의 유대를 강화시킴으로 인해서 음식에 대한 신뢰를 가질 수 있게 될 것이다. **(4) 유기농 식품:** 유기농 식품을 통해서 방부제와 같은 음식첨가제로부터 어느 정도 자유롭게 된다. 이들 음식의 경우 대농보다는 소농의 제품을 소비함으로써 소농들

---

105) 틸로 보데(Thilo Bode)는 "식품 사기꾼들의 여섯 가지 속임수"에 다음과 같이 기술한다(Bode, 2012, 책 뒤표지에서).; 첫째, 웰빙, 건강, 미용은 말뿐이고 효과가 거의 없는 기능 식품을 비싸게 판매한다. 둘째, '전통', '옛말'과 상관없이 이미지 연출로 만들어낸 '지역특산' 제품을 대량생산한다. 셋째, 어린이용 건강 간식에 설탕을 잔뜩 넣어 판매하고, 미래 잠재 고객인 어린이의 입맛을 길들인다. 넷째, 실제로는 별로 도움이 되지 않는 공익 캠페인을 벌이고 홍보 효과를 이용해 매출을 올린다. 다섯째, 바이오 성분을 최소한으로 사용하고 바이오 식품이라고 최대한 마케팅을 벌인다. 여섯째, 모방식품을 사용해도 티가 나지 않는 곳에는 저렴한 '가짜 햄', '가짜 치즈' 등을 사용한다.

의 경제적 자립에 기여하는 것도 중요하다고 생각된다. 혹시 지역 제품이나 제철 식품을 사지 않는 경우, 공정무역에 의해서 수입된 식품을 구입하도록 할 것이며, 특히 세계식품체제를 유지하고 있는 거대 농식품기업체들에 의해서 직·간접적으로 생산되고 가공되고, 유통되는 제품의 구입은 지양(止揚)해야 할 것이다.

2) 될 수 있으면 슬로푸드로, 덜 정제되고 덜 가공된 식품: 될 수 있으면 덜 정제되고 덜 가공된 식품을 선택한다. 정제된 식품은 음식물의 영양분이 감소할 뿐만 아니라, 에너지 흡수가 빠르기 때문에 체내의 당(糖) 수치를 급격히 증가시키기 때문이다. 가공된 식품은 소비자가 알지도 못한 많은 유해첨가물질을 함유하는 경우가 많기 때문이다. 가공식품을 살 경우에는 반드시 식품성분과 식품첨가물을 확인하여야 한다. 그리고 고기는 적게 먹고 채소를 많이 먹는 습관을 길러야 할 것이다. 고기의 생산의 경우 물, 곡물의 소비가 매우 많을 뿐만 아니라, 항생제 등의 사용이 증가하기 때문이며, 육류의 비육(肥肉) 시에 나오는 배설물은 지구온난화와 지역의 환경에 악영향을 주는 경우가 많기 때문이다. 혹시 고기를 구입할 경우에는 공장식 생산방법으로 생산되는 육류는 피해야 할 것이다. 공장식 생산방식(工場式生産方式)을 통해서 생산되는 육류는 동물들의 권리를 매우 심하게 침범하는 경우(돼지 꼬리 자르기, 닭 부리 자르기 등등)가 많기 때문이다.

Ⅳ 나가는 말

1. 닥·實: 쉿! 이젠 닥치고 實踐

어느 글에선가 다음과 같은 질문을 본 적이 있었다. "B와 D 사이에는 무엇이 있는가?" 답은 아주 쉽게 C였다. 질문자가 강조하고자 한 것은 바로 C 선택(選擇, C: Choice)이었다. 그 글의 내용에 따르면 사람은 태어나(出生, B, birth)서부터 죽을(死亡, D, death) 때까지 지속적으로 선택을 하는 존재라는 것이다. 살아가면서 올바른 선택이 필요하다는 것이다. 올바른 선택의 완성은 바로 실천이다. 실천을 통해 올바른 선택이 이루어지게 된다. 그리스도인 음식시민이 되는 것은 "선(善)한 청지기로서 살라"는 하나님의 명령에 대한 작은 실천이라고 할 수 있다. 그렇기 때문에 그리스도인은 음식시민으로서 삶은 하나의 선택 그것도 필수적 선택인 것이다. 그렇기 때문에 말 그대로 "이제 실천이다"라는 실천의 문제만 남아있는 것이다. 두말할 것 없이 "쉿! 닥치고 실천(닥·實)이다."

2. 蛇足을 붙여보자면

1) 비난보다 激勵[106]

핀커튼과 홉킨스(T. Pinkerton & R. Hopkins)는 다음과 같은 지적을 한다. 자만심에 빠지기 쉬운 우리에게 매우 유익한 지적인 것 같아서 그들이 한 지적을 옮겨보기로 하겠다.

로컬푸드운동 내부에는 광범위한 스펙트럼의 참여자들이 존재한다. 즉 자가용을 소유하지 않기로 한 사람이 있는가 하면 비행기를 타고 다니는 사람도 있고, 슈퍼마켓에서 장을 보는 사람이 있는가 하면 지역산 농산물만을 먹는 사람도 있다. 로컬주의자의 '이상'에 못 미치는 사람들을 비판하는 것은 그들의 죄책감을 높이고 의사소통을 중단시키며 결정적으로 아무것도 하지 못하게 만드는 데에만 기여할 뿐이다. 각자가 자신보다 앞서 있는 타인의 비판을 걱정하지 않고 자기 스스로의 '이상'을 결정하고 그것을 향해 노력하도록 하는 것이 필요하다. 한마디로, 각자의 속도와 고유한 내·외면적 전환 형태를 존중하여, 자신의 선택이 그러한 과정에서 가장 우선시되도록 해야 한다는 것이다 (Pinkerton & Hopkins, 2012: 73-74).

---

106) 음식시민이 되기 위한 연구자의 지침 중 웬델 베리(Wendell Berry)가 제시한 "가능한 한 농산물 생산에 참여하라"(Norberg-Hodge, Goering, and John Page, 2003: 208 재인용). 랭과 해스먼이 제시한 "매주 20-30종의 식품을 섭취하라"(Lang and Heasman, 2007: 320). 허남혁의 "직접 텃밭에서 길러먹는다"(허남혁, in Halweil, 2006: 260). 그리고 김종덕의 "조리기술을 가지고 있어 직접 음식을 만듭니다"라든가, "먹거리의 일부를 직접 생산해요", 특히 음식문맹의 "음식에 대한 지출을 위해 가급적 싼 음식을 먹는다"(김종덕, 2013: 18) 등의 지적은 원리 원칙적으로는 지극히 맞는 말이지만, 현실의 실천에 있어서는 자신감이 그리 서지 않는다는 점에서 먹을거리에 있어서 음식시민으로서의 삶은 비난보다는 격려가 더 필요할 것 같다는 생각이 강하게 밀려든다. 나 자신도 음식가격으로 음식을 선택하는 경우가 많기 때문이다. "돈이 안 되는데, 어쩌란 말인가?"라고 대꾸한다면, 그에 대해 응대할 자신감이 사실 없다.; 친구가 친구의 친구에 대해서 나에게 전해준 이야기다. 친구를 만났는데, 그 친구가 재생타이어를 사용하고 있었다고 한다(나는 그러한 것에 문외한이지만 재생타이어에 대해서도 잘 아는가 보다). 그래서 그 친구에게 다른 친구가 "위험한데, 왜 재생타이어 쓰냐"고 물었다고 한다. 그런데 그 친구가 신경질적인 어투(語套)로 "돈이 없는데, 나 어떡하란 말이냐"고 반문했다고 한다. 그 친구는 매우 미안했다고 한다. 자신의 말이 우문(愚問)이었기 때문이다.

어디에 완전한 것이 있겠는가. 하나님께서도 실천하고 있는 우리의 서투루지만 하려고 하는 노력에 대해 매우 기뻐하실 것이다. 그렇기 때문에 작은 실천에 대해서 서로서로 격려하자.

2) 그리고 더 많은 熟考必要

음식시민이 되는 것은 그리 쉬운 것 같지 않다. 그렇기 때문에 음식선택에 있어서 더욱더 많은 심사숙고하는 자세가 필요한 것 같다. 유기농이 좋다고 하니까? 세계적인 거대농식품기업(global mega agribusiness)들도 무늬만 유기농인 식품을 생산하는 경우가 많아졌다. 겉은 유기농이지만 그 속을 들여다보면 그렇게 건강에 좋지 않다는 것이다(Roger, 2011: 24-25 참조). 그래서 최낙연은 먹을거리와 관련해서 용어가 지닌 진실한 의미를 표를 통해 잘 보여주고 있다. 용어가 암시하는 의미를 잘 분별하라는 것이다. 이들 기업이 사용하고 있는 자연이라든가 천연이라는 단어가 우리가 일반적으로 사용하는 단어의 뜻과 전혀 다를 수가 있기 때문이다(최낙연, 2016: 178 "표: 먹을거리와 관련된 용어의 진실"; 박지현 등, 2013: 111 참조). 현실적으로 유기농이 상업적으로 오용되고 있는 경우가 적지 않기 때문에, 음식시민이 되기 위해서는 매사(每事)에 지혜 있는 선택이 필요할 것 같다[資本主義論理에 捕獲됨]. 유기농은 먹되, 자신이 먹는 그 유기농의 실체를 잘 인지하면서 말이다(이해진, 2015: 179).

먹을거리의 변질과 그 대응논리

육적·영적 먹을거리의 변질과 관련된 논리구성

Ⅰ. 들어가는 말

1 變質된 두 糧食

‘거의 대부분의 인간’에게는 두 가지 양식이 필요하다. 물론 하나의 양식만을 주장하는 이들도 있기에(無神論者의 경우) ‘모든 인간’이라는 말 대신에 ‘거의 대부분의 인간’이라는 말을 붙여서 하나의 양식만을 주장하는 이들의 고집스러운 지적을 피하고자 한다. 인간에게 필요한 두 가지 양식이란 바로 ‘물질적 양식(예, rice, bread)’과 ‘영적 양식(예, Good news, Gospel)’이다. 물론 앞에서 하나의 양식을 주장하는 이들도 사실 그들의 기저(基底)에는 기독교의 복음이라는 영적 양식이 아닌, 다른 형태의 영적으로든 정신적으로든 ‘다른 무엇’인가를 추구하고 있는 것은 분명하다.107) 물론 그러한

---

107) 극단적인 무신론자인 도킨스(Richard Dawkins)에 대해서 테오 홉슨(Theo Hobson)은 “도킨스도 일종의 믿음을 지녔을까?”라고 물은 뒤 다음과 같이 물음에 답한다. “그가[Richard Dawkins] 일종의 이상주의를 믿고 있는 것은 확실하다. 책의 첫 장에는 자기 책으로 말미암아 일부 독자들이 종교의 속박에서 자유로워졌으면 좋겠다고 썼다. 또한 좀 더 바람직한 세

지적에 대해 표면적으로 하나의 양식(糧食)만을 추구하고 있다고 주장할 것이며 이러한 사실에 대해서 극구 부인(極口否認)할 수도 있을 테지만 말이다. 또 복음이라는 기독교의 영적 양식과 다른 종류의 영적인 양식을 인정하는 사람이라고 하더라도 복음(福音)이라는 단어에 대해 매우 신경질적으로 반응하는 경우도 얼마든지 존재할 수 있을 것이다. 특히 오늘날처럼 복음이 대접받지 못한 이 사회에서는 더욱더 그럴 가능성이 높을 것이다. 본 연구자는 이 글이 복음이라는 영적 양식을 인정하는 이들을 중심으로 쓰고 있다는 점에서 이들의 부자연스러운 눈길에 대해 신경 쓰지 않을 것이다.

그런데 문제는 오늘날 이들 두 양식(靈的·肉的) 모두 매우 심하게 변질되어 있다는 점이다. 하나의 양식만을 인정하든, 아니면 두 개의 양식을 모두 인정하는 것과는 상관없이 문제는 바로 이 양식들이 양식으로써의 본래의 본질을 잃어버린 것이다. 그래서 변질된 물질적 양식인 '먹을거리'는 오늘날 뉴스의 단골 메뉴가 되었다. '먹을거리의 문제로.' 그에 못지않게 변질된 영적 양식('복음')으로 인해 그리스도인들과, 교회, 기독교단체 등의 이름이 매스미디어상에 자주 부정적인 모습으로 거론되고 있는 것 또한 부정할 수 없는 슬픈 현실이 되어버렸다. 이러한 잘못된 행태['변질된 영적 양식']들은 기독교를 비난하기 좋아하는 이들[Anti]에게 조롱(嘲弄)과 야유(揶揄)의 중심 소재(素材)가 되어 안티들을 하나로 집결하게 하는 구심점 역할을 하는 지경에 이른 것이다. 변질된 영적 양식을 구심

상에 대한 비전을 제시한다. '존 레논이 노래했던 종교 없는 세상을 상상해보라.' 레논은 노래에서 일종의 공상적 이상주의와 무신론을 연결했다. 도킨스는 레논의 이런 개념을 주의 깊게 반복한다"(Hobson, 2013: 30).

점으로 모인 이들 안티들은 과거보다 더욱더 큰 목소리로 기독교를 향해 핏대를 올리고 있는 것이다. '변질된 복음=기독교 안티들의 구심점=기독교 맹비난의 근거'의 형태로 나타나고 있는 것이다.

2. 對應論理의 類似性

불안전한 먹을거리와 관련된 거대 초국적 농식품기업이나 잘못된 모습으로 비난 받는 일부 기독교 공동체는 그들의 잘못에 대한 외부의 부정적 지적에 대해서 거의 같은 논리로 대응하는 것을 볼수 있다. 예컨대 잘못에 대해 지적하는 이들에 대해 색깔논쟁으로 맞대응하기도 하고('비난=빨갱이[짓]'), 자신들의 잘못이 아닌 특정 개인의 책임의 문제로 취급함으로써 모든 것이 전적으로 자신들과 관계없는 일이고 다만 개인[개별소비자, 개인목회자(성도개인)]의 잘못으로 인해서 발생한 결과처럼 보이게 한다는 점이다. 이들이 자신의 잘못해 대해서 반성하지 않고 색깔논쟁과 개인책임 문제로 전환할 수 있는 데에는 무엇보다 이들 자체[內部]에 자신들 스스로 잘못된 행동을 제어[修正]하거나 비판할 수 있는 체제[system]가 부재하기 때문이다. 무엇보다 더 문제인 것은 이들은 외부의 부정적인 지적에도 불구하고 그 어떤 시정조치(是正措置)를 취하기보다는 지속적으로 '먹을 것'에 대해 변질을 꾀하고 있다는 점이다. 마치 아무런 일이 없는 것처럼, 심지어는 지적하는 자들에게 '도리어' 문제가 있는 것처럼 말이다.

대표적으로 육체적 양식을 담당하는 글로벌 거대 농산복합체는 먹을거리에 다양한 첨가물, 즉 인간의 몸에도 안 좋은 화학성분과 같은 물질을 먹을거리에 첨가한다. 그런가 하면, 영적 먹을거리를 담당하고 있는 기독교의 일부에서는 영적 양식인 복음에 대해서 복음과는 거리가 먼 많은 요소들을 ±α (添加·削除)함으로써, 즉 "福音+α"를 만들거나 "福音-α"를 생산함으로써 본질적으로 복음과는 거리가 먼 그 무엇인가를 복음이라는 이름으로 만들어낸다는 것이다.[108] 그 결과 먹을거리에 대해서 분별력이 없는 이들[靈的·物的 飮食文盲者]은 변질된 먹을거리 소비로 인해 비만과 고혈압, 과잉행동장애 등과 같은 많은 신체적, 정신적 장애를 겪는다. 이와 비슷하게 변질된 영적인 먹을거리로 인해서도 많은 문제들이 나타나기도 한다. 변질된 영적 양식에 대해서 분별할 수 있는 능력을 지니지 못하는 그리스도인(靈的食盲者)들이나 분별의 능력이 떨어지는 공동체의 지체들은 교회 공동체에 대한 회의(懷疑)와 더불어, 복음에 대한 신뢰를 잃어가는 경우가 발생하는 등의 영적 침체와 장애를 경험하고 있는 실정이다. 오늘날 자주 거론되고 있는 "가나안 성도"(양희송, 2014: 10)의 증가가 바로 변질된 복음으로 인해 발생한 대표적인 부정적 부산물들 중의 하나로 볼 수 있을 것이다.[109]

---

108) "갈라디아서에서의 문제는 예수 더하기 율법이었고, 고린도전서에서 문제는 예수 더하기로 말로만 하는 영적 선물들이었다. 골로새서의 문제는 예수 더하기 영적 경험이었다(골 2:16-23)"(Snodgrass, 1993: 120).; 그리고 온전하지 않은 복음(복음±α)에 대해서는 사탄도 두려워하지 않는다고 스노드글래스는 예화를 통해 말해준다. "언젠가 사탄이 동료 하나와 함께 산책을 하고 있었다. 그들을 앞서 가던 한 남자가 번쩍거리는 것을 보았다. '그가 발견한 것이 무엇인지?'라고 동료가 물었다. '한 조각의 진리지!'라고 사탄이 대답했다. '그가 한 조각의 진리를 발견하게 되면, 네가 괴롭지 않느냐?'라고 다시 동료가 물었을 때, 사탄이 대답했다. '아니, 나는 그가 그것을 갖고 종교를 만드는 것을 보게 될 거야"(Snodgrass, 1993: 36).

109) 이는 화이트(James E. White) 목사가 지적한 "무종교인의 증가(The Rises of the Nones)"와도 관계있다고 생각한다. 화이트는 무종교인의 증가 원인을 다음과 같이 지적한다. "내가[White] 생각할 때, 무종교인들의 증가를 초래한 가장 중요한 단 한 가지 이유는, 사회적인 이슈들에 대해 좌파로 기우는 젊은이들과, 동일한 이슈들에 대해 우파로 기우는 가장 눈에 띄는 종교 지도자들, 이 양자들의 조합 때문이다"(White, 2014: 60).; Jefferson Bethke가 지적하고 있는

3. 문제, 범위 그리고 한계

1) 硏究問題와 硏究範圍

이 글의 연구문제는 다음과 같다. **"먹을거리 변질에 대한 대응논리"**에 대해서 다루고자 한다. 이를 위해 구체적인 연구문제를 다음과 같이 제시해보았다.

연구문제 1: **[變質方法]**
이들은 어떤 방법을 사용해서 두 종류의 먹을거리를 변질시키는가?

연구문제 2: **[對應戰略]**
이들은 외부의 비난에 대해서 어떤 식으로 대응하고 있는가?

연구문제 3: **[反省缺如]**
그럼에도 이들이 변화하지 않는 이유는 무엇 때문인가?

거대 초국적 농식품기업체와 복음을 변질시키는 자들이 어떻게 먹을거리를 변질시키는지에 대해서 살펴볼 것이다. 구체적으로 거대 농식품업체는 먹을거리를 어떻게 변질시키는지에 대해, 또 복음을 변질시키는 일부 그리스도인들이 영적 양식인 복음을 어떻게 변

'역근본주의자'들이 득세하는 이유와도 무관하지 않을 것이다. "오늘날 젊은 그리스도인 중에는 '역(易)근본주의자'라고 할 만한 이상한 부류가 있다. 그렇지만 그들 역시 근본주의자의 변종이다. 그들은 구세대 그리스도인들이 양심에 따라 술을 마시지 말아야 한다고 주장하는 것을 보고, '우리는 대놓고 술을 마신다'라고 대답한다. 교회에 예배를 드리러 올 때 옷을 갖추어 입어야 한다고 얘기하는 그리스도인들에게는 '우리는 교회에서 스키니 진과 브이넥 티셔츠만 입는다'라고 답한다"(Bethke, 2014: 77).

질시키는지에 대해서 살펴볼 것이다[變質方法]. 그리고 먹을거리 안전성을 해치는이들이 자신들의 잘못 대한 외부의 지적에 대해서 어떤 논리로 대응하는지에 대해서 살펴볼 것이다[對應論理]. 더 나아가서는 왜 이들의 잘못된 행위에 많은 이들이 외부에서 지적함에도 불구하고 아무런 변화 없이 지금까지도 현 상태를 유지한 채로 남아 있는지에 대해서도 살펴볼 것이다[反省缺如].

2) 研究限界와 그 밖의…

본고의 기술(記述)이 이국진 목사가 자신의 책『예수는 있다』에서 지적한 것처럼, 비슷한 것은 무조건 같다고 보는 식의 오류인 "유사에 의한 동일논증오류(類似에 依한 同一論證 誤謬, parallelo mania)"에 빠질 수 있다는 점에 대해서 매우 조심스럽게 밝힌다(이국진, 2011: 19).[110] 보이는 것이 다가 아니라는 것을 알기 때문에 더욱더 그럴 뿐 아니라, 제한적 정보의 습득으로 인한 정보의 비대칭 때문에 그 속속들이 다 안다는 것은 한계가 있기 때문에 더 그렇다. 랜달 피츠제럴드(Randall Fitzgerald)는 자신의 책의 집필 의도를 다음과 같이 밝힌 적이 있었다.

"이 책의 집필 의도는 공포심으로 당신을 꼼짝 못 하게 하려는 게 아니라 경종을 울리기 위함이다"(Fitzgerald, 2008: 17-18).

---

110) 이국진 목사가 "유사에 의한 동일논증(parallelomania)의 오류에 빠진 책으로 비판하고 있는 것 중의 하나가 다음의 것이다. Freke, Timothy and Peter Gandy (1999). The Jesus Mysteries. HarperCollins. 승영조 (2009a), 『예수는 신화다』, 서울: 미지북스.

본 연구도 비슷한 목적을 지님을 밝히고 싶다. 우리의 잘못된 치부(恥部)를 다 까발리면서 복음(예수 그리스도와 그의 몸인 교회)을 욕되게 하려는 데에 이 글의 목적이 있는 것이 아니라, 일부 변질된 복음실태에 대해서 경종(警鐘)을 울림으로써 그러한 과거의 잘못된 길에서 벗어나기를 희망하기 때문이다. 말 그대로 복음은 복된 소식일 뿐만 아니라 생명의 양식이기 때문이다. 변질된 복음은 우리들 생명에 커다란 위협을 줄 수도 있기 때문에 더욱더 그렇다. 특히 그러한 사례를 주변에서 너무나도 많이 봤기에…. 일반적으로 기독교에서는 복음을 생명의 양식이라거나 영적 양식이라는 개념을 사용하는 경우에 비추어 복음과 관련된 것에 대해서는 영적 먹을거리(또는 靈的糧食)라는 개념을, 일반 먹을거리는 아무런 수식어 없이 그냥 '먹을거리'로, 영적 먹을거리와 상대적인 구분을 위해서 '육적 먹을거리(또는 物的糧食·肉的糧食)'라는 개념을 사용하여 기술하고자 한다. 육적 먹을거리의 변질의 경우는 먹을거리의 안전성을 해치는 경우로, 몸[健康]에 유익하지 않은 성분을 더하거나 삭제하는 경우에 해당하며, 영적 먹을거리의 변질(變質)의 경우는 복음의 변질을 위해 첨삭(添削)하는 경우다. 오늘날 볼 수 있는 번영의 신학이나 긍정의 신학 등의 사례가 이에 해당한다고 볼 수 있다.

II. 變質된 糧食: 먹을거리에 대한 變質內容, 그에 대한 對應論理 그리고 病的인 現狀態維持 理由

초국적 농식품기업과 일부 기독교에서 영적·육적 먹을거리의 안전성을 해치는 경우에는 어떤 것이 있는지, 초국적 농식품기업체와 일부 기독교에서 먹을거리의 안전성을 어떠한 방식으로 해치는지에 대해서 살펴볼 것이다. 더불어 안 좋은 먹을거리에 대한 지적에 대해서 초국적 농식품기업과 일부 기독교에서는 어떻게 대응하고 있는지? 그리고 안 좋은 먹을거리에 대한 계속적인 외부의 지적에도 불구하고 그들의 잘못된 행동이 바뀌지 않는 이유-이러한 상황이 현 상태로 유지되는 이유-가 무엇 때문인지 살펴보기로 하자.

1. 먹을거리에 대한 變質內容

먹을거리와 관련해서 거대 초국적 농식품기업과 일부 기독교가 오늘날 비난받는 이유는 무엇 때문인가. 이들에 대해서 비난하는 자들이 지속적으로 지적하고 있는 비난의 내용은 무엇인가[變質內容=非難內容].

1) 먹을거리 變質

먹을거리에 본질적으로 변질을 가져왔다는 것이다. 먼저 물적인 먹을거리에 있어서 변질이 있었다는 것이다. 매우 비슷한 것처럼 보이만, 본질[成分]을 조사해보면 많은 점에서 영양학적으로 차이가 난다는 점에 대해서 여러 연구자들이 지적한다. 이와 비슷하게 복음 또한 비슷한 것 같았지만, 아니 "지속적으로 복된 소식이라고 외치고 생명의 말씀이다"라고 외쳤음에도 불구하고 복음과는 거리가 꽤 멀다는 것이 여러 연구자들이 지적하고 있는 부분이기 때문이다.111) 씨 뿌리는 비유에서 과거에는 밭의 상태가 문제가 되었다면, 오늘날에는 일부 목회자들이 강대상에서 뿌리고 있는 '씨'의 본질에 대해서 의심을 가지는 분위기다. 오늘날 목회자들과 성경 교사들에 의해서 뿌려지고 있는 '씨'가 본질적으로 복음과 동일한지에 대해서 회의적인 태도를 보이는 경우들이 증가하고 있다.

(1) 먼저, 肉的 糧食의 심한 변질

글로벌식품체제에서 거대 글로벌 농식품사업을 통해서 생산되는 먹을거리는 많은 변질을 가져왔다고 한다. 일단 성분에 있어서의 차이(差異)다. 옛날에는 하루에 사과 한 개씩 먹으면 건강에 매우 좋다고 했다. 물론 지금도 사과와 관련된 블로그 중에는 "사과만병통치약"이라는 글이 여전히 존재하고 있다. 그런데 문제는 지금의 사과의 성분이 옛날의 사과 성분과 매우 다르다는 점이다. 오늘날 우리가 먹는 사과가 과거에 먹었던 사과와 얼마나 다른지에 대해서는 헨리 데이비드 소로(Henry David Thoreau)와 마이클 폴란(Michael Pollan)이 먹은 사과에 대한 묘사에서 찾아볼 수 있다. 맛과 성분이 오늘날과 완전히 다르다는 지적이다(Michael Pollan in Keith, 2013: 39 재인용; Henry David Thoreau in Pollan, 2007: 47 참조).

---

111) "福音의 變質"이라는 차원에서 개인적으로 "씨 뿌리는 비유"에 대한 설교에서 설교자들의 다음과 같은 재고가 필요하지 않는가 하는 생각을 해본다. 과거엔 밭의 상태를 강조한 것이 일반적이었다. 그런데 복음의 변질, 즉 생명씨앗의 변질이 심하다면 설교자들에 의해서 뿌려지고 있는 씨앗에 대한 재고가 필요하지 않을까? 또 씨 뿌리는 자들에 대해 사회적 비난으로 심하다면 씨 뿌리는 자(설교자)들에 대한 재고 또한 필요하지 않을까 하는 생각이 든다. 물론 밭의 강조는 변함없이 계속되어야 하는 것은 당연한 것이다.

먹을거리의 성분의 변질은 사과에만 한정되어 있지 않다. 오늘날 탄수화물중독의 장본인 중 하나인 밀(wheat)의 경우에도 과거의 조상들이 먹었던 밀과는 그 성분 면에서 매우 다르다고 한다112) (Davis, 2012: 34-41). "현대의 트리티쿰 아에스티붐 밀가루는 평균적으로 무게의 70%는 탄수화물, 단백질과 소화하기 쉽지 않은 섬유질이 각각 10-15%로 구성되어 있다. 나머지는 대부분 인지질(phospholipid)과 다중불포화지방산 같은 지방이다(흥미롭게도 고대 밀은 단백질 함유량이 많다. 엠머 밀은 28% 이상이 단백질이다)"라고 한다(Davis, 2012: 54; 밀에 대한 설명은 Küster, 2016: 57-83. "4장 최초의 농부" 참조).113) 밀이 성분의 변화를 거치면서 나타나게 된 결과는 무엇일까? 밀의 변화에 관한 이러한 사실을 인지한 스티븐 웬겐(Stephen Wangen)은 다음과 같이 적고 있다. "음식의 역사와 인류의 역사를 자세히 살펴보면 놀라운 사실을 발견할 수 있다. **믿기 어렵겠지만 우리가 현재 먹는 음식들 대부분은 인류가 먹어온 것이 아니다.** 게다가 더욱 놀라운 것은 우리 식탁에 올라오는 먹거리가 건강보다는 경제적인 이유와 더 연관이 깊다는 사실이다"(Wangen, 2012: 20-21. 강조 본 연구자).

---

112) 다를 뿐만 아니라, 더 나아가서 현대사회에서 우리가 먹는 음식의 70퍼센트가 과거 조상들이 수렵·채집인으로 살아갈 때에는 구할 수 없었던 음식이라는 점이다(Goldman, 2019: 154-155).

113) "2012년 유전학자들은 토마토는 대부분 고의로 유전자 변이를 일으켜서 재배한다고 밝혔다. 유전자 변이로 인해 빨간색의 윤기 있는 토마토가 나온 것이다. 맛있어 보여도 사실은 맛이 없다. 유전자 변이로 토마토에서 당분을 생성하는 유전자를 비활성화시켰기 때문이다. … 텃밭에서 기른 토마토를 먹어보고 식료품점에서 산 토마토를 먹어보라. 텃밭 토마토는 모양이 완벽하지는 않지만 더 맛있을 것이다. 식료품점 토마토는 비즈니스는 이윤을 택한다는 사실을 일깨워준다. 식료품점에 진열된 식품은 모두 모양을 기준으로 팔린다"(Timmerman, 2016: 343).

(a) 먹을거리에 他成分 添加: 먹을거리의 변질은 먼저 다른 성분의 첨가의 형태로 나타난다. 오늘날의 먹을거리의 안전성을 파괴하는 것 중의 하나가 많은 화학첨가제 등으로 떡칠한다는 데 있다. 원거리의 운송 때문에 부패를 방지하기 위해서 방부제를 치고, 또 보기 좋은 떡이 먹기 좋다는 말에서처럼 보기 좋게 보이게 하기 위해 각종 색소(色素)로 도배한다. 식감을 좋게 한다는 이유로 또 유연제 등의 화학물질을 첨가한다. 그렇게 안 해도 농장식 생산으로 인해서 각종 제초제와 항생제 그리고 살충제로 뒤범벅되었을 것인데, 거기에다가 더 안 좋은 화학성분들을 이런저런 이유로 첨가하고 있는 것이다. 김종덕 교수가 아베 쓰카사(2006: 51) 자료를 인용해서 비교한 무첨가 햄과 가공식품 햄의 성분 비교에 관한 자료를 들여다봐라. 얼마나 많은 첨가물이 들어갔는지, 이름도 생소할 뿐만 아니라, 그 첨가물이 무슨 역할을 하는지도 잘 모르는 경우가 대부분일 것이다(김종덕, 2012: 60 "무첨가 햄과 가공식품 일반 햄의 성분비교" 참조). 그런데 이렇게 생산된 먹을거리가 버젓이 우리 식탁에 불청객으로 들어와 있다는 것이다. 마치 먹어도 괜찮다는 듯이 말이다. 아니, 먹으면 건강에 무지하게 좋다는 식으로 말이다.

(b) 먹을거리에 本質的 成分除去: 그것뿐만 아니라 자신들의 입맛에 맞춰서 본래 가지고 있는 성분을 제거하기도 한다. 단지 식감(食感)을 좋게 하기 위해 좋은 성분을 제거한다. "거친 음식을 먹어라"라고 주문하지만, 단지 먹기에 불편하다는 이유로 말이다. 오늘날 음식 중독의 경우의 원인으로 지목되고 있는 것이 바로 '정제탄수화물(主犯)'과 (밀)가루식품(共犯)이라고 한다(Sheppard, 2013: 87-93,

94-104; LeFever & Shafe in Sheppard, 2013: 88 재인용).[114]

정제하지 않은 과거 거친 탄수화물 음식은 아무런 문제를 일으키지 않았는데, 오늘날 정제된 탄수화물의 경우에는 음식중독을 유발한다. "최근 많은 식품영양학자들이나 의학계의 연구를 통해, 아무리 탄수화물이 많은 음식이라도 그것이 정제되거나 가공되지 않은 완전식품(whole food)이라면 아무런 문제를 일으키지 않는다는 사실이 발견되었다. 탄수화물이 문제가 아니라 정제된 탄수화물이 중독의 원인인 것이다. 전반적으로 중독을 유발하는 식품은 끈끈하고, 반죽 같고, 기름진 것들이다"(Sheppard, 2013: 92). 먹을거리의 변질, 즉 먹을거리에 성분의 첨가와 더불어 성분의 제거가 가져온 결과는 무엇인가? 결과적으로 유전자변형(GMO)식품, 패스트푸드와 가공식품 등이 우리 주변의 먹을거리에서 이들 식품이 주 무대를 차지하고 그들이 마치 주인공처럼 행세하고 있다는 것이다. 그 결과 좋지 못한 먹을거리를 섭취함으로 인해서 비만, 당뇨, 고혈압과 같은 성인병 등을 가져다주고 있다는 것이다. 건강을 가져다줘야 할 음식이 건강이 아닌 질병을 가져다주고 있는 것이다. 이것이 오늘날 음식과 관련된 또 하나의 불편한 진실이다.

(2) 靈的 먹을거리의 변질

육의 양식이 변질되는 경우와 비슷하게 영적 양식의 경우에도 변질이 발생한 것이다. 초기에 만들어진 성경은 오자(誤字)가 심했다

---

114) "2011년 일군의 정상급 영양전문가들이 심장 질환과 비만을 유발하는 데 있어서 정제 탄수화물이 포화지방보다 훨씬 더 나쁘다는 사실을 적시한 최초의 공식합의문을 발표했다"(Teicholz, 2016: 420, 187번 각주 재인용).

고 한다. 그래서 성경의 역사에서 인구에 회자되고 있는 것이 바로 오자로 인한 'He 성경'이니, '악의 성경(Wicked Bible)'이니 하는 명칭들이었다.

초기 인쇄된 킹제임스 역에는 큰 실수들이 없지 않았는데, 무엇보다 오자가 심했다. 초판은 'He 성서'로 불린다. 남녀 대명사를 혼돈하여 룻기 3:15의 "그녀는 성읍으로 들어갔다"를 "그는(He) 성읍으로 들어갔다"라고 번역했기 때문이다. 또 다른 판에서는 부정사 'not'을 빠뜨렸는데 빠뜨린 부분이 안타깝게도 십계명의 여덟째 계명이었다. 그러니 십계명이 "간음하라"라고 명령하게 된 것이다. 이 판이 '악의 성서(Wicked Bible)'라고 불리게 된다(Swenson, 2014: 132-133).

그런데 과거의 이러한 오자들에 의한 성경의 변질은 오늘날 행해지고 있는 다른 종류의 복음 변질들과 비교해서 상대적으로 그렇게 문제가 되지 않는 부분이었다. 왜냐하면 단지 인쇄과정에 온 문자적 오류에 지나지 않았기 때문에 성경을 읽는 독자들은 전체적인 맥락에서 또는 앞뒤 문장을 통해서 그러한 오자들을 거의 확인[發見]할 수 있을 것이라고 믿어지기 때문이다. 아마도 빙그레 웃고 넘어갔을 것이라 생각된다. 아니면 도서관에서 빌린 책에서 개인적으로 경험했던 것처럼 친절하게 먼저 읽은 독자(讀者)가 오자에 선을 긋고 다시 올바르게 고쳤을지도 모른다. 물론 오자가 안 나왔으면 더 좋았을 것이다. 왜냐하면 인쇄상의 오자를 가지고 하나님의 말씀에 의심을 가진 자들은 '성경의 권위'에 대해 의문을 제기하는 경우가 발생하지 말라는 법이 없기 때문이다. 그렇지만 이러한 일들이 벌어지기에는 극히 적을 것이다.

삶에서 복음의 변질 가운데 영적인 건강에 심대한 영향을 주는 것은 바로 복음의 본질적 내용 가운데에서 무엇인가를 추가한다거나 또는 무엇인가를 제거하는 것이다.115) **복음+α[添加]와 복음-α [削除]**가 실제적으로 믿음생활을 하는 데 강하게 영향을 준다는 것이다. 왜냐하면 잘못된 복음을 전하는 자들이 전하는 내용을 겉에서 보았을 때에 확인할 수 있는 것처럼 **복음(福音)**이 포함되어 있기 때문이다. 잘못된 복음을 전하는 이들도 예수님, 성령, 영으로, 신령으로와 같은 기독교적 용어[修辭]를 사용한다. 부끄러움이나 수치스러움 없이 더 열심을 다하여 이러한 신앙 용어를 적극적으로 사용한다. 그리고 심지어는 예수 그리스도가 하나님의 아들이라고도 인정한다. 더 나아가서 이들은 믿음으로 말미암아 구원을 얻는다고 고백하기도 한다. 그렇기 때문에 현실에서 그들에게서 변질된 복음을 분별하는 것이 참으로 어려울 수밖에 없다.

어떤 책에서 본 내용에는 다음과 같은[비슷한] 설명이 포함되어 있는 것을 볼 수 있었다. 그 내용을 대략적으로 소개하면 다음과 같다. 만약에 2+2=4가 진리[2+2=4=眞理]라고 전제할 경우에는 3은 2+1=3이라거나 1+1+1=3이라고 하면 3은 2+2[=眞理]가 아니기 때문에 쉽게 틀렸다고 확인할 수가 있다고 한다. 마찬가지로 5도 2+3=5라고 하거나 4+1=5라고 하면 5는 2+2가 아니기 때문에 이 또한 쉽게 틀렸다는 것을 알 수 있다. 그렇지만 만약 3을 2+2-1이

---

115) 참고로 복음+α-α 의형태도 존재한다. 신광은 목사가 지적한 아르뱅주의가 바로 그것이다. "아르뱅주의(Arvinism)는 아르미니우스주의(Arminianism)와 칼뱅주의(Calvinism)의 최악의 조합을 뜻하는 저자의 신조어. 아르미니우스주의식 '구원의 확신'과 칼뱅주의식 '성도의 견인'을 제멋대로 결합한 편의주의 신학으로 오늘날 한국교회가 발행하고 있는 21세기형 면죄부"의 형태를 가진다(신광은, 2014: "앞장 표지의 뒷면 글에서").

라고 한다거나, 5를 2+2+1이라고 한다면 쉽게 틀렸다고 말하지 못
하고 혼동에 빠질 수 있게 된다는 것이다. 왜냐하면 (2+2)-1=3이나
(2+2)+1=5에 (2+2)[2+2=4=眞理]가 포함되어 있기 때문이란다. 이
들이 한 말들이 본질적으로 틀린 것이지만 그 틀린 말 속에는 어느
정도 맞는 것같이 보이는 말[一理가 있는 것처럼 들리는 그러나 眞
理가 아닌]을 포함하고 있기 때문이다. 복음의 변질을 꾀하는 자들
도 바로 이러한 효과[混亂]를 노리고 있는 것이다. 5를
(2+2)-3+(2+2)라고 한다면 (2+2)[2+2=4=眞理]를 구별하는 데 더욱
더 어렵고 혼란은 더 가중될 것이다. 왜냐하면 (2+2)가 한 번도 아
니고 두 번씩이나 들어 있기 때문에 쉽게 이거 맞는 것 아니냐 하
고 넘어갈 수 있기 때문이란다.

 (a) 영적 먹을거리에 성분 추가, 福音+α: 다음은 빌리 그레이엄
(Billy Graham)의 손자인 튤리안 차비진(Tullian Tchividjian)[116]이
자신의 책인, 『Jesus All(Jesus+Nothing=Everything)』에서 복음에
무엇인가를 '플러스알파(+α)'를 함으로써 복음의 변질이 이루지는
것에 대해서 지적하고 있다. 사실 악마의 전략 중의 하나가 바로
복음에 무엇인가 더하면 모두 쉽게 속일 수 있다는 것이다. 차비진
은 한때 아니 지금도 교회와 이 사회에 유행하고 있는 자기계발 등
에 대해서 복음에 '플러스알파'를 한 가지 예라고 지적한다. 참고로
자기계발의 문제점에 대해서는 일찍이 고(故) 존 스토트(John R.

---

116) 차비진에게 2015년 외도사건이 일어났다. 그렇지만 그의 외도와는 상관없이 그의 책에서 밝힌
내용은 유효하기에 여기서 인용하고자 한다. 물론 그의 외도로 인해서 그의 책에 대한 권위는
떨어졌을 것이다. 차비진의 외도에 대해 강혜진, "'빌리 그래함 외손자' 차비진 목사, 외도 시
인 후 사임", <크리스천투데이>, (2015.06.23.).; http://www.christiantoday.co.kr/view.htm?id=
284169 참고.

W. Stott) 목사님도 지적했었다는 점을 상기했으면 한다(Stott, 2015: 58-61 참조).

C. S. Lewis의 명저 『스크루테이프의 편지(The Screwtape Letters)』에도 이 '더하기' 개념이 등장한다. 이 책에서 고위급 악마 스크루테이프는 제자 웜우드에게 그리스도인들을 무너뜨리는 악랄한 전략에 대해 가르치면서 그들은 '기독교 더하기 다른 무언가'라는 마음 상태에 묶어두는 방법을 소개한다. 이어서 그는 몇 가지 사례(루이스가 살던 20세기 중반에 유행하던 경향들)를 소개한다. 기독교와 새로운 심리학, 기독교와 새로운 질서, 기독교와 신앙요법, 심지어 기독교와 채식주의도 포함돼 있다. 이렇게 예수 그리스도와 복음에 무언가를 더하는 것은 모두 사탄의 유혹에 넘어간 것이다. 우리는 내면의 빈 공간을 느끼며 자주 이런 유혹에 넘어가곤 한다. 물론 요즘 스크루테이프의 목록은 꽤 달라졌다. 이 시대에 사탄이 즐겨 사용하는 미끼는 '기독교와 스타일, 기독교와 긍정적인 태도, 기독교와 자기계발' 등일 것이다. 이 외에 온갖 사회적 명분도 갖다 붙일 수 있다(Tchividjian, 2013: 50).

(b) 영적 먹을거리에 성분 제거, 福音-α: 복음에 대해서 무엇인가를 첨가하는 것뿐만 아니라 복음에서 무엇인가를 생략하는 것 또한 복음의 변질에 해당한다. 듣기 싫다는 것 때문에, 아니면 자기의 이성적 이해에 맞지 않다는 이유 등으로 생략하는 경우가 바로 그러한 예일 것이다. 구원을 받는 것은 예수 그리스도를 믿는 믿음 때문에 가능하다(以信稱義·以信得救). 그러나 구원은 단순 칭의(稱義)로 끝나지 않고 지속적인 성화(聖化)의 삶과 더불어 영화(榮化)의 단계로 발전되어야만 한다[救援抒情, Ordo Salutis]. 오늘날 '믿음의 말씀(Word of Faith)'이라는 것이 있는데, 이것은 삭제를 통한 복음을 변질시킨 한 예다. 왜냐하면 '믿음의 말씀'이라고 하는 이들

의 경우 "믿음만 충분하다면, 무슨 말을 하든 그대로 이루어진다는 신념"(MacArthur, 2014: 34)만을 전하기 때문이다. 말에 힘이 있는 것은 사실이지만, 그렇다고 말하는 것이 다 이루어지는 것은 아니기 때문이다. 한국 교회에서의 '복음-α'의 사례에 대해 김세윤 박사는 다음과 같이 지적하였다. 한국 교회가 칭의의 개념을 이해할 때에 단지 법적인 개념으로만 이해하고 관계론적 의미에 대해서는 아예 망각하고 있다는 것이다. 이러한 칭의의 개념은 복음에서 마이너스알파('복음-α')를 한 경우로 칭의의 개념을 심하게 왜곡하는 오늘날 구원파들이 지니고 있는 칭의 개념과 거의 같은 수준이라는 지적이다.

한국교회는 복음을 주로 바울의 칭의의 범주로 선포하는데, 이때도 복음을 부분적으로만 이해하여 오해하고 왜곡하는 현상이 심각하게 일어난다. 왜냐하면 칭의론을 법정적 개념으로만 이해하여, 그것의 관계론적 측면을 무시하기 때문이다. (...) 칭의의 복음의 이러한 관계론적 의미를 모르는 많은 한국 목사들이나 그리스도인들은 그것을 밝히며 그것이 요구하는 "의인이라 칭함 받은 자는 의로운 삶을 살아야 한다"라는 사실을 강조하는 사람들을 행위로 의인 되려 한다고 비판하다. 그리하여 그들은 '은혜로만/믿음으로만 구원받음'의 복음을 '의로운 삶(윤리)이 없는 의인 됨'을 뜻하는 복음으로 심각하게 왜곡하고 있는 것이다. (...) 예수의 하나님 나라 복음에 대한 부족한 이해와 바울의 칭의복음의 부분적 이해가 예정론에 대한 왜곡된 이해와 합하여 이루어진 것이 "우리는 오직 은혜와 믿음으로 의인이라 칭함 받는 것이며, 그렇게 한번 얻은 구원은 우리의 삶과 관계없이 영원히 보장된 것이다"라는 '구원파적 복음'이다. 구원파 사람들은 이렇게 왜곡된 '복음'을 당당히 가르치는 모양인데, 그들을 이단으로 규정하는 이른바 정통 교단들의 많은 목사들도 사실상 같은 '복음'을 가르치고 있다(김세윤, 2013: 19, 20-21).[117]

양희송도 위의 김세윤 박사와 비슷한 지적을 하고 있다. "계속되는 구원의 확신만"을 반복적으로 요구한다는 것이다. 그에 반해서 '구원 이후'의 삶에 대해 침묵하는 것 또한 변질된 복음에 해당한다는 것이다. 왜냐하면 이것은 "전도된 신학적 사고로 사실상 한국 교회의 구원론이 이단으로 비판받는 구원파와 별로 다르지 않게 작용하는 이유"가 되기 때문이란다(양희송, 2014: 123). 김구원 교수가 지적한 것처럼 성도란 "그리스도의 인격(Who Jesus is)과 사역(What he has done for us)을 계승하는 자"라는 점에 대해서 성경이 가르쳐주고 있다는 것을 기억해야 할 것이다(김구원, 2013: 373).

복음의 변질이 가져온 결과는 무엇인가? 복음+α, 복음-α가 가져온 결과는 무엇인가? 맘몬의 숭배, 번영의 숭배, 성공의 숭배, 자기계발의 신학 등으로 나타났다. 왕이신 예수 그리스도를 그의 왕좌에서 끌어내리게 하고(dethrone) 다른 무엇인가를 하나님의 왕좌에 옹립한 것이다. 앞에서 인용한 차비진(Tchividjian)의 책의 원제목은 『Jesus+Nothing=Everything』이다. 즉 "예수님만이 진정으로 전부인 것이다." 예수 그리스도에 무엇인가를 붙여서는 안 된다. 예수 그리스도가 모든 것이 되게 하기 위해서는 말이다. 정성묵은 차비진의 책을 한국어로 번역하면서 『Jesus All』이라고 제목을 붙였다. 모든 것은 사라지고 예수만 있어야 하기 때문이다. 예수 그리스도가 전부이기 때문이다. 예수 그리스도에 다른 그 무엇인가를 플러스알파(+α)하게 된다면 그것은 진정한 모든 것(Everything)이 될

---

117) 김세윤 교수의 발언 참고, "교회 개혁, 삐뚤어진 칭의부터 바르게" <뉴스앤조이>, (2011. 11.09.).; http://www.newsnjoy.or.kr/news/articleView.html?idxno=36202.

수 없기 때문이다. 예수가 전부일 때에 그것이 바로 더 복음[THE Gospel]이 되는 것이다. 예수가 모든 것이 될 때에 Jesus ALL이 될 수 있는 것이다. 역설적이게도 모든 것이 다 빠지고 오직 예수만(ONLY JESUS) 남을 때에 세상의 진정한 전부(Everything)가 되는 것이다. 예수에 불순물이 섞이면 복음은 매우 심하게 변질되게 된다. "그리스도인은 '성경의 사람(man of the Book)'이다. 모름지기 성경의 가르침이 기독교 신앙의 근본이라는 말이다. 성경의 본질적 가르침에서 벗어나 종교적 욕망에 따라 행동하는 어떤 것도 하나님의 뜻일 수 없다"(강만원, 2015: 84).

2) 먹는 것이 바로 당신

"당신이 먹는 것이 당신이다(You are what you eat)"라고 한다. 그런데 더 중요한 것은 먹는 것이 자기 자신으로만 끝나는 것이 아니라 삼대까지 간다는 말이 있을 정도다(신동화, 2011). 랜달 피츠제럴드(Randall Fitzgerald)는 우리 자신이 먹는 것이 우리의 삶 속에서 지속적으로 어떤 영향을 미치는지에 대해서 다음과 같이 소개한다. "'당신이 먹는 음식이 당신을 만든다'라는 표현이 있다. 그러나 새로운 후성학(epigenetics)의 연구결과, '당신 어머니가 먹는 음식 역시 당신을 만든다'라는 사실이 입증되고 있다. 후성학은 영양이나 독성 화학물질 같은 환경적 요소들이 DNA 배열의 변동 없이 유전자 기능을 변화시키는 과정을 연구하는 학문이다. 2003년에 『분자 및 세포생물학(Molecular and Cellular Biology)』에 실린 연구논문은 어머니가 먹는 음식물이 자녀들의 유전자 기능을 영구적으로 변화시킬 수 있다는 결론을 내렸다"(Fitzgerald, 2008:

205). 이제 '먹는 것'은 나 자신과 더 나아가서 내 후손에게까지 영향을 끼친다는 것을 과학적 연구의 결과로 알 수 있다. '먹는 것'은 단순히 '먹는 것[行爲]'으로만 끝나지 않는다는 점이다. 불안전한 물질적인 먹을거리를 먹는 사람들은 먹을거리의 불안전성으로 인해 발생하는 많은 문제를 차후에 감당해야만 한다. 나타나는 시간이 차이가 있을 뿐이지 부작용은 언젠가는 나타나기 마련이다. 영적 먹을거리의 경우도 마찬가지다. 영적 양식인 복음에 있어서도 변질된 복음을 접한 성도들 또한 이에 대한 대가를 지불해야 하는 것이다. 왜냐하면 "네가 먹는 것이 네 자신"인 것처럼, "네가 접한 복음이 네 믿음이기 때문이다."

3) 변질된 먹을거리의 代價

(1) 육적 먹을거리의 경우

그렇다면 잘못된 양식으로 인한 결과는 무엇인가. 개인의 건강에 심각한 부작용[疾病]을 야기한다는 점이다. 그런데 문제는 먹는다는 것은 단순히 개인의 건강(비만이나 질병) 등과 같이 개인적 차원에서 끝나지 않고, 사회적 차원을 넘어 전(全) 지구적 차원으로 연결되어 나타나고 있다는 점에 대해서도 주목해야만 한다. 먹는 것 때문에 지구 한편에서는 과다 영양섭취 등으로 인해 훨체어 없이 거동하기 불편한 사람들(過體重 때문에)이 존재하는가 하면, 같은 지구의 다른 한편[대부분 Global South]에서는 배를 곯아 한 걸음도 움직이기 어려운 수많은 아이들(低體重으로)이 존재하기도 한다는 점이다. 그런가 하면 비만은 당뇨병과 혈관질환 등으로 발전하는 경우가 대부분이다. 심지어 좋지 않은 먹을거리로 인해서 공격성은 물론 우울증까지 발생케 한다고도 한다(Rath, 2014: 120). 좋지 않은 먹을거리가 많은 질병의 원인으로 작용해서인지 몰라도 얼 힙(Earl Hipp)은 『나는 왜 자꾸 짜증이 날까?(Fighting Invisible Tigers)』라는 저서에서 스트레스(짜증, 또는 스트레스를 보이지 않는 호랑이, 'Invisible Tigers'로 표현하고 있다)를 잡기 위한 방법에 대해서 이야기하면서 책의 2장에서 "잘 먹고 잘 살자"에 가서는 패스트푸드와 설탕과 같은 음식에 대한 내용을 다루었던 것이다(Hipp, 2015: 48-65). 변질된 먹을거리는 개인의 몸과 공동체 더 나아가 전 지구적으로 좋지 않은 많은 부정적 결과들을 생산해내고 있는 것만은 사실이다.

(2) 영적 먹을거리의 경우

변질된 복음은 구원으로부터 멀어지게 한다. 성화의 삶으로부터 멀어지게 한다. 하나님과의 친밀함에서 떨어지게 한다. 믿음의 공동체로부터 멀어지게 한다. 삶 속에서 거짓된 것을 좇게 하고, 잘못된 것을 숭배하게끔 한다. 믿음으로부터 자신만이 멀어지는 것으로 끝나지 않고, 가족과 믿음의 공동체에 담을 쌓게 한다. 심지어 금전적으로 많은 손실을 발생하게도 한다. 변질된 복음을 전하는 자들의 숨어 있는 목적이 금전적 이익을 얻기 위한 경우가 많기 때문이다. 이 또한 부정할 수 없는 불편한 진실이다. 그런데 사실인 것을 어떻게 하랴! 앞에서 김세윤 박사가 지적한 내용을 계속 살펴보면 영적 먹을거리의 변질이 어떤 결과를 가지고 오는지 생생하게 들을 수 있다. 칭의를 단지 법정적 개념으로만 이해하고 관계론적 개념으로 이해하지 않을 경우에는 그것으로 끝나는 것이 아니라 "선교에 대한 편협한 이해"로도 이어질 수 있다는 지적이다.

　　많은 한국 그리스도인들은 주 예수 그리스도가 주신 선교명령을 교회
가 복음을 선포하여 사람들로 하여금 이전의 종교를 버리고(회심) 주
예수 그리스도에 대해 신앙고백하여 '영혼'의 구원을 얻도록 하는 '구
령사업'을 하라는 것으로만 이해하며, 사람들로 하여금 하나님의 통치
를 받도록 하는 것, 즉 그것을 대행하는 예수 그리스도의 주권에 순종
하여 하나님 나라의 샬롬을 실현하고 확대하는 일을 하도록 하는 것도
포함한다는 것에 대해서는 이해하지 못하고 있다. 그리하여 그들은 교
회가 자유, 정의, 평화, 환경적 문화적 건강 등을 도모하는 일을 하는
것을 두고 교회가 '구령 사업'만 해야지 '사회참여', '정치참여', '문화
운동' 등을 하는 것은 교회 본연의 임무에서 벗어나는 것이라고 배격
하는데, 이러한 편협한 선교 이해에도 한국교회의 신학적 빈곤이 잘 나
타나는 것이다(김세윤, 2013: 27).[118]

4) 그렇다면 변질된 먹을거리를 選好하는 理由

(1) 無知(盲): 食·盲과 靈·盲

　　그렇다면 왜 변질된 먹을거리에 끌리고 있는가의 문제다. 무엇
때문에 안 좋은 먹을거리를 선호하게 되는 것일까? 먼저 무지(盲)
를 꼽을 수 있다.[119] 음식문맹[食·盲] 때문에 바른 먹을거리를 선

---

118) 한완상 前 교수도 『한국교회, 개혁의 길을 묻다』의 "서문: 복음과 성령의 공공성을 위하여"에
서 같은 주장을 한다. 요한삼서 2-4절에 근거한 '3박자 구원'에 대해 침착할 경우 복음의 공
적 가치가 사라지게 된다고 한다. "이른바 '3박자 구원[요3서 2-4절을 근거로 삼음]'의 축복으
로 이 말씀을 소중히 여깁니다. 왜 그럴까요? 그것은 개인의 영적 축복, 개인의 만사형통, 개
인의 육체적 건강이 가장 중요한 기독교 복음의 본질이요, 열매라고 확신하기 때문입니다.
이 '복음'에는 공적 가치가 없습니다. 거기에는 진리의 축복이 없습니다"(한완상, 2013: 10).

119) 사토 겐타로(Sato Kentaro)의 책에 나온 다음의 내용은 무지에 대한 예일 것이다. "오래된 포
도주를 냄비에서 바짝 조려서 만드는 '사파(sapa)'라는 감미료도 당시 유명했다. 그러나 사파
의 주성분은 냄비의 납이 녹아 나와 침전된 질산납으로, 독성이 상당히 높은 물질이다. 로마
인의 평균 수명은 20대 전반에 지나지 않았고, 상류계층에는 불임이 많았는데, 이것은 사파
에 의한 납의 독성이 영향을 주었다고 할 수도 있다. 단맛을 찾는 것도 목숨이 달린 일이었

택하지 못하는 경우가 있다(이찬수, in 이찬수 외 15인, 2013: 23-24 참조). 영적 양식의 선택에 있어서도 맹(盲, 無知)이 존재한다. 바로 분별(分別)할 수 있는 능력의 부족으로 인해 발생한다. 영적 무지는 영적으로 무엇이 옳고 그른지 선택하는 데 있어서 많은 현실적 장애를 가져오게 한다. 그래서 훌륭한 목사님(그저 성장하는 교회의 목회자)의 말씀이라거나, 많이 배우신 장로님(대학 교수이신 또는 박사이신 장로)의 말이라면 아무런 의심 없이 꿀꺽 받아먹는 경우가 많이 존재한다. 성장과 부흥만이 절대적인 해답이 아니며, 학위(學位나 世上地位)가 절대적인 해답이 될 수 없음에도 불구하고 말이다. 그리고 아무런 이의(異意)를 제기(提起)하지 않는 분위기를 교회와 공동체가 직·간접적으로 조장(助長)하기도 한다. 이의를 제기하지 않는 것이 마치 믿음이 강한 것의 증거라는 분위기-반대로 이의를 제기하는 것은 믿음이 약하거나 사탄·마귀·귀신[시쳇말로 사·마·귀]의 미혹의 결과라고 생각하는 분위기- 때문에, 즉 이러한 '학습된 무능력'으로 인해 의문이라는 것을 생각조차 하지 않는 경우가 많게 된 것이다. 그러나 교회의 전통은 영적 분별의 맹(盲)이 아니라, 영적 분별(靈的分別)의 삶이었다는 것을 기억할 필요가 있다. 그래서 다음의 권면에 대해 잘 생각해보아야 한다. "성경에 대한 올바른 이해를 바탕으로 각 절마다 설명을 달아놓은 학자들의 주석서도 많다(하나님께 받은 은사를 잘 사용하는 목사님들과 성경학자들에게 이 지면을 빌려 정말 감사한다). 그러나 모든 일을 전문가에게만 맡길 수는 없다. 사도행전에 나온 베뢰아 사람들을 보자. 그들은 사도 바울이라는 훌륭한 교사에게 배웠

던 것이다"(Sato, 2015: 51).

음에도 그의 말이 맞는지 알아보려고 날마다 성경을 연구했다(행 17:11)"(Beynon and Sach, 2012: 19-20).

(2) 一時的 慰安(comfort food)

변질된 먹을거리, 즉 몸에도 안 좋은 음식임에도 불구하고 자주 손이 가는 이유로 들 수 있는 것은 바로 그 음식이 마음에 즉각적(卽刻的, fast)인 위안을 주기 때문이다(comfort food). 그렇기 때문에 잘못된 양식(糧食)으로 인해 발생한 잘못된 결과들이 우리 앞에 산재하고 있음에도 불구하고 또 그러한 문제들에 대해서 사회적인 지적이 있음에도 불구하고 잘못된 먹을거리로부터 자유롭지 못한 경우가 발생하게 된다는 것이다. 심하면 중독(中毒)의 수준에까지 도달하면서 말이다(흡연의 이유가 스트레스 제거라는 것과 마찬가지다. 알다시피 흡연이 일시적인 스트레스의 해소에는 도움을 줄 수 있으나 근본적인 해결을 주지 못할 뿐만 아니라 강력한 중독의 문제를 낳게 된다는 점을 아실 것이다). 이에 대해 폴 트룸머(Paul Trummer)가 자신의 책인 『피자는 어떻게 세계를 정복했는가(Pizza Global)』에서 다음과 같이 묻고 스스로 답하는 것을 볼 수 있다. "몸에 나쁜 음식이 이렇게 수많은 부정적인 결과를 가져온다는 자료를 접하고 난 후, 한 가지 의문이 떠올랐다. 그렇다면 도대체 왜 우리는 이렇게 건강에 나쁜 음식을 먹는 것일까? 그 대답은 당신이 생각하는 것보다 더 간단하다. **왜냐하면 그런 음식이 맛있기 때문이다. 그리고 단기적으로는 우리에게 행복감을 선사하기 때문이다**"(Trummer, 2010: 31. 강조 본 연구자). 사람들이 스트레스를 받게 되면 이른바 단맛을 찾는다는 것이다. '컴포트푸드'라는 명칭에서도 알 수 있는 것처럼 바로 음식을 통해서 일시적인 위안을 찾게 된다는 것이다. 컴포트푸드의 대부분이 안전한 먹을거리가 아님에도 불구하고 말이다. 그리고 영원한 위로를 줄 수 없음을 알고도 말이다. 그런 상황에 처하면 그런 음식물들을 찾게 된다는 것이다. 찾을 수밖에 없다는 것이다. "설탕이든 요리당이든, 그 이름이 무엇이든 간에 단맛의 본질은 위안이다. 사회적 스트레스를 많이 받는 하위 계층에서 비만율이 높게 나타나는 까닭이 본래 그들이 건강한 식단에 접근하기 어려운 불평등한 사회 조건만 관련 있는 것은 아니다. 스트레스를 받게 되면 이른바 컴포트 푸드(comfort food), 설탕과 초콜릿을 비롯한 단맛에 대한 욕구가 커지는 것이 가장 주된 요인이다. 그래서일까. 서양에서는 사랑하는 이를 허니(honey)라고 부른다"(http://v.media.daum.net/v/20150709040506850?f=o; 정동현 셰프, "'허니~'라 부르고 '위로'라 쓰는…오로지 나를 위한 달디단 그 맛" <조선일보>, [2015.07.09.]). 그런데 현실은 어떤가. 컴포드 푸드로 진정한 컴포트(comfort, 慰安)를 얻을 수 있는 것일까? 패스트푸드와 제과류 역시 조금만 섭취해도 우울증에 걸릴 확률을 높인다. 이런 '위안식(慰安食, comfort foods)'은 결국 어떤 위안도 제공하지 않을 뿐만 아니라 우울증의 악순환을 가속화할 수도 있다. 스트레스를 받았을 때 해로운 음식으로 풀지 않도록 노력하라. 부실한 음식을 먹으면 기분이 더 나빠질 뿐이다(Rath, 2014: 120). 이것이 '위안식'에 대한 전문가의 경고(警告)다.

영적 양식의 경우도 마찬가지다. 변질된 복음 특히 성공과 풍요, 부의 신학을 들으면 어떤 느낌이 들겠는가. 하나님이 하늘 문을 여시고 복을 곧 바로 그것도 지금 주신다고 하시는데. 그 누가 이를 싫어하겠는가(사실 본 연구자는 다른 사람이 현실과 동떨어진 이야기를 하면 얼굴에 숨기지 못하는 편이며, 몹시 불편해한다. 자주 그것이 나의 단점이라는 말을 듣곤 한다. 그런 나에게 가까운 집사님이 '연기가 필요하다'고 자주 말하셨다). 긍정의 신학은 어떤가. 말로 하면 다 이루어주신다고 하는데, 긍정적으로 살면 모든 것이 풀린다는데, 이 얼마나 경제적인가. 입으로 시인하라, 그러면 다 들어주실 것이다. 무엇이든지. 전부 다 게다가 심지어 이들은 하나님을 심부름꾼처럼 부릴 수 있다고 주장하고 있는데, 이보다 더 실용적인 것이 어디에 있겠는가(과거에는 천사를 임의적으로 부릴 수 있다고 주장했는데, 오늘날에는 한 단계 더 업그레이드 되어서 하나님을 임의적으로 부릴 수 있다고 주장하니 이들의 주장이 가당키나 한 건지!). 그렇지만 복음이 아니기 때문에 문제인 것이다. 경제적으로 부를 주든지, 평안을 주든지, 그 무엇을 주든 복음이 아니면 다 필요 없는 그저 한낱 말장난에 불과하다는 것을 깨달을 필요가 있다.

행크 헤인그라프(Hank Hanegraff)는 베니 힌(Benny Hinn)의 말을 인용하여 힌(Hinn)과 같이 자칭 영적이라고 하는 사람들(아니, 결코 영적이지 않지만 일부 극단적 추종자들에 의하여 매우 영적 사람으로 추앙받고 있는)이 어떤 주장을 하는지에 대해서 말해주고 있다. "베니 힌의 말을 빌려 표현해보자. '여러분[현재 성육신한 상태로]은 지구 위를 돌아다니는 작은 신입니다. … 지상을 걷고 있는 작은 메시아입니다.'[Hinn, 트리니티방송국, 1990.11.01.] … 필요한 일이라곤 자신의 신성을 인식하는 것뿐이다. 혀를 사용하여 믿음의 힘을 풀어놓아라. 원하는 것은 무엇이나 그대로 될 것이다. 당신의 말이 곧 하나님의 명령이다"(Hanegraaff, 2010: 325). 그렇다면 일부 지지자들에게서 영적인 사람이라고 인정받고 있는 베니 힌(Hinn)이 말하고 있는 내용이 과연 성경적일까 하는 점이다. 과거 로드니 클락(Rodney Clark)이 하나님의 현재 최우선 관심이 복음전파보다는 재미, 즐거움에 있다고 확신했을 때[Rodney Clark, "Catch the Fire", 토론토공항교회. October 14, 1994. Audiotape에서] 고(故) 제임스 J. 패커(James J. Packer) 목사님은 이러한 자들의 주장을 가리켜 "행복주의"라고 지적했었다(Hanegraaff, 2009: 199-200). 그러면서 패커 목사님은 행복주의(일종의 욕탕종교 Hot tub religion)의 잘못된 점에 대해서 다음과 같이 지적한 적이 있었다. "거짓 신조이며, 하나님이 자녀를 거룩하게 훈련하시는 성화의 과정에서 따라오는 고통(히 12:5-11)을 간과해버렸다"(Packer, 1987: 75; Hanegraaff, 2009: 200 재인용). 신앙의 삶에서 오는 고통을 거부하고 오로지 위안과 번영만을 전하는 메시지는 성경의 가르침과는 매우 거리가 먼 내용인 것이다. 그리스도인의 삶은 위로로만 치장할 수 없는 것이다. 기독교 역사에서 카타콤(Catacomb)이 무엇을 의미하는지 기억할 필요가 있는 것이다.

(3) 超高速 效果期待

변질된 먹을거리의 가장 대표 주자가 바로 패스트푸드다. 패스트푸드가 비록 전 세계적으로 가장 많이 소비되고 있다고 하더라도 정크푸드(junk food, finger food)라는 명칭만은 지워질 수 없는 것은 사실이다.[120) 여기서 수식어인 'fast'는 다중적인 의미를 지닌다.

왜냐하면 '패스트'는 일반적으로 '맥도날드화', 또는 '버거화'에서 볼 수 있듯이 조리시간 등이 빠르다는 것을 의미하지만, 다른 한편으로는 버거에 쓰이는 고기의 공급을 위해서 소 등의 가축들의 사육[肥肉]기간을 단축시키고 있기 때문이다. 빠른 비육을 통한 고기의 공급이라는 측면에서 패스트이기도 하다.

공장식 축산방식을 도입하여 사육기간이 크게 단축된 가축에서 나온 육고기도 패스트푸드라 할 수 있다. 예를 들면 예전에 새끼 돼지를 어미 돼지로 키우는 데 2년 정도 걸렸다면, 요즈음은 종자개량, 고농축사료, 성장호르몬 등의 사용으로 7개월 정도 걸린다. 과거에는 거세 수소를 몸무게 500킬로그램으로 사육하는 데 6년 이상 걸렸으나, 현재는 성장호르몬, 고단백·고열량사료를 먹여 20개월 걸려 같은 무게의 소를 키운다. 또 예전에 자연방목의 경우 1.2킬로그램의 식용 닭을 키우는 데 6개월에서 1년 정도 걸렸는데, 오늘날에는 케이지에서 식용 닭을 1.6-1.7킬로그램으로 키우는 데 30-33일 정도 걸린다. 닭도 여러 가지 기술과 사육방법을 통해 1마리가 1년에 300개 정도의 달걀을 낳는다. 공장식 축산에 의해 생산된 돼지고기, 쇠고기, 닭고기, 달걀 등은 패스트푸드라 할 수 있다(김종덕, 2012: 53; 김종덕, 2013: 12 참조).

그런가 하면 흡수에 있어서의 '빠름'을 의미한다. 즉 고도로 정제된 물질(refined food)로 되어 있기 때문에 흡수를 매우 빠르게 한다. 정제된 탄수화물의 경우가 문제가 되는 경우가 많은데, 고도(高度)의 정제로 인한 빠른 흡수는 체내에서 당(糖)의 수치를 갑자기 높이며, 심할 경우에 알코올처럼 작용하여 중독 증세를 일으키

---

120) 복음의 전통에서 떠난 일부 교회가 세상눈으로 볼 때 크게 부흥하고 있다고 하더라도, 아니면 세상적인 방법을 통해서 부흥하고 있다 하더라도 그것이 진정한 부흥인가 아닌가에 대해서는 한 번쯤 자문할 필요가 있다. 부흥이 전부가 아닌 것은 사실이기 때문이다. 교세가 커졌다고 이단이 정통이 될 수 없다. 이단은 이단일 뿐이다.

기도 한다는 사실이 지적되고 있다.

정제 탄수화물은 "도파민과 세로토닌, 노르에피네프린의 전달 증가를 촉진한다. 신경 접합부에 이런 신경 전달 물질들이 풍부하면 희열감이 촉발되고, 그것은 더 많은 정제 탄수화물에 대한 욕망이 강해지도록 자극한다." "사람이 설탕과 밀가루를 비롯한 정제 탄수화물에 중독 증세를 보이는 것은 가능한 일인데, 정제 탄수화물은 혈관과 시상하부에서 알코올과 같은 작용을 하기 때문이다"(LeFever and Shafe, 1991: 30; Sheppard, 2013: 88 재인용).

영적 음식의 변질의 경우도 빠름이라는 수식어가 강조되어 있다. 과거에는 특정한 곳에서 제한적으로 일어나는 현상이었지만, 지금은 거의 일반화되고 있는 추세다. 그렇기 때문에 과거에 비해 교단적(教團的) 색체를 찾아보기가 어렵다. 교단명(教團名)만 다를 뿐 내용은 거의 대동소이한 경우가 많기 때문이다. 세상에서 어떤 것 하나가 유행하면 그것이 복음과 거리가 먼 것인지 아닌지, 복음에 유익한지 그렇지 않은지에 대한 아무런 생각 없이 거의 대부분의 교회가 너나 할 것 없이 차용(借用)하기에 바쁘기 때문이다. 미국의 경우 텔레반겔리스트들(Televangelist=Television+Evangelists)은 자신들이 소유하고 있거나 그 자신들과 관련되어 있는 매체들을 통해서 변질된 복음들을 여과장치 없이 대량생산하였던 것처럼, 오늘날 우리나라의 경우도 변질된 복음들이 패스트푸드의 생산처럼 인터넷이나 매스미디어를 통해 대량적으로 생산되고 있으며, 무차별적으로 선포되고 있는 현실에 처해 있다. 복음의 변질자(福音變質者)들은 '성장(成長·成功)'이라는 이름을 자신들이 전하는 메시지의 제일 앞에 내세운다. 마치 패스트푸드가 빠른 비육(肥肉)을 특징으로 하고 있는 것처럼. '성장(成長)'이라는 단어는 '복음의 본질이란 무엇인가'라는 근본적 물음에 대해서 함구(緘口)하게 만들 정도로 강력한 위력을 실질적으로 발휘한다. "성장이라는데, 그 무엇이 필요하단 말인가?"라는 논리가 모든 것을 지배한다. 그리고 성장이라는 결과물이 판친다. 너도나도 할 것 없이 성장[繁榮]을 외친다. 특히 오늘날 한국교회의 성장둔화의 현상은 더욱더 성장이라는 수사(修辭) 앞에 무릎을 꿇을 수밖에 없는 환경에 처하도록 교회 분위기를 만들어낸다[雰圍氣助長]. '성장이라는 단어 앞에 모든 불만 입 닥쳐 [shut up] 할지라'고 암묵적으로 강요한다. 성장이면 만사 OK가 되고 만다. 복음의 본질보다는 "교회성장이 이렇게 어려운데 어떻게 성장을 이루셨는지? 그 비결 좀!", "TIP 좀 제발?"

변질된 복음은 마치 정제된 탄수화물이 당의 수치를 높여 그들에게 일시적인 기쁨을 선사하는 것처럼, 변질된 복음을 접한 이들에게 일시적인 기쁨과 위안, 그리고 평안을 안겨준다[약속 받는다]. 그 기쁨은 매우 충격적이다. 향정신성의약품을 통해서 경험한 것 같은 충격적인 기쁨이다. 그래서 "거기에 기쁨이 있는데 어쩌란 말인가." "지금 자신의 삶에 과거와 다르게 만족한다고 하는데…" "어떻게 이 많은 사람들이 잘못된 것을 좇겠는가?" "여기에도 의사, 변호사, 장관, 교수…. 다 있다. 잘못되었으면, 어떻게 이런 사람들이 오겠는가?" 그들의 이러한 주장은 변질된 복음이 발생시키는 문제[結果]들을 우려하는 비판자들의 말문을 닫도록 강요한다. 성장 그리고 기쁨, 그것이 복음의 전부가 아니라고 해도 그것에 중독된 자들에게는 성장과 기쁨이 전부가 되어버린 것이다. "복음은 그것이 아니다"라고 하면 "니(你)나 잘하세요!"라고 '반문한다'. 주위의 많은 사람들이 이에 동조하는 것이 참으로 마음이 아프다. 지지하는 세력이 한 두 명이라도 있다면 좀 힘이 날 것도 같은데, 어느 누구도 성장과 기쁨에 대해서 이의를 달지 않기[못하기] 때문이다. 이러한 환경과 분위기는 더 강한 기쁨과 성공의 중독으로 이어진다. 그래서 성공과 기쁨을 찾아 방황하는 사람들이 더욱더 증가한다.

2 비난에 대한 應對論理

그렇다면 먹을거리 불안전성에 대한 비난에 대해서 초국적 거대 농산기업과 문제점을 지니고 있는 일부 기독교는 어떤 논리를 사용하여 응대하는가. '곧장' 색깔논쟁과 개인책임문제로 돌린다는 점에서 이들의 대응은 공통점을 갖는다고 할 수 있다. 먼저 그들이 색깔논쟁으로 취급하는 것에는 문제의 원인을 사회 구조적인 것에서 찾고자 할 때에 흔히 사용하는 대응방법이다. 이들은 색깔논쟁을 통해 구조적 문제에서 먹을거리의 변질[不安全]의 문제를 찾는 것을 의도적으로 피하게 할 뿐만 아니라 모든 문제의 원인은 구조에 있는 것이 아니라 전적으로 개인의 책임임을 인지하도록 하게 한다. 다시 말해서 색깔논쟁은 사회문제를 구조적 문제로 보지 못하게 하고, 다만 개인적인 책임 문제로 보이게끔 하는 하나의 유인책(誘引策)으로서의 역할을 하고 있는 것이다. 심지어 먹을거리 변질에 대해서 지적하는 개인에게 말하기를 "그렇게 생각하는 그 개인 자체에 근본적인 문제가 있다"는 식의 주장까지 한다. "성령의 역사를 잘 모르시구나?", "삐딱하게만 보지 마시고 하나님의 역사하심에 개방적 태도를 지니세요" 하면서 말이다.

1) 색깔論爭

색깔논쟁은 아주 단골손님이다. 어떤 저항세력을 뭉개는 데 이보다 효과적인 방법이 존재하지 않는다는 것이 역사적인 경험을 통해 자주 증명되었기 때문이다. 그래서 색깔논쟁이 단골메뉴로 자주 등장하는 것 일게다. 색깔논쟁과 관련해서 인도의 환경운동가 반다나 시바(Vandana Shiva)는 자신이 경험을 통해 얻은 것을 다음과 같이 쓰고 있다.

> 모든 숲은 교전 지역이 되고 있습니다. 부족의 땅과 천연 자원을 무단으로 전용하는 군대화된 법인형 국가는 모든 부족 일원을 '모택동주의자(Maoist)'로 규정했습니다. 숲과 숲에서 서식하는 동물의 권리를 주장하는 모든 사람들은 범죄자로 취급받고 있습니다(Goodall and Hudson, 2014: 411 재인용; http://www.zcommunications.org/forests-and-freedom-by-vandana-shiva).

기독교 목사로 노벨평화상을 받은 마틴 루터 킹 주니어(Martin Luther King Jr.)도 에프비아이(FBI)에 의해 "미국에서 가장 위험한 흑인[the most dangerous negro in America]"이라고 불러졌다고 한다. 이러한 것들이 바로 색깔논쟁의 대표적인 사례에 해당할 것이다 (Markus and Conner, 2015: 179 재인용: FBI memo called King the "most dangerous … effective Negro leader" in U.S.; http://www.

cnn.com/2008/US/03/31/mlk.fbi.conspiracy/).

(1) 肉的 먹을거리와 관련해서

먹을거리의 안전성에 대해 외부 사람들의 강한 지적(指摘)과 비판
(批判)이 올 때 초국가적 농산물기업은 다른 분야에서의 사례(事例)
에서도 볼 수 있었듯이 색깔논쟁과 결부시키곤 하였다. 즉 "조지 손
다이크 에인절(George Thorndike Angell)이나 금욕주의 여성들 같
은 순수 식품 운동가들은 광신자나 사회주의자 혹은 괴짜로 낙인찍
히는 경우가 많[았]다"(Goodwin, 1999: 73; Wilson, 2014: 239).
1977년 미국의 시민운동가들이 네슬이 개발도상국 여성들에게 모유
가 아닌 분유 소비를 은근히 조장하는 것을 지적하면서 미국 내에
서의 네슬레 사(社)의 제품을 구매하지 말 것을 촉구하였을 때, 네
슬레 사가 가지고 나온 극단적인 카드가 바로 네슬레 사에 대해 비
판하고 반대하는 이들을 공산주의자로 몰아붙이는 색깔논쟁의 카드
였다는 점이다. 당시에 네슬레는 자본력을 앞세워 여러 홍보전문 회
사의 도움을 받아서 지속적으로 네슬레 사를 비판하는 세력들을 공
산주의자로 낙인찍었던 것이다(Nestle, 2012: 235). 공장식 축산업을
비난할 때 공장식 축산업의 지지 세력들이 들고 나온 것도 바로 이
데올로기 공세였다. 공장식 축산업을 지지하는 이들의 이데올로기
논리는 바로 공장식 축산을 비판하는 자들을 채식주의자로 규정하
고, 이들을 홀로코스트의 주범인 아돌프 히틀러와 연관시켜서 '에코
파시즘'으로 치부하는 경우도 있다(박상표, 2012: 15).[121]

---

121) 역사가 로버트 페인(Robert Payne)에 따르면, 히틀러가 엄격한 채식주의자라는 신화는 기본적
으로 나치 독일의 선전장관인 요제프 괴벨스의 작품이다. "히틀러의 금욕주의는 그가 독일에
투사한 이미지에서 중요한 부분이었다. 널리 믿고 있는 전설에 따르면, 그는 담배도 피우지

(2) 靈的 먹을거리와 관련해서

영적 양식인 복음의 변질에 대해서 지적하는 경우에도 이와 유사
한 색깔논쟁이라는 논리를 전개하는 경우를 볼 수 있다. 특히 6·
25를 경험한 우리 앞 세대에게는 더욱더 그러한 사례가 심심찮게
발생하고 있다. 기독교는 다시 한번 강조해서 말하지만 어떤 특정
이즘(-Ism)이 아니다.[122) 그런데 교계의 어느 목사님께서는 자기
자신이 사건의 당사자로 세습·횡령·불륜의 논란에 휩싸였을 때
그분이 당시 가지고 온 카드도 바로 일종의 색깔카드였다. 개인적
으로 최근의 색깔논쟁을 가장 잘 보여주는 사례 중의 하나라고 생
각한다. 왜냐하면 이 목사님은 교계에서 상당한 지명도도 계시고,
대형교회의 목사직을 맡고 계셨기 때문이다. 목사님 자신과 직접적
인 관계를 지닌 문제들에 대한 기독교 내·외부의 지적에 대해서
당시에 다음과 같이 발언하셨기 때문이다.

않았고, 술도 마시지 않았고, 육식도 하지 않았고, 여성과 어떤 관계도 맺지 않았다. 맨 첫 사항
만이 진실이다. 그는 맥주를 마셨고, 때론 희석한 포도주도 마셨다. 바바리아식 소시지를 특
히 좋아했다. 정부인 에바 브라운도 있었다. 그녀는 베르크호프에서 그와 조용히 살았다. 다
른 여성들과의 조심스러운 염문도 있었다. 히틀러의 금욕주의는 그를 완전한 헌신, 자기통제
의 인물로 각인시키며, 다른 사람과 구분하고 거리를 두기 위해, 괴벨스가 조작한 소설이다.
히틀러는 금욕주의 쇼 덕분에, 자신이 국민들을 위해 헌신하고 있다고 주장할 수 있었
다"(Payne, 1973: 346; Patterson, 2014: 175-176 재인용).; "메이어[Ralph Meyer]는 괴벨스가
히틀러를 평화적인 채식주의자로 묘사한 것은 정치인과 전기 작가들조차 속게 했다고 지적
한다. '이 거짓말은 채식인들과 동물권 옹호자들을 흠집 내기 위해 지겹도록 반복됐다. 히틀
러와 관계된 것이라면 뭔든 혐오했으니, 얼마나 많은 사람들이 채식 등의 문제를 생각조차
하지 않으려 했겠는가?'"(Patterson, 2014: 359, 5장 92번 주 재인용).; "히틀러는 오스트리아
식 고기 요리인 레버크뇌들(Leberknodl, 리버덤플링)을 좋아했다고 레드리히[Fritz Redlich]는
적고 있다. 또 전쟁 막바지에 히틀러의 개인 주치의 테오도르 모렐 박사는 히틀러에게 베이
컨 소량과 버터, 달걀 흰자위, 버터 우유, 돼지비계 기름, 유지분이 많은 크림이 포함된, 제한
된 식이요법을 처방했다"고 한다(Redlich, 1999: 68, 249).

122) "엘륄은 자본주의 체제뿐만 아니라 봉건세계와 사회주의에 의해서도 기독교의 본질이 뒤틀
려왔다는 점을 지적한다. 옳은 관찰이다. 그런데 엘륄은 한 걸음 더 나아가 기독교의 관점에
서 보자면 자본주의와 사회주의 사이의 차이는 무의미하다고 주장한다"(박득훈, 2014: 353, 1
장 2번 주 재인용).

내가 반공운동을 하고 좌파정권을 자꾸 까기 때문에 들어간다는 것을 나도 알고 교인들도 아니까. ... 이건 좌파사상을 가진 정권이 교회를 파괴하려는 음모에서 비롯된 거예요. 전에는 없었어요. 다 김대중, 노무현 정권에서 일어난 일이지, 공산주의는 기독교를 가장 미워합니다 [○○교회. ○○○ 목사. 2007년 7월](백중현, 2014: 229 재인용).

박득훈 목사도 이러한 사회적 분위기를 다음과 같이 기록하고 있다. "여전히 남한에선 자본과 자본주의를 정면으로 비판하면 '사회주의'란 말은 꺼내보기도 전에 이미 '친북' 더 심하면 '종북' 세력으로 몰리기 십상이다. '자본주의가 싫으면 북한에 가서 살라'고 호통을 친다. 합리적인 대화와 토론 자체가 불가능해진다. 물론 비극적인 동족상잔의 전쟁 경험과 분단체제가 남긴 깊은 트라우마와 증오·불신 사이에서 존재하는 악순환의 고리를 결코 그대로 방치해선 안 된다. 각종 병폐로 얼룩진 기존의 자본주의를 더욱 공고히 하려는 정치권, 자본, 학계 그리고 언론의 동맹세력이 기회만 있으면 악용하려 들기 때문이다. 이는 한국전쟁 이후 오늘에 이르기까지 종종 목도해온 바이다"(박득훈, 2014: 27-28). 박득훈 목사는 계속해서 유학 시절 자신이 경험한 영국 사회의 분위기를 다음과 같이 적고 있다. "이러한 현실을 경험하다 보면 목회와 유학을 위해 머물렀던 영국 사회가 종종 떠오른다. 영국 사회 역시 많은 문제를 안고 있지만 그래도 한 가지 부러운 것이 있기 때문이다. 그건 '기독교'란 단어와 '사회주의'란 단어를 병렬해서 사용하는 것이 전혀 문제가 되지 않는 사회적 분위기다. 1993년에 『지반(地盤)을 되찾자』는 책이 출판되었다. 그 책의 부제는 '기독교와 사회주의'였다. 필진 중 대표적인 인물은 당시 영국노동당 당수였던 존 스미스인

데, 그는 기독교사회주의운동의 회원이자 스코틀랜드교회 교인으로 소개되었다. 바로 그의 글 제목이 책 제목으로 채택되었다. 그리고 그 책의 권두언은 한국에도 잘 알려진 토니 블레어 전 영국 수상이 썼다. 그는 당시 노동당의 국회의원으로 그림자 내각 내무부 장관이었는데 영국성공회 교인이자 기독교사회주의운동의 회원으로 소개되었다"(박득훈, 2014: 29). 잘못을 지적할 때 소모적이며 비생산적인 색깔논쟁으로 가지 말아야 할 뿐만 아니라 혹시 색깔논쟁으로 불붙을 경우라도 존 스트어트(John Stewart)가 말한 다음과 같은 태도를 지님으로써 색깔논쟁으로부터 신속하게 벗어나야만 할 것이다. "나는 당신과 의견을 달리하지만, 당신이 히틀러가 아니라고 확신한다"(Wallis, 2014: 285 재인용).

2) 모든 게 個人의 責任

앞에서 지적한 색깔논쟁은 문제의 원인을 개인의 선택으로 보느냐 아니면 사회구조적 문제로 보느냐와도 긴밀하게 연결되어 있다. 사회문제의 원인을 구조적 관점에서 볼 경우에는 쉽게 색깔논쟁의 구덩이로 몰릴 수 있기 때문이다. 이러한 사실을 인지한 이들은 색깔논쟁을 통해서 문제의 근본적인 원인에 대해 개인의 선택[責任]의 문제로 이끌고 간다[대응순서: 색깔논쟁 ⇨ 개인책임]. 또 과거의 경험에 비추어서 색깔논쟁의 구덩이에 빠지기 싫은 이들은 의도적으로 구조적 문제에 대해서 외면하기까지 한다.[123] 먹을거리 논

---

[123] "반공주의와 경제주의를 과도하게 강조하는 것도 심각한 문제지만, 기독교적 입장에서 볼 때 더 큰 문제는 이 두 가지를 붙들려다 정작 하나님께서 인간사회의 기초로서 주신 성경적 가치들을 무시한다는 점이다. 즉 성경적인 사회윤리와 사회-정치참여의 기준을 놓쳐버린 것이다. 기독교 사회윤리에서 공통적으로 강조되는 핵심 가치들이 있다. 정의, 평화, 공평, 인권, 약자보호와 같은 것들이다. 학자들마다 각 개념에 대한 정의와 실제적 적용에 대해 견해들이

쟁의 경우도 마찬가지다.

(1) 육적 먹을거리의 경우

신문과 학술지의 많은 곳에서 먹을거리의 선택을 개인의 선택으로 취급하고 있다. "전문가들은 최근 신문과 학술지, 서적 221개를 조사한 결과 그중의 3분의 2가 비만 발생을 개인적인 원인으로 분석한 데 반해 나머지는 구조적인 원인(식품업계나 지리상의 특징)을 언급했다. 그런데 더 충격적인 사실이 발견되었다. 빈곤층과 흑인 혹은 남미인을 언급한 기사의 73%는 비만의 원인을 '식품을 잘못 선택했기 때문'이라고 밝혔는데, 나머지 29%는 이런 점을 고려하지 않았다. 또한 빈민층과 흑인 혹은 남미인을 언급한 기사의 80%와 그렇지 않은 29%는 모두 비만의 원인을 앉아서 일하는 사무직에서 찾았다"(Patel, 2008: 389; Saguy & Riley, 2005: 869-923 참조).

기본적으로 과거 먹을거리에 대한 문제는 바로 소비자 개인의 선택의 문제만으로 보았다. 이를 표현하고 있는 라틴어 문구가 잘 알려진 "Caveat Emptor(캐비앳 엠프토르, '위험부담은 구매자가 진다', 'buyer beware')"다(Lang & Heasman, 2007: 54-55). 이 문구에서 알 수 있듯이 순전히 먹을거리 섭취는 한 개인의 선택문제이며, 먹을거리는 그것을 먹는 사람과 시장 사이의 자유로운 계약에 근거하기 때문에 이 경우에는 어느 누구도 간섭할 수 없다고 생각했었다. 그러한 분위기에서 먹을거리와 관련해서 발생하는 문제(否

조금씩 다르지만, 이런 개념들이 기독교인들이 사회를 바라보면서 견지해야 할 중요한 가치들이라는 데에는 이견이 없다. 아무리 중요한 이유가 있다 하더라도 위의 성경적 가치들을 무시하거나 짓밟는 것은 결국 세상을 만드신 하나님의 의도를 저버리는 것과 같은 형태로 간주된다. 그러나 한국 보수교회는 이런 가치들을 마치 공산당 선언에나 쓰여 있는 것처럼 취급한다. 그러면서 시대착오적인 반공과 천민자본주의만을 가장 가치 있는 것으로 고집스럽게 붙들고 있다"(김형원, 2014: 135-136).

定的結果)들은 매우 사적인 개인 한 사람의 문제에 불과했으며 사회적이며 공적인 문제가 될 수 없게 되었다. 그런데 시간이 지나고 보니까 먹을거리의 문제는 매우 사적인 문제가 아니라는 점이 여기 저기에서 발생한 것이다. 먹을거리로 인해서 직·간접적으로 많은 사회적 문제들이 발생하고 있는 것을 눈과 귀를 통해서 직접 접할 수 있게 된 것이다.124) 먹을거리와 관계되는 문제는 단순히 한 개인에게서 나타나는 문제로 끝나지 않고, 가정, 지역공동체와 한 나라, 더 나아가서는 지구적 차원에서의 문제로 번져가고 있는 것을 인지하게 되자 먹을거리 문제는 사회구조적 문제로 인식하게 된 것이다. 물론 이는 먹을거리의 문제가 세계화의 과정에 맞물려 있기 때문에 나타나는 결과이기도 하다.

오늘날 가장 심각하게 대두되고 있는 비만을 한번 생각해보면 전적(全的)으로 개인의 선택의 문제만이 아니라는 것을 알 수 있다. 오늘날 비만의 원인의 하나로 지목되고 있는 것이 바로 패스트푸드다. 공장식 농업(factory farming)으로 인해서 육류의 대량생산이 가능해지게 되었고, 이는 낮은 가격으로 음식 공급이 가능해지게 됨으로써 소비자들은 낮은 가격으로 음식의 구입이 가능해진 것이다. '과거' 먹을거리 빈곤과 '새로운' 먹을거리 빈곤을 비교한 표를 보면 과거와 새로운 먹을거리가 어떤 차이를 보이는지를 알 수 있다. 오늘날 먹을거리는 고열량으로 영양의 전체적인 균형이 결핍되는 결과가 나타나게 되었음을 알 수 있다. 패스트푸드가 비만의 主

---

124) 하비 콕스(Harvey Cox) 교수의 다음을 참조하라. "'구매자가 조심해야 한다(caveat emptor)'는 인식은 주지의 사실이지만, 구매자는 자신의 신중함뿐만 아니라, 파렴치범의 약탈에서 자신을 보호해주는 도덕적 교훈의 오랜 전통에도 도움을 받았다"(Cox, 2018: 55).

요인이라면 그러한 음식을 개인이 사 먹지 않으면 되지 않느냐고 되물으며, 이러한 소비를 하는 개인에게 전적으로 문제가 있지 않으냐고 반문(反問)할지도 모른다. 그러나 토머스 F. 폴릭(Thomas F. Pawlick)이 지적한 것처럼 오늘날 우리가 구할 수 있는 음식의 대부분이 '비식품(非食品, non-food)'이라는 점이다. 그러한 이유로 소비자로서 먹을거리에 대한 선택은 자유로운 의사(個人的意思)에 의한 선택이라기보다는 자유롭게 보이지만 어쩔 수 없는 선택에 불과하다는 점이다(Pawlick, 2009: 50-51 참조). 판매되고 있는 대부분의 식품이 '비식품'인데 어떻게 좋은 것을 선택할 수 있겠는가?

(2) 영적 먹을거리의 경우도

복음의 변질에 대해서 지적할 경우에도 쉽게 개인의 문제로 취급하거나 간주된다. 강만원은 죄를 범한 목사님들의 공통된 특징이 절대로 회개하지 않는다는 점을 지적하였다. 이러한 현상이 발생한 것도 회개를 단순히 개인의 문제, 다시 말해서 하나님과 자신의 신앙의 문제로만 바라보는 것과도 전혀 무관치 않다는 것이다. "상습적인 성추행을 저지르고도 교인들 앞에서 '털어서 먼지 안 나는 사람이 어디 있습니까? 회개는 하나님 앞에서 하는 것이지 사람들 앞에서 한답니까?'라며 당당한 태도를 취하는 것이 엄연한 현실이다"(강만원, 2015: 180). 박영돈 교수는 개인적인 문제로 취급되고 있는 모 목사님[125]의 회개 문제를 구체적으로 다음과 같이 지적하

---

125) 매우 안타깝다. 개인적으로 이분의 설교를 읽고 많은 은혜를 받았기 때문이다. 참고로 이분의 잘못을 지적한 박영돈 교수도 참 마음이 아팠을 것이다. "이 책에서 지적한 한국 교회의 문제는 특정 사람들에게만 국한된 것이 아니다. 이는 한국 교회에 속한 어느 누구도 그 책임에서 제외될 수 없는 공동의 문제다. 우리 모두가 깊이 자성하고 회개해야 할 죄악이다. 이러한 문제를 지적하고 비판한 목적은 한국 교회를 허무는 데 있지 않다. 한국 교회를 다시 진

기도 한다.

"심지어 심각한 죄에 빠져 있는 자까지 설교는 멋들어지게 해서 교인 들을 아주 헷갈리게 한다. 성범죄자로 큰 물의를 빚은 OOO 목사가 서 울 OO대 앞에 OOO교회를 개척하고, 설교자로 복귀하였다. 비록 그의 명성은 산산이 금 갔지만 '설교 제작의 은사'만은 전혀 손상되지 않은 듯하다. 변함없이 활기 발랄한 목소리로 특유의 유머와 재담을 섞어가 며 그럴싸하게 한 가닥 설교를 뽑아낸다.... OOO 목사의 모습에서 이 런 얄팍한 회개와 용서의 남용을 본다. 그가 진정으로 회개하여 마음이 깨지고 겸비해졌다면 그렇게 성급하게 교회를 시작하지 않았을 것이다. 더구나 이미 죄가 공개적으로 드러난 마당에 구체적으로 고백하거나, 회개하는 모습을 보이지 않았다. 그것이 회개의 기본 요소인데도 말이 다"(박영돈, 2013: 136, 159-160).

번영의 신학이다, 긍정의 신학이다, 신사도주의다, 신은사주의다 라고 하는 변질된 복음에 빠져서 허우적거리는 성도들의 경우 성도 들이 그러한 환경에 처하게 된 것은 전적으로 개인의 선택의 문제 만은 아닐 것이다. 왜냐하면 물론 그들이 개인적으로 영적인 분별 능력(靈的分別能力)이 떨어져서 그런 결과가 나타나게 된 것이 아 니냐고 반문할 수도 있겠지만, 그들이 그러한 환경과 분위기에 몰 입한 이유가 다른 곳에 있는 경우도 많고, 그들이 그러한 잘못된 것들을 접할 때에 생판 모르는 이들을 통해서 접한 경우가 아닌 때 도 있기 때문이다. 일반적으로 교회나 기독교에서 상처받는 이들이 그러한 변질된 복음에 쉽게 빠져드는 경우가 많다는 것은 말을 하 지 않아도 알 사람은 다 알 것이기 때문이다. 교회에서 상처를 받

리의 바탕 위에 세우며 후진들에게 한국 교회의 나아갈 길을 제시해주려는 간절한 소망이 담 긴 비판이다"(박영돈, 2013: 10).

아서(그렇다고 해서 전적으로 구조의 문제로만 돌리는 것은 아니다), 아니면 그들의 삶이 너무나도 빡빡해서, 그러한 삶에서 도움을 얻지 못해서, 기독교(교회, 신앙, 영성이라는 이름의) 출판물이나 매스미디어 등의 접촉을 통해서 그러한 내용들을 접하는 경우도 많기 때문이다.

3. 病的 現狀態維持

육적 먹을거리든 영적 양식이든 변질의 문제는 개인과 관계가 있는 것은 사실이지만 그렇다고 전적으로 한 개인들의 선택의 문제만으로 그 책임을 돌릴 수는 없는 일이다. 그럼에도 불구하고 그러한 잘못된 관행들이 고쳐지지 않고 지속되고 있는 이유는 어디에 있는 것일까? 안 좋은 먹을거리에 대한 많은 지적들이 존재함에도 불구하고 왜 안 바뀌는 것인가? 다시 말해서 그러한 상태가 병적으로 계속적으로 유지되는 이유는 무엇 때문인가?

1) 自己淨化能力 不在

먼저 생각할 수 있는 것은 자정능력의 부재라고 볼 수 있다. 먹을거리의 본질이 무엇인지 기억하고 있다면, 또 먹을거리의 본질을 추구하고자 한다면 어느 정도 자기정화능력은 유지할 수 있겠지만, 그 본질의 상실로 인해서 자정능력을 잃고 만 것이다.

(1) 육적 먹을거리의 경우

육적 먹을거리가 본질적으로 사람의 건강과 관계되어 있다는 사실은 삼척동자도 잘 알고 있을 것이다. 그렇기 때문에 먹을거리의 문제는 돈의 논리가 아닌 생명의 논리로 접근해야만 한다. 그런데 현실에 있어서 거대 초국적 농식품기업들은 자본[돈]의 논리로 먹을거리의 문제를 접근하고 있다. 그래서 지금까지의 많은 '부정적이 지적들에도' 불구하고 아무런 반성 없이 지속적으로 먹을거리의 안전성을 해치는 일들을 자행하고 있는 것이다. 비판적인 전문가들이 "회색의 끔찍한 지방 덩어리로 보기만 해도 구역질이 날 뿐"이라고 지적하고 있는 선진회수육(Meat Recovery)의 문제를 보더라도 이들 기업에 자정능력이 결핍되어 있다는 것을 볼 수 있다. 뼈나 몸체에 달라붙은 질긴 고기는 많은 문제점을 지니고 있다고 지적되었음에도 불구하고 그것에 대해서 아무런 시정조치를 취하지 않고 있기 때문이다.

"선진회수육 공정을 통해 분리한 쇠고기 조각에는 골수와 척수 같은 신경조직이 과다하게 들어 있어 광우병 위험을 높인다는 점이다. 이런 방식으로 분리한 지방의 결합조직에서는 사람의 영양소로 사용할 수 없는 단백질이 아주 많이 있으며, O-157이나 살모넬라균 같은 식중독을 일으키는 세균들이 득실거리기도 한다. 이론적으로 이들 세균에 감염된 소 1마리가 선진회수육이나 분쇄육 16톤을 오염시킬 수 있다"(박상표, 2012: 83-84).

잠재적인 위험성들을 내포하고 있는데도 불구하고, 또 그러한 위험성에 대해서 시정할 것에 대해서 목소리를 내지만 왜 이러한 고기를 폐기처분하지 않고 그것도 먹을거리 용도로 사용하는 것일까? 그것도 산업용도 아닌 식용으로 말이다. 두말할 것도 없이 돈 때문이다. 돈이 국민의 건강과 양심을 삼켜버린 것이다. 기업의 이익만이 최고의 목적이 됨으로 인해서 기업 스스로 지녀야 하는 자정능력을 상실하게 된 것이다.

(2) 영적 먹을거리의 경우

복음의 변질도 마찬가지다. 복음의 주인공은 누구인가. 무엇이 본질인가. 예수 그리스도다. 찬양 가사처럼 "이제는 나 사는 것이 아니라 내 안에 주께서 살아야만 한다." 그렇기 때문에 예수 그리스도만 드러나야 하고, 예수 그리스도가 모든 행위의 기준이 되어야만 하는 것이다. 그런데 복음의 주인공인 예수 그리스도가 사라지게 되고 다른 그 무엇이 예수 그리스도의 왕좌를 약탈함으로 말미암아 자정능력을 상실하게 된다. 번영, 부, 성공, 치유, 은사라는 조연(助演)이나 엑스트라(Extra)가 바로 예수 그리스도의 왕좌(王座)에 앉게 됨으로써 주인공인 구원자이신 예수 그리스도는 보이지 않게 되었고, 예수 그리스도가 아닌 다른 가치들이 왕 노릇하게 되는 것이다. 다른 무엇인가가 왕 노릇하게 됨으로써 예수 그리스도는 더욱더 까마득하게 잊히고 있는 것이다. 시간이 지나면 예수가 없는 것이 더 편하고, 더 자연스럽게까지 느껴지게 된다. 왜냐하면 자정능력이 완전히 손상되었기 때문에 나타나는 당연한 현상이다. 개(個)교회에서의 자정능력의 상실은 권징(勸懲, 勸善懲惡의 준말이다)의 상실[不在]로 나타나게 된다.126)

---

126) "권징(勸懲) 역시 빼놓을 수 없는 교회의 면역체계다. 종종 권징을 담임목사나 장로들이 권위

2) 牽制와 均衡(Check and Balance) 缺如

자정능력이 없다면 외부에서라도 그 잘못된 점을 지적해주고 그 잘못된 부분을 수정해주어야만 할 것이다. 그런데 더 큰 문제는 외부에도 그러한 견제와 균형의 기능을 감당해야만 세력이 없다는 것이다. 내부뿐만 아니라 외부의 견제 세력의 부재로 인해 잘못된 부분에 대해서 손 놓고 바라보고만 있는 처지가 된 것이다.127) 간단하게 말하자면 온 세상이 돈의 위력에 굴복하고 만 것이다. '오소서 권능의 돈이여!'

(1) 육적 먹을거리의 경우

먹을거리에 문제가 생길 경우, 정부, 언론매체, 과학자들과 연구자 집단이 그러한 기능을 대신 감당해야 한다. 그런데 거대 초국적 농식품기업들은 그러한 기능을 감당하지 못하도록 사전에 손을 써놓았기 때문에 그러한 기능은 제대로 작동하지 못하고 있는 실정이다.

적으로 아랫사람을 다스리는 행위로 오해한다. 물론 신약성서에서, 특히 바울의 목회서신에서 일차적으로 교회 지도자에게 권징의 권한이 있다고 가르치는 것은 사실이다. 하지만 본래 권징이란 공동체 전체가 할 일이다. 권징에는 불순종하는 자나 죄 짓는 자를 책망하고 징계하는 부정적인 의미만 있는 것이 아니다. 긍정적인 의미에서 권징이란 서로 다독이며 세상 가운데서 신앙을 잃지 않고 끝까지 소망 가운데 견디며 승리하도록 권면하는 것을 말한다" (신광은, 2009: 208).

127) 아니 외부에서 잘못된 것을 바로잡는 역할을 하는 무엇인가의 부재로 끝나지 아니하고, 이들의 잘못된 행동을 정당화시키는 원조군이 존재한다는 것이 더욱더 문제라고 할 수 있다. 이해득실(利害得失)로 인해 시시비비가 전혀 존재하지 않는 경우가 많다. Klein(2014, 273-234. 6장. "뿌리는 캐내지 않고 열매만 따 먹기: 대기업과 대형 환경 단체의 불길한 결합" 참조); 먹을거리에서 '회전문 인사'가 있는 것처럼 영적 먹을거리 문제에서도 이와 유사한 '회전문 인사'가 존재한다. 이 회전문 인사는 더 크고 더 높은 자리에 가기 위해서도 이용되고, 문제를 무마시키기 위해서도 이용된다. 예로 기존의 교회에서 문제를 일으켰던 목회자들은 좋은 것이 좋고, 하나님께서 모든 것을 해결해주신다는 미명 아래에서 문제의 본질적 해결과는 전혀 관계없이 다른 교회의 목회자와 사역자를 바꿈으로써 문제를 해결하려고 한다.

먹거리체계의 정치적 측면을 잘 알고 있는 업계는 소농과 지역사회에 도움이 될 만한 것이라면 어떤 변화라도 막아내기 위해 부단히 애쓰고 있다. 선거자금(그리고 그보다 덜 윤리적인 다른 수단들) 이외에도, 대기업들은 내부 네트워크를 유지하기 위해 세 방향으로, '회전문(중역회의실-의회위원회-로비회사)'을 작동시켜 규제완화, 보조금, 세금우대, 구제금융 등(대기업들의 이익을 보장하고 시장지배력을 강화하는 데 필요한 모든 것)에 우호적인 정치적 의지를 구축한다(Holt-Gimenez and Patel, 2011: 237).[128]

더 심각한 것은 견제와 균형을 담당해야 할 이들이 자신이 견제해야 할 거대 초국적 농식품기업들의 이익획득을 위한 별동대(別動隊)로서 활동하고 있다는 점이다. 이는 맥도걸이 자신의 저서 "6장. 정부는 국민의 건강이 아니라 식품업계의 이익을 대변한다"(McDougall, 2014: 99-112)에서 간략하게 지적하고 있는 것에서도 확인할 수가 있다. "미국 식품정책은 마치 회전문과 같다. 농축산업계 지도자에서 정책을 입안하는 정부 관리로, 다시 산업계로 빙글빙글 도는 것이다. … 미농무부는 농업인구가 50%였을 때 창설됐지만, 150년 지난 후에는 '미국인을 위한 부서'에서 식품생산과 식품공급에 정치적으로 영향을 주는 거대정치집단, 즉 '농축산업계의 대변자'로 변질되었다는 점을 감히 말할 수 있다"(McDougall, 2014: 104-105).

---

128) 다음 사례도 참조. "기름야자 나무 플랜테이션이 유발한 생태적 비용과 사회적 비용에 대한 관심을 이끌어내기 위한 활동이 유럽에서 확산되는 와중에 '세계자연보호기금', '유니레버', 팜유를 가공식품의 원료로 사용하는 유럽의 일부 식품 가공업체, 동남아시아 팜유 생산 기업은 공동으로 '원탁회의'를 설립했다. 오늘날에는 대형 농업기업 '아처대니얼스미들랜드'와 '카길', 팜유생산업을 지배하는 '월마인터내셔널', '세계은행' 소속기관인 '국제금융 공사'도 '원탁회의'의 회원으로 활동한다. '원탁회의'는 자신이 기름야자를 지속가능한 방식으로 재배하도록 독려하는 적법한 감독자라고 생각한다. 그러나 '원탁회의'는 회원들이 보르네오섬 열대우림을 개간하고 불태우면서 토착주민과 소농민 공동체를 내쫓고 있는데도 그런 행위를 막기는커녕 오히려 묵인하고 있다"(Rogers, 2011: 294).

(2) 영적 먹을거리의 경우

個교회에서의 권징의 부재로 끝나지 않고, 개교회들을 견제해야
할 노회, 총회 등도 권징의 기능을 감당하지 못하고 있는 실정이다.
그래서인지 몰라도 "최근 당회를 폐지하고 교인들이 확대 참여하는
운영위원회를 구성하거나, 평신도에게 설교권, 성례집행권을 부여
함으로써 평신도의 사역 범위를 확대하고 목사와 장로의 임기제를
시행하는 등 교회를 민주적으로 운영하자는 움직임이 일고 있다"고
한다(이승구, 2014: 31). 이승구 교수는 다음과 같은 현실에 대해서
걱정을 표시하기도 한다. "한편 권력과 돈을 이용해 정통 교회로 인
정받으려는 이단들도 상당수 있고, 그들을 위해 협조하는 교단과
연합단체도 있다. 안타깝게도 이런 이단들은 앞으로도 더 많이 쏟
아져 나올 것이고, 그 수법도 더 교묘해질 것으로 보인다. 학계에서
는 성경에 근거한 신학의 정체성을 더 분명히 하기보다는 성경에
근거한다는 명분하에 오랜 성경 해석의 전통을 파괴하거나 모호하
게 만들 가능성이 높아 보인다"(이승구, 2014: 15). 왜 기우(杞憂)
처럼 보이는 걱정을 그것도 신학교 조직신학 교수가 하고 있는 것
일까? 개교회에서의 권징의 부재뿐만 아니라, 기독교 내[敎團]에서
도 권징이나 치리가 부재하기 때문일 것이다. 걱정하는 이승구 교
수님의 마음이 십분 이해되는 부분이다.

Ⅲ. 나가며

1 要約: 본고에서 다루었던 내용을 요약하면 다음의 [표]와 같이 정리할 수 있다. 안전성과 관련해서 육적 먹을거리와 영적 먹을거리의 변질과 그에 대한 대응논리 그리고 비난에도 불구하고 현상 유지하려는 점에서 매우 유사하다는 것을 확인할 수 있었다. 거대 초국적 농식품기업으로 대표되는 이들에 의해서 육적 먹을거리에 변질을 가함으로써 먹을거리의 안전성을 해치고 있다. 이에 비해 복음의 본질에서 일탈한 그리스도인의 일부에서 영적 양식인 영적 먹을거리의 변질이 행해지고 있다. 이들은 먹을거리에 성분을 추가하거나 제거하는 등의 방식(때로는 첨가와 제거를 동시에 함으로써)으로 먹을거리의 변질을 가져왔다. 문제는 당신의 먹을거리가 바로 당신이라는 말처럼 먹을거리는 육적 건강과 더불어 영적 건강과도 밀접하게 관련되어 있다는 점이다. 좋지 않은 먹을거리를 먹으면 그에 대한 대가가 언젠가는 나타나게 되어 있다는 것이다. 나타나는 것은 단지 시간의 문제일 뿐이다. 왜 변질된 먹을거리에 그렇게 시시때때로 손이 많이 가는 것일까? 그것은 바로 먹을거리에 대한 무지(盲)와 변질된 먹을거리를 통해 얻을 수 있는 일시적인 위안(一時的慰安, temporary comfort)과 더불어 엄청나게 빠른 일시적인 긍정적인 효과를 경험할 수 있기 때문이다(마약류와 같은 효과). 먹을거리 안전성에 대해서 비난할 때에 반성과 개선보다는 먹을거리의 변질의 주체인 거대 초국적 농식품기업과 복음의 본질에서 일탈한 그리스도인들은 색깔논쟁과 더불어 개인책임(선택)의 문제로 취급함으로써 이러한 비난으로부터 단지 벗어나려고 한다는

점이다. 그렇다면 지속적인 비난에도 불구하고 이들은 현 상태를 지속적으로 유지하고 있는 이유를 발견할 수 있는데 그것은 바로 자정기능의 부재와 더불어, 밖에서의 견제와 균형의 역할을 담당해야 하는 이들의 부재로 그러한 역할을 감당해주지 못하기 때문이다. 자정기능 부재와 사회의 견제와 균형의 상실은 이들의 기업경영과 신앙의 본질[目的]의 상실과도 관련되어 있다. 본질이 없어졌는데 두말할 것도 없이 눈에 보이는 것은 돈이고 일시적 위안이고, 일시적 기쁨이 되는 것은 당연한 것이기 때문이다.

표: 육적 먹을거리와 영적 먹을거리의 변질과 관련된 논리의 유사성

내용	육적 먹을거리	영적 먹을거리
먹을거리 변질의 주체	거대 초국적 농식품기업	복음의 본질에서 일탈한 자칭 일부 그리스도인
먹을거리 변질의 유형	·성분 첨가(添加) ·성분 제거(除去) 때로는 성분 첨삭(添削)	·복음+α ·복음-α 때로는 복음±α
먹을거리의 중요성	먹는 것이 바로 당신과 자녀(육적 건강)	먹는 것이 바로 당신과 공동체(영적 건강)
먹을거리 변질의 결과	육적인 대가 존재: 질병	영적인 대가 존재: 영적 침체와 공동체에서 일탈
변질된 먹을거리 선호 이유	·음식 문맹(食·盲) ·일시적인 육체적 위안 (physical comfort) ·겁나게 빠른 효과	·영적 무지(靈·盲) ·일시적인 영적 위안 (spiritual comfort) ·겁나게 빠른 성장과 만족

변질된 먹을거리 비난에 대한 대응논리	· 색깔논쟁 · 개인책임	· 색깔논쟁 · 개인책임
변질된 먹을거리 비난에 대한 병적 현 상태 유지	· 자정능력의 부재 · 견제와 균형의 결함	· 자정능력의 부재 · 견제와 균형의 결함

2 바람: 먹을거리의 안전성의 문제는 우리의 건강과 밀접하게 관련되어 있다. 안전한 육적 먹을거리는 육신의 건강을 보장해주고, 하나님의 말씀에 충실한 영적 먹을거리인 복음은 영적 건강을 보장해준다. 그렇기 때문에 영적·육적 건강을 스스로 지키기 위해서는 먹을거리 안전성에 대한 관심을 통해 먹을거리와 관련된 무지(食·盲)로부터 벗어나야 할 것이다. 이것이 스스로 자정능력[分別力]을 확보할 수 있는 길일 것이다. 그리고 개인이 무지에서 벗어날 수 없을 때에는 공동체와 사회가 협력하여 무지에서 벗어날 수 있도록 도와주는 사회적[共同體的] 시스템이 구비되어 있어야만 할 것이다. 그렇게 되기 위해서는 이러한 기능을 전문적으로 감당할 수 있는 전문기관이 육성될 수 있도록 적극 협조해야 할 것이다. 왜냐하면 더욱 전문화가 되고 더욱 광역화가 되어가는 이 시대에 개인적 지식에는 한계를 지닐 수밖에 없기 때문이다. 먹을거리와 관련해서 여과[Filtering]기능을 가진 개인과 여과기능을 가진 지역사회[信仰共同體]를 기대해본다. 변질이 만연한 사회에서 어떻게 살아가야 하는지 마지막으로 신앙의 선배 되시는 강영안 교수님의 다음의 글에서 그런 지혜를 찾아보는 것으로 글을 마치고자 한다. 개인적으

로 강 교수님의 저술들은 신앙에 많은 도움이 되었기 때문이다.

"나는 계속 교회를 다녔고, 교회에서 『성경』을 배웠고, 그런 전통에서 『성경』을 읽었다. 그러나 기성 교회에 대해서 무조건 수용하는 태도는 나에게 없었다. 지금도 장로교회, 그것도 고신 측 또는 고려파교회 장로로 교회 앞자리에 앉아 있다. 하지만 목사들이 가르치는 대로 곧장 '아멘' 하지 않는 버릇을…. 나는 그러면서도 기독교회의 근본 가르침을 대부분 그대로 수용하고 있다"(강영안, 2011: 57).

참고문헌

강만원 (2015), 『그것은 교회가 아니다』, 서울: 창해.

강상우 (2019), "먹을거리와 사회문제", 기독교학문학회, 통권 36호.

강상우 (2016), "음식규제와 종교", 춘계학술대회, 통권 23호.

강상우 (2015), "먹을거리에 대해-육식과 채식 사이에서 균형잡기" 춘계학술
대회, 통권 22호.

강수돌 (2014), 『나부터 세상을 바꿀 순 없을까?』, 서울: 이상북스.

강양구・강이현 (2009), 『밥상혁명』, 서울: 살림터.

강영안 (2011), "함석헌의 한국 기독교 비판과 순령주의(純靈主義)", 정대현・
강영안 외 공저 (2011), 『생각과 실천: 함석헌사상의 인문학적 조명』,
함석헌학회 기획, 파주: 한길사, 51-81.

강영안 외 공저 (2013), 『한국교회, 개혁의 길을 묻다』, 새물결플러스.

고미송 (2011), 『채식주의를 넘어서』, 서울: 푸른사상.

김경학・이광수 (2006), 『암소와 갠지스』, 부산: 산지니.

김구원 (2013), 『성경, 어떻게 읽을 것인가?』, 서울: 복있는사람.

김미숙 (2013), 『인도 불교와 자이나교』, 서울: 씨아이알.

김세윤 (2013), "1장, 한국교회 문제의 근원, 신학적 빈곤", 강영안 외 공저
(2013), 『한국교회, 개혁의 길을 묻다』, 서울: 새물결플러스, 17-36.

김수경 (2004), 『예수님은 뭘 먹고 살았을까』, 넥서스BOOKS.

김우열 (2012), 『채식의 유혹: 육식의 족쇄를 풀어라!』, 퍼플카우.

김재민 (2014), 『닭고기가 식탁에 오르기까지』, 서울: 시대의창.

김재성 (2013), "붓다는 무엇을 먹었나?", 이찬수 외 (2013), 『식탁의 영성』,
모시는사람들, 27-40.

김종덕 (2013), 『세상에 대하여 우리가 더 잘 알아야 할 교양(27)』, 서울: 내
인생의책.

김종덕 (2012), 『음식문맹자, 음식시민을 만나다』, 서울: 따비.

김종덕 (2009), 『먹을거리 위기와 로컬 푸드: 세계 식량 체계에서 지역 식량
체계로』, 이후.

김종덕 (2001), "한국의 식품 안전 문제와 비정부기구(NGO)의 대응 방향",
『농촌사회』, 11(2), 193-219.

김성훈 (1999), 『WTO와 한국농업』, 비봉출판사.

김형원 (2014), "사회문제에 대한 복음주의의 실패, 이제는 넘어서자", 조석민·김근주 외 5인 공저 (2014), 『세월호와 역사의 고통에 신학이 답하다』, 대전: 대장간, 122-140.

김흥주 외 공저 (2015), 『한국의 먹거리와 농업: 한국 농식품체계의 과거와 현재 그리고 대안』, 따비.

박득훈 (2014), 『돈에서 해방된 교회』, 서울: 포이에마.

박상언 (2014), "간디와 프랑케슈타인, 그리고 채식주의의 노스탤지어", 박상언 엮음, 『종교와 동물 그리고 윤리적 성찰』, 서울: 도서출판모시는사람들, 201-224.

박상언 엮음 (2014), 『종교와 동물 그리고 윤리적 성찰』, 도서출판모시는사람들.

박상표 (2012), 『가축이 행복해야 인간이 건강하다』, 개마고원.

박영돈 (2013), 『일그러진 한국교회의 얼굴』, 서울: IVP.

백중현 (2014), 『대통령과 종교』, 서울: 인물과사상사.

박지현·서득현·배관지 (2013), 『행복한 밥상: 먹지 않을 수 없다면 정확히 알고 먹자』, 이지북.

박현도 (2013), "알라의 이름으로: 이슬람 음식 문화 속의 지혜", 이찬수 외 15인 공저, 『식탁의 영성』, 서울: 모시는사람들, 101-118.

박홍현·이영남 (2013), 『먹거리와 함께하는 성서여행』, 파주: 북스타.

신광은 (2014), 『천하무적 아르뱅주의』, 서울: 포이에마.

신광은 (2009), 『메가처치 논박』, 부천: 정연.

신동화 (2011), 『당신이 먹는 게 삼대를 간다』, 서울: 민음인.

신승철 (2013), 『갈라파고스로 간 철학자』, 파주: 서해문집.

양희송 (2014), 『가나안 성도, 교회 밖 신앙』, 서울: 포이에마.

양희송 (2012), 『다시 프로테스탄트』, 서울: 복있는사람.

엄익란 (2011), 『할랄, 신이 허락한 음식만 먹는다』, 파주: 한울.

오현석 (2013), "술 마시면 지옥? 복날에 개고기는 미신?: 한국 초기 그리스도 교인의 음식 금기", 이찬수 외 공저, 『식탁의 영성』, 도서출판모시는사람들, 207-228.

유재덕 (2009), 『맛있는 성경이야기: 예수와 함께하는 식탁』, 강같은평화.

윤철민 (2103), 『개혁신학 vs. 창조과학: 개혁신학으로 본 창조과학의 신학적 문제』, 서울: CLC.

이광수 (2013), 『슬픈 붓다』, 파주: 21세기북스.

이광조 (2008), 『역사 속의 채식인』, 파주: 살림.

이광조 (2003), 『채식이야기』, 서울: 연합뉴스.

이국진 (2011), 『예수는 있다』, 개정증보판, 서울: 국제제자훈련원.

이명준 (2015), 『아프니까 청춘은 아니다』, 서울: 북투어스.

이승구 (2014), 『거짓과 분별』, 서울: 예책.

이정순 (2012), 『21세기 한국 이슬람의 어제와 오늘』, 서울: 대서.

이찬수 외 15인 (2013), 『식탁의 영성』, 도서출판모시는사람들.

전성민 (2018), 『세계관적 설교』, 서울: 성서유니온.

장운철 (2013), 『이단들이 잘못 사용하고 있는 33가지 성경 이야기』, 서울: 부흥과개혁사. 특히, "8. 다니엘이 채식주의자라고? 단 1:12", 81-86.

장재우 (2011), 『쌀과 육식문화의 재발견』, 서울: 청목출판사.

장후세인 엮음 (2013), 『이슬람』, 서울: 젠나무민북스.

정대현·강영안 외 공저 (2011), 『생각과 실천: 함석헌사상의 인문학적 조명』, 파주: 한길사.

정한진 (2012), 『왜 그 음식은 먹지 않을까』, 초판3쇄, 파주: 살림.

정혜경·오세영·김미혜·안호진 (2013), 『식생활 문화』, 파주: 교문사.

조성식 (2007,07), "세습·횡령·불륜논란, 금란교회 김홍도 목사 인터뷰", 『신동아』(7월호).

천규석 (2010), 『천규석의 윤리적 소비』, 서울: 실천문학사.

최훈 (2015), 『동물을 위한 윤리학』, 고양: 사월의책.

최훈 (2014), 『불편하면 따져봐』, 서울: 창비.

최훈 (2012), 『철학자의 식탁에서 고기가 사라진 이유』, 고양: 사월의책.

한완상 (2013), "서문: 복음과 성령의 공공성을 위하여", 강영안 외 공저 (2013), 『한국교회, 개혁의 길을 묻다』, 서울: 새물결플러스, 8-13.

허남결 (2014), "서양윤리의 동물권리 논의와 불교생명윤리의 입장: '동물개체의 도덕적 권리'를 중심으로", 박상언 엮음, 『종교와 동물 그리고 윤리적 성찰』, 서울: 모시는사람들, 253-294.

Adams, Carol J. (1990). *The Sexual Politics Meat*. 이현 역 (2006), 『육식의 성정치 페미니즘과 채식주의 역사의 재구성』, 서울: 미토.

Albritton, Robert (2009). *Let Them Eat Junk: How capitalism creates hunger and obesity*. Pluto. 김원옥 역 (2012), 『푸드쇼크』, 시드페이퍼.

Allen, Stewart Lee (2002). *In the Devil's Garden*. Ballantine. 정미나 역 (2007), 『악마의 정원에서』, 초판8쇄, 서울: 생각의나무.

Al-Qardawi, Yusuf (n.d). *Halal & Haram in Islam*. 최영길 역 (2011), 『이슬람의 허용과 금기』, 서울: 세창출판사.

Ashley, B., Hollows, J., Steven, J., and Ben Tayor (2004). *Food and Culture*. London and New York: Routledge. 박형신 · 이혜경 공역 (2014), 『음식의 문화학』, 파주: 한울.

Attfield, Robin (1991). *The Ethics of Environmental Concern*. 2nd edn. University of Georgia Press. 구승회 역 (1997), 『환경윤리학의 제 문제』, 도서출판따님.

Avery, R. C., Wing, S., Marshall, S. W., and S. S. Schiffman (2004). "Odor form industrial hog farming operations and mucosal immune function in neighbors", *Archives of Environmental Health*. 59. 101-108.

Baian, Marcus (2008). *O mega-gesund*. Sttutgart: H. Hirzel Verlag. 김일형 역 (2008), 『슈퍼토마토와 백신바나나』, 열음사.

Baker, L. (2004). "Tending cultural landscapes and food citizenship in Toronto's community garden." *Geographical Review*. 94(3). 305-325.

Baggini, Julian (2013). *The Virtues of the Table: How to Eat and Think*. Granta Books. 이용재 역 (2015), 『철학이 있는 식탁: 먹고 마시고 사는 법에 대한 음식철학』, 고양: 이마.

Barlow, Maude and Tony Clarke (2002). *Blue Gold: The fight to stop the corporate theft of the world's water*. Stoddart Publishing. 이찬신 역 (2002), 『블루 골드』, 서울: 개마고원.

Bauman, Zygmunt (2011). *Collateral Damage: Social Inequalities in a Global Age*. Cambridge: Polity Press. 정일준 역 (2013), 『부수적 피해』, 서울: 민음사.

Beardsworth, Alan and Teresa Keil (1997). *Sociology on the Menu*. London and New York: Routledge. 박형신 · 정헌주 공역 (2010), 『메뉴의 사회학』, 파주: 한울.

Bethke, Jefferson (2013). *Jesus>Religion*. Thomas Nelson. 김창양 (2014), 『종교는 싫지만 예수님은 사랑하는 이유』, 서울: 생명의말씀사.

Beynon, Nigel and Andrew Sach (2005). *Dig Deeper*. Nottingham. UK: IVP. 장택수 역 (2012), 『성경이 말하게 하라』, 예수전도단.

Bocock, Robert (1996). *Consumption*. London: Routledge. 양건열 역 (2003), 『소비: 나는 소비한다, 고로 존재한다』, 서울: 시공사.

Bommert, Wilfried (2009). *Kein Brot für die Welt-Die Zukunft der*

Welternährung. München: Riemann Verlag. 김은경 (2011), 『식량은 왜! 사라지는가』, 파주: 알마.

Bommert, Wilfried (2014). *Brot und Baclstein*. Vienna: Carl Ueberreuter Verlag. 김희상 역 (2015), 『빵과 벽돌』, 서울: 알마.

Bove, Jose et al. (n.d). *Le monde nest pas une marchandise*. 홍세화 역, 『세계는 상품이 아니다』, 서울: 울력.

Brown, W. N. (1957). "The sanctity of the cow in Hinduism", *Madras University Journal* 28. 29-49.

Burros, Marian (April 10, 2005). "Stores say wild salmon, but tests say farm bred", *New York Times*.

Chamovitz, Daniel (2012). *What a Plant Knows: A field guide to the senses*. 이지윤 역 (2013), 『식물은 알고 있다: 보고, 냄새 맡고, 기억하는 식물의 감각 세계』, 초판3쇄, 다른.

Christensen, J. (December 29, 2008). "FBI Tracked King's Every Move", *CNN*. http://www.cnn.com/2008/US/03/31/mlk.fbi.conspiracy/

Clapp, Jennifer (n.d). *Food*. Cambridge: Polity Press. 정서진 역 (2013), 『식량의 제국: 세계식량경제를 움직이는 거대한 음모 그리고 그 대안』, 서울: 이상북스.

Cockrall-King, Jennifer (2012). *Food and the City: Urban Agriculture and the New Food Revolution*. 이창우 역 (2014), 『푸드 앤 더 시티: 도시농업과 먹거리 혁명』, 서울: 삼천리.

Colbert, Don (2002). *What Would Jesus Eat*. Thomas Nelson. 김지홍 역 (2003), 『예수님처럼 식사하라』, 서울: 브니엘.

Cox, Stan (2008). *Sick Planet*. Pluto Press. 추선영 역 (2009), 『녹색성장의 유혹: 글로벌 식품의약기업의 두 얼굴』, 난장이.

Darmon, N. & A. Drewnowski (2008). "Does Social Class Predict diet Quality?" *American Journal of Clinical Nutrition* 64. 1107-1117.

Davis, William (2011). *Wheat Belly: Lose the Wheat, Lose the Weight, and Find Your Path Back to Health*. 인윤희 역 (2012), 『밀가루똥배』, 서울: 에코리브르.

Douglas, Mary (1979). *Purity and Danger: An Analysis of the Concepts of Pollution and Taboo*. Routledge & Kegan Paul. 유제분 · 이훈상 공역 (1997), 『순수와 위험』, 현대미학사.

Ernst, Carl W. (2003). *Following Muhammad: Rethinking Islam in the contemporary World.* University of North Carolina Press. 최형묵 역 (2005), 『무함마드를 따라서』, 서울: 심산.

Fiala, N. (2008). "Meeting the demand: An estimation of potential future greenhouse gas emissions from meat production", *Ecological Economics.* 67. 412-419.

Fischler, C. (1986). "Learned versus 'spontaneous' dietetics: French mothers' views of what children should eat", *Social Science Information.* 25(4). 945-965.

Fitzgerald, Randall (2006). *The Hundred-Year Lie.* Dutton. 신현승 역 (2008), 『100년 동안의 거짓말』, 초판2쇄, 서울: 시공사.

Foster, John Bellamy (2002). *Ecology Against Capitalism.* New York: Monthly Review Press. 추선영 역 (2007), 『생태계의 파괴자 자본주의』, 서울: 책갈피.

Francis, Richard C. (2011). *Epigenetics.* New York: W. W. Norton. 김명남 역 (2013), 『쉽게 쓴 후성유전학』, 서울: 시공사.

French, Hilary (n.d). *Vanishing Boarders: Protecting the Planet in the Age of Globalization.* 주요섭 (2001), 『세계화는 어떻게 지구환경을 파괴하는 가』, 도요새.

Gandhi, Mohandas K. (1957). *An Autobiography: The Story of My Experiments with Truth.* Beacon Press. 박홍규 역 (2007), 『간디 자서전: 나의 진실 추구 이야기』, 서울: 문예출판사.

Goheen, Michael W. and Craig G. Bartholomew (2008). *Living at the Crossroads.* Baker Academic. 윤종석 역 (2011), 『세계관은 이야기다』, 서울: IVP.

Goleman, D. (2009). *Ecological Intelligence.* 이수경 역 (2010), 『에코지능』, 웅진지식하우스.

Goodall, Jane & Gail Hudson (2014). *Seeds of Hope: Wisdom and Wonder from the World of Plants.* 홍승효·장현주 공역 (2014), 『희망의 씨앗』, 사이언스북스.

Goodall, J., McAvoy, G., and Gail Hudson (2005). *Harvest for Hope: A Guide to Mindful Eating.* Warner Books, Inc. 김은영 역 (2006), 『희망의 밥상』, 1판4쇄, 서울: 사이언스북스.

Grant, Catharine (2006). *The No-nonsense Guide to Animal Rights.* New International Publication Ltd. 황성원 역 (2012), 『동물권, 인간의 이

기심은 어디까지인가?』, 서울: 이후.

Grimm, Hans-Ulrich (2012). *Vom Verzehr wird abgebraten*. 이수영 역 (2013), 『위험한 식탁』, 서울: 율리시즈.

Groppe, Elizabeth T. (2011). *Eating and Drinking*. Minneapolis. MN: Fortress Press. 홍병룡 역 (2012), 『먹고 마시기: 모두를 위한 매일의 잔치』, 포이에마.

Hahn Niman, Nicolette (2009). *Righteous Porkchop: Finding a life and good food beyond factory farms*. 황미영 역 (2012), 『돼지가 사는 공장』, 서울: 수이북스.

Halweil, Brain (2004). *Eat Here: Homegrown Pleasures in a Global Supermarket*. 김종덕 · 허남혁 · 구준모 공역 (2006), 『로컬푸드』, 시울.

Hamilton, Clive (2010). *Requiem for a species*. Allen & Unwin. 홍상현 역 (2013), 『누가 지구를 죽였는가』, 서울: 이책.

Hanegraaff, Hank (2009). *Christianity in Crisis: 21st Century*. Thomas Nelson. 김성웅 역 (2010), 『바벨탑에 갇힌 복음』, 서울: 새물결플러스.

Hanegraaff, Hank (2001). *Counterfeit Revival*. Thomas Nelson. 이선숙 역 (2009), 『빈야드와 신사도의 가짜 부흥운동』, 서울: 부흥과개혁사.

Harrington, Jonathan (2008). *The Climate Diet: How you can cut carbon, cut cost, and save the Planet*. London: Earthscan. 양춘승 역 (2011), 『기후 다이어트』, 서울: 호이테북스.

Harris, Marvin (1975). *Cows, Pigs, Wars and Witches: The Riddles of Culture*. 박종렬 역 (2011), 『문화의 수수께끼』, 1판27쇄, 파주: 한길사.

Harris, Marvin (1985). *The Sacred Cow and the Abominable Pig: Riddles of Food and Culture*. Simon & Schuster. 서진영 역 (2010), 『음식문화의 수수께끼』, 파주: 한길사.

Harris, Marvin (n.d). *Cannibals and Kings*. 정도영 역 (1995), 『식인과 제왕』, 파주: 한길사.

Harris, Marvin (1966). "The Cultural Ecology of India's Sacred Cattle", *Current Anthropology*. 7. 51-66.

Hecker, H. M. (1982). "A zooarchaeological into pork consumption in Egypt from prehistoric to new kingdom times." *Journal of American Research Center in Egypt*. 19. (1982). 59-71.

Hengeveld, Rob (2012). *Wasted World: How our consumption challenges the planet*. University of Chicago Press. 서종기 역 (2014), 『훼손된 세상』,

용인: 생각과사람들.

Hipp, Earl (2015). *Fighting Invisible Tigers*. Danielstone Publishing. 김선희 역 (2015), 『나는 왜 자꾸 짜증이 날까?』, 서울: 뜨인돌.

Hobson, Theo (2009). *Faith*. 안기순 역 (2013), 『믿음이란 무엇인가』, 파이카.

Holt-Gimenez, Eric and Raj Patel. (2009). *Food Rebellions: Crisis and the hunger for justice*. 농업농민정책연구소 녀름 역 (2011), 『먹거리 반란』, 서울: 따비.

Huang, K. S. (1998). "Prices and incomes affect nutrients consumed", *Food Review*. 21(2). 11-15.

Humphrys, J. (2001). *The Great Food Gamble*. 홍한별 역 (2004), 『위험한 식탁』, 르네상스.

Jha, D. N. (2002). *The Myth of the Holy Cow*. Verso. 이광수 역 (2004), 『인도 민족주의의 역사 만들기: 성스러운 암소 신화』, 서울: 푸른역사.

Joy, Melanie (2010). *Why we love dogs, eat pigs, and wear cows: An introduction to carnism*. 노순옥 역 (2011), 『우리는 왜 개는 사랑하고 돼지는 먹고 소는 신을까』, 모멘토.

Kazez, Jean (2010). *Animalkind: What we owe to animals*. Blackwell. 윤은진 역 (2011), 『동물에 대한 예의: 우리를 가장 인간답게 만드는 그들을 위하여』, 서울: 책읽는수요일.

Keith, Lierre (2009). *The Vegetarian Myth*. 김희정 역 (2013), 『채식의 배신: 불편해도 알아야 할 채식주의의 두 얼굴』, 서울: 부키.

Kempf, Herve (2009). *Pour sauver la planete, sortez du capitalisme*. Seuil. 정혜용 (2012), 『지구를 구하려면 자본주의에서 벗어나라』, 파주: 서해문집.

Kirdemir, Huseyin (2005). *Answer to Korean 33 Most Common Questions About Islam*. 이형주 역 (2005), 『한국인들이 이슬람에 대해 궁금해하는 33가지』 서울: 아담출판사.

Kneen, Brewster (2003). *Invisible Giant: Cargill and Its Transnational Strategies. New Edition*. Pluto Press. 안진환 역 (2005), 『누가 우리의 밥상을 지배하는가』, 서울: 시대의창.

Kotler, Philip (2015). *Confronting Capitalism: Real solutions for a troubled economic system*. 박준형 역 (2015), 『필립 코틀러의 다른 자본주의』, 더난출판.

Kreutzberger, Stefan and Vakentin Thurn (2011). *Die Essensvernichter: Warum die Hälffe aller Lebensmittel im Müll landet und wer dafür verabtwortlich ist.* 이미옥 역 (2012), 『왜 음식물의 절반이 버려지는데 누군가는 굶어 죽는가』, 에코리브르.

Krimsky, Sheldon (2003). *Science in the Private Interest.* Rowman & Littlefield Publishers. 김동광 역 (2010), 『부정한 동맹』, 서울: 궁리, 특히 "제2장, 부정한 동맹이야기", 29-55.

Küster, Hansörg (2013). *Am Anfang war das Korn.* München: Verlag C. H. Beck. 송소민 역 (2016), 『곡물의 역사: 최초의 경작지에서부터 현대의 슈퍼마켓까지』, 서해문집, "4장 최초의 농부", 57-83.

Lang, Tim and Michael Heasman (2004). *Food Wars: The global battle for mouths, minds and markets.* London: Earthscan. 박중곤 역 (2007), 『식품전쟁』, 서울: 아리.

Lang, T. Barling, D. & M. Caraher (2009). *Food Policy: Integrating health, environment and society.* 충남발전연구원 역 (2012), 『건강, 환경, 사회를 하나로 묶는 먹거리정책』, 따비.

Lewis, Mike and Pat Conaty (2014). *The Resilience Imperative.* Gabriola Island. British Columbia. Canada: New Society Publishers. 미래가치와 리질리언스 포럼 역 (2015), 『전환의 키워드, 회복력: 위기의 시대를 살아가기 위한 12가지 이야기』, 서울: 따비.

Loy, David R. (2008). *Money, Sex, War, Karma.* 허우성 역 (2012), 『돈, 섹스, 전쟁 그리고 카르마』, 서울: 불광출판사.

Lupton, Deborah (1996). *Food, the Body and the Self.* London: Sage Publication. 박형신 역 (2015), 『음식과 먹기의 사회학: 음식, 몸, 자아』, 파주: 한울.

Lyman, H. F. (1998). *Mad Cowboy.* 김이숙 역 (2004), 『나는 왜 채식주의자가 되었는가』, 문예출판사, 이 책은 같은 출판사와 번역자에 의해 『성난 카우보이』(2001)라는 이름으로 출판되기도 했다.

MacArthur, John (2013). *Strange Fire.* Nashville. Tenn: Thomas Nelson. 조계광 역 (2014), 『다른 불』, 서울: 생명의말씀사.

McDougall, John (2012). *The Starch Solution.* New York: Rodale. 강신원 역 (2014), 『어느 채식의사의 고백』, 서울: 사이몬북스.

Magdoff, F. & John Bellamy Foster (2011). *What Every Environmentist Needs to Know About Capitalism.* 황정규 역 (2012), 『환경주의자가 알아야 할 자본주의의 모든 것』, 삼화.

Manier, Benedicte (2012). *un million de revoltutions tranquilles.* Editions Les

Lien qui Liberent. 이소영 (2014), 『백만 개의 조용한 혁명』, 책세상.

Markus, Hazel Rose and Alana Conner (2013). *Clash!* 박세연 역 (2015), 『우리는 왜 충돌하는가』, 흐름출판.

Martin, Ann N. (2008). *Food Pets Die For: Shocking facts about pet food.* 3rd edn. NewSage Press. 이지묘 역 (2012), 『개·고양이 사료의 진실』, 초판3쇄, 서울: 책공장더불어.

Meade, B. and S. Rosen (1996). "Income and diet differences greatly affect food spending around the globe", *Food Review* 19(3). 39-44.

Meissner, Simon (2012). "Virtual Water and Water Footprints", in *People at the Well: Kinds, Usages and Meanings of Water in a Global Perspectives.* eds. Hans Peter Hahn, Karlheinz Cless and Jens Soentgen. Frankfurt. 44-64.

Millstone, Erik and Tim Lang (2013). *The Atlas of Food.* second edition. Myriad Editions. 박준식 역 (2013), 『풍성한 먹거리 비정한 식탁』, 서울: 낮은산.

Moby and Miyun Park, et al. (2010). *Gristle: From Factory Farms to Food Safety.* The New Press. 함규진 역 (2011), 『고기, 먹을수록 죽는다』, 현암사.

Morreal, John & Tamara Sonn (2014). *50 Great Myths About Religion.* John Wiley & Sons. 이종훈 역 (2015), 『신자들도 모르는 종교에 관한 50가지 이해』, 휴.

Moss, M. (2013). *Salt, Sugar, Fat: How the Food Giants Hooked Us.* 최가영 역 (2014), 『배신의 식탁』, 초판2쇄, 서울: 명진출판.

Müller, Klaus E. (2003). *Nektar und Ambrosia.* München: C. H. Beck. 조경수 역 (2007), 『넥타르와 암브로시아: 먹고 마시는 것에 관한 인류학적 기원』, 안티구스.

Nestle, Marion (2007). *Food Politics: How the Food Industry Influences Nutrition and Health.* University of California Press. 김정희 역 (2011), 『식품정치』, 서울: 고려대학교출판부.

Nestle, Marion (2006). *What to Eat.* North Point Press.

Norberg-Hodge, H., Goering, Peter, and John Page (2001). *From the Ground Up.* London: Zed Books. 정영목 역 (2003), 『모든 것은 땅으로부터』, 서울: 시공사.

Orr, David W. (2004). *Earth in Mind: On education, environment, and the human prospect*. 이한음 역 (2014), 『작은 지구를 위한 마음: 생태적 문맹에서 벗어나기』, 서울: 현실문화연구.

Pack-Brown, Sherion P. and Carmen Braun Williams (2008). *Ethics in a Multucultural Context.* Sage Publications. 박균열·정창우·송민애 공역 (2009), 『다문화주의와 윤리학』, 철학과현실사.

Passmore, J. (1975). "The Treatment of Animals." *Journal of History of Ideas.* 36. 195-218.

Patel, Raj (2010). *The Value of Nothing: How to Reshape Market Society and Redefine Democracy.* New York: Picador. 제현주 역 (2011), 『경제학의 배신』, 서울: 북돋음.

Patel, Raj (2007). *Stuffed and Starved.* 유지훈 역 (2008), 『식량전쟁』, 영림카디널.

Pawlick, Thomas F. (2006). *The End of Food.* 황성원 역 (2009), 『음식의 종말』, 갈무리.

Phillips, Rod (2014). *Alcohol: A History.* Chapel Hill. NC: University of North Carolina Press. 윤철희 역 (2015), 『알코올의 역사』, 고양: 연암서가.

Pinkerton, Tamzin and Rob Hopkins (2009). *Local Food: How to make it happen in your community.* Green Books. 충남발전연구원 (2012), 『우리가 사는 곳에서 로컬푸드 씨 뿌리기: 지역, 상생과 공생, 순환을 위한 행동 가이드』, 서울: 따비.

Pochon, Andre (2001). *Les sillons de la colere: La malbouffe n'est pas une fatalite.* Paris: Syros. 김민경 역 (2002), 『분노의 대지』, 울력.

Pollan, M. (2001). *The Botany of Desire.* 이경식 역 (2007), 『욕망하는 식물』, 서울: 황소자리.

Pollan, M. (2006). *The Omnivore's Dilemmas.* 조윤정 역 (2008), 『잡식동물의 딜레마』, 다른세상.

Poole, Steven (2012). *You Aren't What You Eat: Fed up with Gastroculture.* 정서진 역 (2015), 『미식 쇼쇼쇼: 가식의 식탁에서 허영을 먹는 음식문화 파헤치기』, 서울: 따비.

Prior, David (1985). *The Message of 1 Corinthians: Life in the Local Church.* 정옥배 역 (1999), 『고린도전서 강해』, 서울: IVP.

Rath, Tom (2013). *Eat, Move, Sleep.* Arlington. Virginia: Missionday. 김태훈 역 (2014), 『잘 먹고 더 움직이고 잘 자라: 내 몸을 움직이게 만드는 놀라운 통찰』, 한빛라이프.

Reymond, W. (2007). *Toxic*. 이희정 역 (2008), 『독소: 죽음을 부르는 만찬』, 서울: 랜덤하우스.

Robbins, John (1997). *Diet for a New America*. 이무열·손혜숙 공역 (2014), 『육식의 불편한 진실』, 2판1쇄, 파주: 아름드리미디어, 이 책은 동일 출판사에서 이무열에 의해 『육식: 건강을 망치고 세상을 망친다: 식생활 혁명』, (서울, 2001) 이름으로 (I)·(II)로 나누어 출판되었다.

Robbins, John (2001). *The Food Revolution*. 안의정 역 (2002), 『음식혁명』, 서울: 시공사.

Robbins, Richard H. (2011). *Global Problems and the Cultural of Capitalism*. 5th edn. 김병순 역 (2014), 『세계문제와 자본주의 문화: 생산·소비·노동·국가의 인류학』, 파주: 돌베개.

Robin, Marie-Monique (2008). *Le Monde Selon Monsanto*. Paris: La Decouerte. 이선혜 역 (2009), 『몬산토: 죽음을 생산하는 기업』, 이레.

Robin, Marie-Monique (2011). *Notre Poison Quotidien: La responsbilite de l 'industrie chimique*. La Decouverte. 권지현 역 (2014), 『죽음의 식탁』, 판미동.

Rogers, H. eather (2010). *Green Gone Wrong*. 추선영 역 (2011), 『에코의 함정』, 서울: 이후.

Rowlands, Mark (2002). *Animals Like Us*. London: Verso. 윤영삼 역 (2018), 『동물도 우리처럼: 학대받는 모든 동물을 위한 성찰』, 개정판1쇄, 파주: 달팽이출판.

Saguy, Abigail & Kevin W. Riley (2005). "Weighing Both Sides", *Journal of Health Politics Policy and Law*. 30(5). 869-923.

Schiffman, S. S., Studwell, C. E., Landerman, L. R., Berman, K., and J. S. Sundy (2005). "Symptomatic effects of exposure to diluted air sampled from a swine confinement atmosphere on healthy human subjects", *Environmental Health Perspectives*. 113. 567-576.

Seyfang, Gill (2005), "Shopping for Sustainability: Can sustainable consumption promote ecological citizenship?" *Environmental Politics*. 14(2). 290-306.

Sheppard, Kay (1993). *Food Addiction: The Body Knows*. revised. Deerfield Beach. 김지선 역 (2013), 『음식중독: 나는 왜 아무리 먹어도 배고픈가』, 서울: 사이몬북스.

Simoons, Frederick J. (1994). *Eat Not This Flesh: Food avoidances from prehistory to the present.* University of Wisconsin Press. 김병화 역 (2005), 『이 고기는 먹지 말라?: 육식 터부의 문화사』, 파주: 돌베개.

Singer, Peter & Jim Mason (2006). *The Ethics of What We Eat.* 함규진 역 (2012), 『죽음의 밥상』, 초판17쇄, 서울: 산책자.

Smith, Christopher and John Pattison (2014). *Slow Church; Cultivating Community in the Patient Way of Jesus.* IVP. 김윤희 역 (2015), 『슬로 처치』, 새물결플러스.

Smith, Mark J. (2005). "Obligation and Ecological Citizenship." *Environments.* 33(3). 9-23.

Soucar, T. (2008). *Lait, Mensonger et Propagande.* 김성희 역 (2009), 『우유의 역습』, 알마.

Speth, James Gustave (2008). The Bridge at the Edge of the World: Capitalism, the Environment, and Crossing from Crisis to Sustainability. Yale University Press. 이경아 역 (2008), 『미래를 위한 경제학』, 서울: 모티브북.

Steel, Carolyn (2008). *Hungry City: Food shapes our lives.* Chatto & Windus. 이애리 역 (2010), 『음식, 도시의 운명을 가르다』, 고양: 예지.

Stott, John R. W. (1972). *Your Mind Matters.* Nottingham. UK: IVP. 한화룡 역 (2015), 『생각하는 그리스도인』, 개정판, 서울: IVP.

Stott, John (n.d). *Only One Way.* 문인현 · 김경신 공역 (1994), 『오직 한 길』, 아가페출판사.

Strang, Veronica. (2015). *Water: Nature and Culture.* London: Reaktion Books. 하윤숙 역 (2015), 『물: 생명의 근원, 권력의 상징』, 서울: 반니.

Sweet, Loenard (1996). *The Jesus Prescription for a Healthy Life.* Abingdon Press. 조치형 역 (1999), 『예수님의 건강 십계명』, 예향.

Swenson, Kristin (2010). *Bible Babel: Making Sense of the Most Talked about Book of All Time.* 김동혁 역 (2014), 『가장 오래된 교양』, 1판3쇄, 사월의책.

Swinburn, B. and G. Egger (2002). Preventive strategies against weight gain and obesity", *Obesity Reviews.* 3. 289-301.

Tchividjian, Tullian (2011). *Jesus+Nothing=Everything.* Wheaton. Ill: Crossway. 정성묵 역 (2013), 『Jesus All』, 서울: 두란노.

Teicholz, Nina (2014). *The Big Fat Surprise.* 양준상 · 유현진 공역 (2016), 『지방의 역설: 비만과 콜레스테롤의 주범 포화지방, 억울한 누명을 벗다』,

서울: 시대의창.

Trummer, Paul (2010). *Pizza Globale.* Berlin: Ullstein Buchverlage. 김세나 역 (2011), 『피자는 어떻게 세계를 정복했는가』, 서울: 더난출판.

Velten, Hannah (2010). *Milk: A Global History.* London: Reaktion Books. 강경이 역 (2012), 『밀크의 지구사』, 서울: 휴머니스트.

Wagenhofer, Erwin & Max Annas (2006). *We Feed the World.* 정재경 역 (2010), 『식탁 위의 불량식품』, 서울: 현실문화연구.

Walker, P., Rhubart-Berg, P., McKenzie, S., Kelling, K., and R. S. Lawrence, "Public health implications of meat production and consumption", *Public Health Nutrition.* 8. (2005). 348-356.

Wallacher, Johannes (2011). *Mehrwert Glück: Plädoyer für menschengerechtes Wirtschaften.* F. A. Herbig Verlagsbuchhandlung. 박정미 역 (2011), 『경제학이 깔고 앉는 행복』, 대림북스.

Wallis, Jim (2013). *On God's Side.* Grand Rapids. MI: Brazos Press. 박세혁 역 (2014), 『하나님 편에 서라』, 서울: IVP.

Wangen, Stephen (2009). *Healthier Without Wheat: A new understanding of wheat allergies, celiac disease, and non-celiac gluten intolerance.* 박지훈 역 (2012), 『밀가루만 끊어도 100가지 병을 막을 수 있다』, 서울: 끌레마.

Wasley, Andrew (2014). *Ecologist Guide to Food.* IVY Press. 최윤희 역 (2015), 『에콜로지스트 가이드 푸드』, 서울: 가지.

White, James E. (2014). *The Rise of the Nones: Understanding and reaching the religiously inaffiliated,* Grand Rapids, Baker Books. 김일우 역 (2014), 『종교 없음』, 베가북스.

Wilson, B. (2008). *Swindled: From Poison Sweets to Counterfeit Coffee-The Dark History of the Food Cheats.* 김수진 역 (2014), 『공포의 식탁: 식품 사기의 역사』, 서울: 일조각.

World Bank (2007). *World Development Report 2008: Agriculture for development.* Washington DC.

Worldwatch Institute (2012). *State of the World 2012.* 박준식·추선영 공역 (2012a), 『2012 지구환경보고서: 지속가능한 개발에서 지속가능한 번영으로』 서울: 도요새.

Worldwatch Institute (2011). *State of the World 2011.* 생태사회연구소 오수길·곽병훈·박현신·민연경 공역 (2012b), 『희망의 경작』, 서울: 도요새.

Worldwatch Institute (2010). *State of the World 2010*. 오수길·곽병훈·정용일·이은숙 공역 (2010), 『소비의 대전환』, 서울: 도요새.

Wrangham, Richard (2009). *Catching Fire: How cooking made us human*. 조현욱 역 (2011), 『요리 본능』, 서울: 사이언스북스.

Wright, N. Thomas (2007). *Surprised by Hope*. 양혜원 역 (2009), 『마침내 드러난 하나님나라』, 서울: IVP.

Zaraska, Marta (2016). *Meathooked*. 박아린 역 (2018), 『고기를 끊지 못하는 사람들』, 서울: 메디치.

Ziegler, Jean (2011). *Destruction Massive*. Zürich: Mohrbooks. 양영란 역 (2012), 『굶주리는 세계, 어떻게 구할 것인가?』, 서울: 갈라파고스.

마치는 글

"주님! 당신은 나의 생명의 양식입니다. 당신 안에 거하므로 영생을 미리 맛봅니다." 나에게 이것은 영원한 고백이 될 수밖에 없는 것 같다. 나의 과거의 삶에서도 그러했던 것처럼 지금도 그리고 앞으로도 이는 변하지 않는 영원한 개인적 신앙고백이다. 무엇보다 아파본 사람이라면 이러한 고백이 절로 나올 수밖에 없다는 점을 잘 아실 것이다. 경기도에서 당시 중학교 사회[大學校時節 地理專功] 선생님으로 있는 아내의 친구에게서 전화가 왔었다. 고등학교 시절 교회에 같이 다닌 친구의 폐암이 재발해서 다시 입원했는데 아내와 함께 병문안하자는 내용이었다.

임시공휴일(2015.08.14.)을 맞아 전남대학교 화순병원(암 전문병원)으로 아내의 친구의 병문안 아니, 거의 마지막 이 세상에서의 잠시 이별을 위해 찾아갔었다. 폐암 말기. 아내의 친구는 병실에서 복수가 찬 상태에서 인공호흡기에 의지한 채로 매우 가쁜 숨을 쉬고 있었다. 옆으로 누운 상태로 매우 힘들게 있었다. 아내가 친구에게 내가 누구인지 아냐고 물었다. 아내의 친구는 희미한 목소리로 안다고 했다. "ㅇㅇ이", 약간의 침묵이 흘렀다. 아내의 친구가 먼저 말을 이었다. "ㅇㅇ아, 천국에서 보자." 아내와 나는 할 말이 더 이상 없었다. 아픈 친구가 병문안을 간 성성한 나의 아내에게 먼저 위로의 말을 하는데 더 이상 무슨 말이 필요 있었겠는가. 돌아오는 분위기는 떠났을 때의 발걸음만큼은 무겁지 않았다. 이는 아픈 아내 친구의 말 속에서 그녀의 생명의 양식이신 하나님에 대한 신앙고백을 들을 수 있었기 때문이다. 생명의 양식을 먹고 산 우리가 언젠가는 생명의 양식인 그분께로 다가갈 것이다. 그래서 "하나님 당신은 나의 영원의 양식입니다"라고 고백한다. 삶이 힘들 때면 더욱더…. 오늘도, "오, 하나님 아버지여!"

P.S. 오해는 절대 금물

"7. 먹을거리의 변질과 대응 논리: 육적·영적 먹을거리의 변질과 관련된 논리 구성"이라는 마지막 글은 본 연구자가 하나님의 거룩한 모임인 교회에 대해 무엇인가 악의적이거나 부정적인 영향을 주기 위해서 쓴 글은 절대 아님을 밝힌다. 왜냐하면 본 연구자가 다루고 있는 대상은 제목에서 알 수 있는 것처럼 영적 양식을 변질시킨 이들만을 매우 제한적으로만 지칭하기 때문이다. 그리고 이러한 내용을 여기에 담은 것은 이 글을 읽는 지체(肢體)들이 이러한 내용을 잘 분별(靈的分別, filtering)해서 읽을 것이라는 강한 믿음 때문이기도 하다. 이 글을 읽는 이들이 영적인 어린아이들이었다면 이런 내용은 여기에 절대로 포함시키지도 않았을 것이다.129) 혹시 이 책을 읽는 지체가 혹시라도 마음이 불편하다면 "7. '먹을거리의 변질과 대응 논리: 육적·영적 먹을거리의 변질과 관련된 논리 구성'"은 읽지 않아도 될 것 같다. 아니 읽지 말기를 바란다.

> 오늘날의 나를 만들어준 것이 교회라고 해도 틀린 말이 아닐 것이다. 하지만 교회를 아끼고 사랑하기 때문에 교회의 안타까운 현실을 이야기할 수밖에 없다. … 뭐라고 딱 꼬집어서 확실하게 말할 수는 없지만, 그럼에도 '이건 아닌 것 같은데'라는 생각이 들었다(Smith and Pattison, 2015: 62 and 64).130)

---

129) 개인적인 생각으로는 교회가 건전한 분별을 가르치지 않는다면, 합리적 비판의 능력을 상실하게 된다. 극단적으로 말해 교회와 성도 개개인이 진정으로 비판해야 할 때에 비판하지 못하는 상황이 우리 안에서 일어날 수 있을지도 모른다. 합리적 비판과 건전한 분별은 마치 예방주사나 또는 돈 주고도 살 수 없는 값진 경험과도 같다고 본다. 그 당시엔 힘들지만 후로는 매우 유익할 것이다.

130) Smith, Christopher and John Pattison (2014). Slow Church; Cultivating Community in the Patient Way of Jesus. Downers Grove. IL: IVP. 김윤희 역 (2015), 『슬로처치』, 새물결플러스.

사랑하는 모든 이들에게131) 다음의 글귀를 인용함으로써 나의 마음을 대신 전하고 싶다. "우리가 존재하는 것은 서로서로 때문입니다. 그러므로 우리가 존재합니다(We are because of each other, each of us is, therefore we are)(Pack-Brown and Williams, 2009: 26)."132)

---

131) 그래도 사랑하는 지체들의 이름이라도 한 번씩 기술하고 넘어가야겠다는 생각이 든다. 이상홍 지도 목사님, 그리고 하상래 바나바 회장님, 이하 존칭은 생략한다.
1조: 임강택,유희정(채은); 김신희,김은정(한비·한나); 안재석,우미라(세빈·유빈); 신주현,김인해(율); 이현정,故황진수(현웅·현빈); 이승규,임수연(주원); 김대영,이효정(형민·시온); 박민용,정희운(하율·소율); 2조: 황석찬,김정미(동휘·동주·동현); 김정민,정소영(진하·의진·가현); 김병선,이정숙(현오·승오); 김선기,김지영(시온·은총); 윤순식,최정아(수경·유상·준상); 고무일,김현실(혜민·다민·은민); 조창오,김서진(영찬·은율·선율); 이영주,임윤미(은서·소담,·아루); 3조: 하상래,김현주(건·진); 조승삼,김소연(정혁·정연); 신희상,이은혜(채령); 마대현,김애희; 김명일,김숙현(가영·가엘); 임평진,장용혜(찬우·찬주); 박성진,박은성(수형·지형).
중국어팀 우리 중국인 친구들에게도 사랑하고 축복한다는 말을 전하고 싶습니다. Fengwenjun, Xiaoshennian, Hexunjun, Zhanglinghui, Zhangxinyi, Xiaolinzuo, Zhangyue, Chenshengyu, Lutianle, Guanyusen, 배정희 집사, 한영숙 집사, 서인정 집사, 용석복 집사, 고현숙 집사, 김사라 집사, 그리고 지도목사님이셨던 최민홍 목사님.

132) Pack-Brown, S. P. and Carmen B. Williams (2008). Ethics in a Multucultural Context. Sage Publications. 박균열·정창우·송민애 공역 (2009), 『다문화주의와 윤리학』, 서울: 철학과현실사.

강상우

학부에선 私法學을, 대학원에서 社會福祉學 석·박사과정과 신학(M. Div. equiv.)을 공부했고, 지방에 있는 작은 대학에서 시간강사와 겸임교수로 학업 기회를 놓친 나이 든 학생들을 만나고 있다.

* "먹을거리와 사회문제: 먹을거리 불안전 때문에 발생하는 사회문제에 관한 소고", 기독교학문학회, (통권 36호), (2019.10.)
* "사회적 책임에 대한 신학적 토대에 대한 소고", 춘계학술대회, (통권 26호), (2019.05.)
* "다양한 가룟 유다의 탄생", 기독학문학회, (통권 35호), (2018.11.)
* "만들어진 예수: 잘못 맞춰진 예수 퍼즐에 대한 소고", 춘계학술대회, (통권 25호), (2018.05.)
* "동성애자들의 '세(勢), [數] 불리기'에 대한 재고", 기독학문학회, (통권 34호), (2017.11.)
* "실천목적에 따른 기독교사회복지실천 유형에 관한 소고", 춘계학술대회, (통권 24호), (207.05.)
* "간디와 함께, 간디를 넘어", 기독학문학회, (통권 33호), (2016.11.)
* "음식규제와 종교", 춘계학술대회, (통권 23호), (2016.05.)
* "먹을거리에 대해-육식과 채식 사이에서 균형 잡기", 춘계학술대회, (통권22호), (2015.05.)
* "기독교와 간디", 기독학문학회, (통권 31호), (2014.11.)
* "정통기독교 비판가들의 논리구성", 춘계학술대회, (통권 21호), (2014.05.)
* "기독교세계관의 관점에서 사회복지윤리에 대한 소고", 춘계학술대회, (통권 21호), (2014.05.)
* "'새로운' 무신론의 신", 기독학문학회, (통권 30호), (2013.12.)
* "사회복지 이슈와 기독교세계관", 춘계학술대회, (통권 20호), (2013.06.)
* "기독교와 사회복지의 통합: 필요성, 근거 그리고 방법", 기독학문학회, (통권 29호), (2012.12.)
* "기독교사회복지 연구방법에 관한 소고", 『신앙과학문』, 제17권 1호 (통권 50호), (2012.03.)
* "기독교사회복지 분광(Spectrum)", 『신앙과학문』, 제16권 3호 (통권 48호), (2011.09.)
* "성경적 세계관에 근거한 사회복지실천모형", 『신앙과학문』, 제16권 1호 (통권 46호), (2011.03.)
* "성경해석과 사회복지", 『신앙과학문』, 제15권 2호 (통권 43호), (2010.06.)
* "신앙과 학문의 통합: 통합의 가교로서의 기독교세계관", 춘계학술대회
* "수용·거부·변혁과정-필터로서의 기독교세계관: A·R·T 과정", 춘계학술대회

-기독교관점에서 먹을거리에 관한 소고-

먹을거리와 기독교 II
食 · 聖 분별

초판인쇄   2020년 7월 31일
초판발행   2020년 7월 31일

지은이   강상우
펴낸이   채종준
펴낸곳   한국학술정보㈜
주소   경기도 파주시 회동길 230(문발동)
전화   031) 908-3181(대표)
팩스   031) 908-3189
홈페이지   http://ebook.kstudy.com
전자우편   출판사업부   publish@kstudy.com
등록   제일산-115호(2000. 6. 19)

ISBN   978-89-268-7458-5 93230